Prehistoric Britain

Stone Circles

Dawn Finch

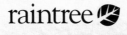

raintree
a Capstone company — publishers for children

Raintree is an imprint of Capstone Global Library Limited, a company incorporated in England and Wales having its registered office at 264 Banbury Road, Oxford, OX2 7DY – Registered company number: 6695582

www.raintree.co.uk
myorders@raintree.co.uk

Edited by Helen Cox Cannons
Designed by Philippa Jenkins
Original illustrations © Capstone Global Library Limited 2017
Picture research by Wanda Winch
Production by Victoria Fitzgerald
Originated by Capstone Global Library Limited

ISBN 978 1 474 73045 7 (hardback)
21 20 19 18 17
10 9 8 7 6 5 4 3 2 1

ISBN 978 1 474 73047 1 (paperback)
22 21 20 19 18
10 9 8 7 6 5 4 3 2 1

British Library Cataloguing in Publication Data
A full catalogue record for this book is available from the British Library.

Acknowledgements
All images courtesy of Dawn Finch except: Alamy: Rick Buettner, 16; Capstone, maps; Dreamstime: Wild Exploreruk, 17; Science Source: Sheila Terry, 15; Shutterstock: Anneka, cover, Bablesh Singh, stone background design, Victor Maschek, 28 (bottom); Thinkstock: Wynnter, 14.

The publisher would like to thank Dr Linsey Hunter of the University of the Highlands and Islands for her invaluable help in the preparation of this book. We would also like to thank Eden Joy Finch for her illustration work on page 10.

Every effort has been made to contact copyright holders of material reproduced in this book. Any omissions will be rectified in subsequent printings if notice is given to the publisher.

All the internet addresses (URLs) given in this book were valid at the time of going to press. However, due to the dynamic nature of the internet, some addresses may have changed, or sites may have changed or ceased to exist since publication. While the author and publisher regret any inconvenience this may cause readers, no responsibility for any such changes can be accepted by either the author or the publisher.

Printed and bound in India.

Contents

Some words in this book appear in bold, like this. You can find out what they mean by looking in the glossary.

What are stone circles?

A stone circle is a **monument** made up of large stones. The stones are arranged so that they are standing in a circle. We call these stones **megaliths**. The oldest stone circles were put up in a period of history known as the **Neolithic** period.

Neolithic means "New Stone Age", which means that it was the end of the Stone Age. The Neolithic period in Britain lasted from around 4000 BC to around 2200 BC. This was followed by the **Bronze Age**. Bronze Age people continued to use the circles and add to them.

Building a picture

Neolithic people did not have a written language that we understand. We do not know much about their lives. This means we cannot know exactly how they used stone circles. **Archaeologists** have been trying to understand more about stone circles for centuries.

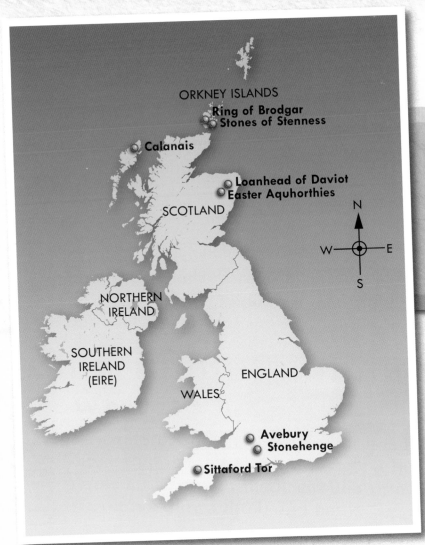

ORKNEY ISLANDS
Ring of Brodgar
Stones of Stenness

Calanais

Loanhead of Daviot
Easter Aquhorthies

SCOTLAND

N
W — E
S

NORTHERN
IRELAND

SOUTHERN
IRELAND
(EIRE)

ENGLAND

WALES

Avebury
Stonehenge

Sittaford Tor

This map shows where the stone circles mentioned in this book are in the UK.

It is thought that there are over 1,300 stone circles in the United Kingdom. Most of these stone circles, or megaliths, are in Scotland. The oldest stone circles are over 5,000 years old and were built by Neolithic farmers. Today, the stone circles are usually in empty landscapes where they can be seen from a long way off. When they were built, however, the stone circles were probably in the middle of busy **settlements**, where many people lived and farmed.

Prehistoric stone circles have fascinated people for many hundreds of years. Lots of paintings have been made, and stories and poems have been told or written about stone circles.

Why were stone circles built?

There are lots of different ideas about why stone circles were built. Because we do not have any written information from the **Neolithic** period, **archaeologists** have to get information in other ways. They use any **evidence** they can find at the sites to come up with **theories** about the stone circles and why they were built. These theories change as archaeologists find out more about the sites as they **excavate**.

Archaeologists have had many theories over the centuries about why Stonehenge and other stone circles were built.

The Calanais stone circle, on the Scottish island of Lewis, was built in around 3000 BC.

It would have taken a very long time to build the stone circles. Archaeologists believe that stone circles were first built to mark the **boundaries,** or edges, of land. They may have been placed there to show how important the people in that area were. Bones and burials are often found at stone circles. This suggests that they may have been used as special places to bury **ancestors**. Archaeologists also believe that the Neolithic people must have planned the building work carefully.

Stone circles are often arranged to line up with the rising of the sun or the moon at certain times of year. This could mean that the people used them as some kind of calendar or clock. There is evidence to show that stone circles were also used for **rituals** and religious ceremonies. There is no doubt that the stones were very special places to the people who built them and lived near them.

Who built the stone circles?

During the Stone Age, people were nomadic. This means that they did not settle down in one fixed home but moved from place to place. During the **Neolithic** period, from around 4500 BC, people began to settle in one place and build houses in **settlements**.

These Neolithic people became farmers. They started to grow crops and keep animals for food. They cut down trees and cleared large rocks or stones from the land to prepare it for farming. Archaeologists believe that the farmers used these stones to mark out their land, and many were stood upright to create stone circles. The stone circles were probably quite small at first, but became bigger as the settlements grew larger.

The Neolithic village of Skara Brae lies on the Scottish Orkney Islands. It gives us an idea of what life was like for Neolithic people. This is a model of a home there.

Barrows

When Neolithic people died, they were buried in **mounds** made from earth and rocks. These burial mounds are called **barrows**. Some of the barrows had very large stones in front of the entrances. The Neolithic people began marking their land with standing stones and then began to build stone circles.

West Kennet Long Barrow

This Neolithic barrow at West Kennet, Avebury, Wiltshire, was built in around 3650 BC. It has very large stones at the entrance. The barrow is very long and was used for the burial of up to 50 Neolithic people. When the barrow was full, the entrance tunnel of the barrow was filled up with small stones and earth. The barrow was then closed up tightly and three huge stones were put over the entrance to stop anyone else getting in.

How were stone circles built?

Neolithic people moved the stones for the biggest stone circles across great distances. The stones were cut and shaped in **quarries** many kilometres away. People used the natural cracks in the rocks to split the stones. Then they used simple tools made of stone and wood to smooth and shape the rock.

Standing the stones

To **erect** a stone, the Neolithic people first had to dig a hole behind it. They then tied ropes around the stone and pulled it into place. When the stone was standing upright, they filled in the hole with rocks to hold it in place.

This illustration shows how Neolithic people may have moved and placed the stones.

This model of a wooden roller shows how the largest stone blocks may have been moved.

To move the stones, the Neolithic people would have either floated them down rivers on wooden rafts or dragged them across land on wooden rollers. Some of these stones weigh many thousands of kilograms. It is thought that hundreds of strong people worked together to move the stones and stand them upright. It could have taken many years to move all of the stones into place and would have taken a huge amount of effort.

Types of stone circle

There are two main types of stone circle: **concentric** circles and **recumbent** circles.

Concentric stone circles

Concentric stone circles have their stones standing in a circle or an oval shape. Some of these circles have a smaller circle inside the outer ring. Many of them have a ditch around the outside of the circle.

Many concentric circles also have a pathway leading up to the circle. This pathway is known as an avenue. Most of the concentric circles also have a **mound** in the middle of the circle. All of the **excavations** on these mounds have found burial sites underneath them.

The Stones of Stenness in Orkney are arranged as a concentric circle.

Recumbent stone circles

Recumbent stone circles are mainly found in Scotland and Ireland. These circles have at least one large stone that has been laid on its side. This stone often has a pair of tall stones standing on either side of it. Sometimes these circles have another small circle inside and there may be a burial site in the middle.

Loanhead of Daviot

The recumbent stone at the circle in Daviot, Aberdeenshire, is thought to weigh 20,000 kilograms. It is one of the largest recumbent stones ever found. The stone is now in two parts, as it has been split by cold weather. The giant recumbent stone and the two standing stones either side of it frame the rising of the moon at certain times of the year. This shows us that Neolithic people believed that the moon was important.

Discovery and excavation

Because stone circles are above the ground, they have been explored throughout history. The first people to **excavate** Stonehenge in Wiltshire, England (see pages 20–21), believed that it was built by the Romans. We now know that this is wrong: it was built during the **Neolithic** period.

The first excavation of Stonehenge began in the 1620s. This was upon the orders of King James I of England (also James VI of Scotland), who visited the circle and wanted to know more about it.

Inigo Jones (1573–1652) was royal architect to King James I. In his book about Stonehenge, he claimed that it was actually a temple built by the Romans.

At the end of the 1600s, a historian named John Aubrey (1626–1697) made other excavations. He found a ring of five chalk-filled holes around the main ring of Stonehenge.

Aubrey thought that the circles were built by ancient peoples called the Druids, but the circles were even older than that. It was not until the 1920s that **archaeologists** investigated the chalk-filled holes properly. They found that there were 56 of these holes. They named them Aubrey Holes, after John Aubrey. Archaeologists are still unsure about what the Aubrey Holes were for.

John Aubrey's discovery of chalk-filled holes was not looked into by archaeologists until centuries later.

Modern excavations

Digital technology has been very useful for archaeologists. It has filled in a lot of gaps in our knowledge of stone circles, including how old stone circles are.

Many archaeologists also now make use of technology that can help them look beneath the ground before they begin to dig. An electrical current is passed through the soil and then collected by special equipment. The information gathered can help scientists to make a sort of map of what might be under the ground.

Archaeologists also find out information by doing traditional digs. This dig by archaeologists took place at Avebury.

Sittaford Tor was the first stone circle to be discovered in the UK in over 100 years.

The UK has thousands of ancient sites, and archaeology groups from all over the world work hard to explore them. Even with modern technology, most of the work is still done by experts carefully digging and exploring by hand.

Sometimes, amazing things are found quite by accident! In May 2015, a new **Bronze Age** stone circle was discovered at Sittaford Tor in Dartmoor, England. It was found after an area of wild moorland was cleared by fire. The stones had all fallen over and been covered in earth and heather.

Ring of Brodgar

The Ring of Brodgar is a stone circle that was built during the **Neolithic** period between 2500 BC and 2000 BC. It is on the Scottish island of Orkney.

The Ring of Brodgar is part of the **World Heritage site** called the Heart of Neolithic Orkney. Within the Heart of Neolithic Orkney are many other Neolithic sites, including the Stones of Stenness and the Neolithic village of Skara Brae.

The stones in the Ring of Brodgar are mostly tall standing stones, but some are smaller and shaped differently.

The Ring of Brodgar is a large circular ring of stones with a bank and ditch that runs all the way around it. This means that it is a stone circle in a **henge**. It is one of the largest stone circles and once had more than 60 stones. The circle is 104 metres (340 feet) wide. That means the area within the circles is nearly as big as a football pitch! Today, 36 stones are still standing. The tallest stone stands at 4.7 metres (15 feet) tall – that's around 2.5 times the height of the average adult man.

The Ring is on the edge of two **lochs** that are joined by a thin strip of land. When it was built, only one of the lochs existed and the area next to the stones would have been **marshy** land. Archaeologists have discovered at least 13 burial **mounds** close to the site, but the centre of the ring has not yet been fully **excavated**. We do not know if there is a burial site in the middle of the ring.

The Stones of Stenness

The Stones of Stenness is a stone circle that stands not far from the Ring of Brodgar. It is thought to be the oldest stone circle in the British Isles. It was probably built between 3000 BC and 2900 BC. Only 4 of the circle's 12 stones are still standing. The tallest of these (shown here) reaches a massive height of 6 metres (20 feet).

Stonehenge

Stonehenge is one of the most famous **prehistoric monuments** in the world. It stands on Salisbury Plain in Wiltshire, England. It is in the middle of a landscape full of burial **mounds** and other **Neolithic** sites.

People began to build Stonehenge in around 2800 BC, but it took many hundreds of years to finish. It began with a ditch, or **henge,** and then a single ring of small stones. After that, Neolithic people put up a ring of very large stones and hundreds of years later another two rings of stones. The last stage of building was the massive ring of stones that people recognize it for today. The giant stones can be seen from kilometres away.

trilithon
(two standing sarsen stones topped with a lintel)

bluestones

sarsen stones

20

Hundreds of people would have worked together to build Stonehenge. The **bluestones** in the inner ring were brought from quarries over 300 kilometres (186 miles) away. There are 29 bluestones that can be seen today, but there may have been up to 80 at one time. The bluestones weigh up to 4,000 kilograms each. They may have been pulled on sledges with wooden rollers, or floated up rivers on rafts.

The 15 huge standing stones, called sarsens, weigh up to 25,000 kilograms and were brought to the site from up to 50 kilometres (31 miles) away. Some of the sarsen stones have a **lintel** joining them together — this is called a trilithon. In the past Stonehenge may have had as many as 160 stones.

What is a henge?

We call Stonehenge a henge, but it is really a stone circle that is built inside a henge. A henge is the name for a human-made circular or oval area surrounded by a ditch and bank.

low ditch

Avebury

Avebury stone circle in Wiltshire is the largest stone circle in England. It was built around 2850–2200 BC. The circle is more than 400 metres (1,312 feet) wide. It is so big that houses have been built inside it! The ditch and banks around the edge of the circle are huge.

Today, the bank is over 5 metres (16 feet) high, but when it was built it was nearly 17 metres (56 feet) and the ditch was more than 9 metres (30 feet) deep. Over time, the ditch was filled in with rubbish or may have collapsed. The earth is very chalky and the bank would have been a dazzling white. It could be seen from a great distance.

Today, sheep wander freely in the Avebury circle. They use the stones for shade and shelter.

There are actually three large stone circles at Avebury: the Outer Ring, the Southern Circle and the Northern Circle. The Outer Ring had over 100 stones, the Southern Circle had 30 stones and the Northern Circle probably had 27 stones. Avebury also had a long avenue of stones and there may have once been more than 600 stones in all.

The bank around the Avebury stone circle is taller than the houses in some places!

Around 200 years ago, local people broke up many of the stones at Avebury. They used the stones to build their houses. One of the avenues has gone completely but **archaeologists** have managed to work out where it would have been. Thankfully, many of the stones were far too big to move.

Some of the stones at Avebury are very large indeed. The stones called the Cove Stones are over 5 metres (16 feet) tall and could weigh as much as 50,000 kilograms. That is heavier than three London buses full of people!

Calanais

The Calanais stone circle was built on the Scottish island of Lewis around 3000 BC. Calanais is also known as Callanish.

Calanais is an unusual stone circle because the stones in the centre are arranged in a cross shape. In the centre, there is a taller stone known as a **monolith**. Lines of smaller stones lead out from the circle and form avenues in different directions. The avenue to the north stretches for 83 metres (272 feet). In the middle of the circle, there is a small burial place called a **cairn**.

You might recognize this stone circle. It was the inspiration for the stone circle in the Disney film *Brave* (2012)!

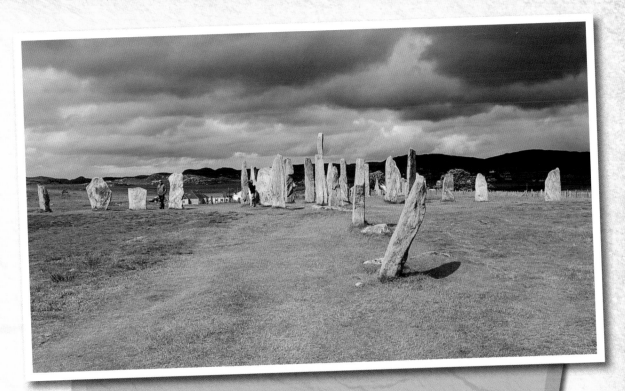

In ancient times, the land around Calanais became flooded with seawater. This made the marshland salty and not good for farming. This led to people moving away from the circle.

The landscape of Lewis has very few trees. Calanais was built on a **ridge** of land and can be seen from many kilometres away. It is in a landscape where there are many other standing stones and ancient **monuments**. It is thought that Calanais was possibly built as a way of following the seasons or the stars.

About 1,000 years after it was built, people stopped using Calanais. The centre area was cleared and the land was farmed. In time, a thick layer of **peat** formed around the stones and they became half-buried. When the peat was cut back in 1857, people were surprised to discover how tall the stones really were.

Easter Aquhorthies

Easter Aquhorthies is a **recumbent** stone circle in Aberdeenshire, north-east Scotland. Recumbent stone circles are found only in the north-east of Scotland, and the far south-west of Ireland.

It is believed that people built the stone circle at Easter Aquhorthies around 3000 BC. The large recumbent stone was then put in place almost 1,000 years later. The recumbent stone itself is made of red granite, which has a pinkish colour. It is 3.8 metres (12 feet) long and weighs around 9,000 kilograms. This is heavier than an African elephant! Either side of the recumbent stone, there are two standing stones known as flanking stones.

This is the huge recumbent stone at Easter Aquhorthies.

This is the only stone made from red jasper. The stone normally looks quite pink, but when it rains you can easily see the red colour.

The stones in the Easter Aquhorthies circle are mostly made of a cream-coloured stone called porphyry. One of the stones is made of red jasper and it looks very different to the other, paler stones. The flanking stones either side of the recumbent stone are made of grey granite and are more than 2 metres (6 feet) tall.

Many of the stones in the circle were brought from a **quarry** near a hill fort several kilometres away. This hill, named Bennachie, can be seen in the distance from the stone circle. It is not known how the huge stones were brought down from the hill and all the way to where they stand today.

Visiting stone circles

Most of the UK's stone circles are free to visit and have signs explaining the history of the site. There is a fee to visit Stonehenge. Nearly 1 million people visit it every year, and there is plenty to see and do. There are reconstructions (models) of **Neolithic** houses there and a display showing the history of the site.

If you visit a stone circle, look out for some of the things mentioned in this book. Have a look to see if it is a **recumbent** stone circle or a **concentric** stone circle, and see if you can find the **henge**. Some stones may have carvings on them. These might only be a shallow dip called a cup carving, or simple lines or circles.

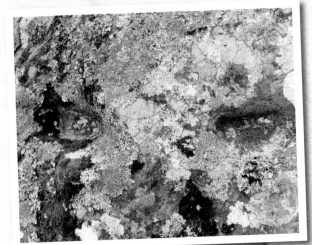

Cup carvings at Loanhead of Daviot

Stone circles are a fascinating link to the past of our ancient **ancestors**. Visiting them brings the past to life.

Stonehenge is in the top ten most-visited places in the UK.

Timeline

BC

About 4200	First farming people arrive in Britain from Europe
About 4000	**Neolithic,** or New Stone Age, begins
About 3650	West Kennet Long **Barrow** burial site is built
About 3200	First building work begins at the Neolithic village of Skara Brae
3000–2900	Stones of Stenness are put in place
About 3000	Calanais stone circle, also known as Callanish, is built
About 3000	Stone circle at Loanhead of Daviot is built
3000	The Easter Aquhorthies stones are put in place
2850–2200	Avebury stone circle is put in place
2800	First stones of Stonehenge are put in place
2500–2000	The Ring of Brodgar stone circle is built
2200	The **Bronze Age** begins in Britain

AD

1620s	King James I of England and VI of Scotland visits Stonehenge and orders an **excavation** of the site
late 1600s	John Aubrey makes further excavations of the Stonehenge site
1850	Neolithic village of Skara Brae is discovered
2014	Stonehenge Hidden Landscape project reveals new stone **monument** 3 kilometres (1.8 miles) away from the main stone circle
2015	New Bronze Age stone circle is discovered at Sittaford Tor in Dartmoor, England

Glossary

ancestor member of your family who has been dead for a long time

archaeologist scientist who studies human history by digging up people's buildings, belongings and even their bones

barrow burial mound made from earth and rocks

bluestones smaller standing stones used in the building of Stonehenge

Bronze Age period in history after the Stone Age that lasted from around 2200 BC to 800 BC

cairn small stones piled up as a monument, burial or landmark

concentric circles or other shapes that share the same centre. In concentric stone circles, the larger circles often completely surround the smaller ones.

erect stand something upright

evidence object that proves something existed or happened

excavate uncover something by digging or removing soil

henge circular area surrounded by a bank and ditch

lintel supporting beam or stone, usually at the top of a door or window

loch Scottish lake or part of the sea that is largely surrounded by land

marshy low and very wet area of land, often with long grasses and reeds

megalith large stone used as a monument

monolith very large block of stone

monument something built in memory of a person or an event

mound small hill, usually made from piles of gravel, sand or rocks, and covered with earth and grass

Neolithic later part of the Stone Age, between around 4000 BC and 2200 BC

peat soil from a wet area that is made up of rotted plants

prehistoric something that is kept safe and protected from harm

quarries places where people cut large rocks for use elsewhere

recumbent lying down

ridge long, narrow, raised section at the top of a hill or slope

rituals set of actions that are performed in the same way, often for religious purposes

settlement place where a group of people lived

theory unproven statement that explains how or why something happened

World Heritage Site place recognized by the United Nations Educational Scientific and Cultural Organisation (UNESCO) as having special historical, physical or cultural importance

Find out more

Books

Changes in Britain from the Stone Age to the Iron Age
(Early British History), Claire Throp (Raintree, 2015)
Life in the Stone Age, Bronze Age and Iron Age (A Child's
History of Britain), Anita Ganeri (Raintree, 2014)
Stone Circles (Prehistoric Adventures), John Malam
(Wayland, 2016)

Websites

www.bbc.co.uk/guides/zg8q2hv
This interactive website from the BBC contains lots of
facinating information about Stonehenge.

**www.educationscotland.gov.uk/scotlandshistory/earlypeople/
index.asp**
This website about Scottish history includes photographs,
illustrations and information about prehistoric sites,
including Calanais and the Ring of Brodgar.

www.historic-scotland.gov.uk
Historic Scotland is responsible for taking care of some
stone circles and many other ancient sites across Scotland.

www.orkneyjar.com
This website includes contributions from the archaeologists
who have been excavating the ancient sites in Orkney.

Index

Working for over
30 YEARS
WITH
Cambridge Assessment International Education

Cambridge IGCSE™

Spanish
Third edition

Simon Barefoot • José Antonio
García Sánchez • Timothy Guilford •
Mónica Morcillo Laiz • Mike Thacker
• Tony Weston

HODDER
EDUCATION
AN HACHETTE UK COMPANY

All exam-style questions and sample answers in this title were written by the authors. In examinations, the way marks are awarded may be different.

Photo credits

p. 148 José Antonio García Sánchez; all other photos © Adobe Stock

Acknowledgements

Every effort has been made to trace all copyright holders, but if any have been inadvertently overlooked, the Publishers will be pleased to make the necessary arrangements at the first opportunity.

Although every effort has been made to ensure that website addresses are correct at time of going to press, Hodder Education cannot be held responsible for the content of any website mentioned in this book. It is sometimes possible to find a relocated web page by typing in the address of the home page for a website in the URL window of your browser.

Hachette UK's policy is to use papers that are natural, renewable and recyclable products and made from wood grown in well-managed forests and other controlled sources. The logging and manufacturing processes are expected to conform to the environmental regulations of the country of origin.

Orders: please contact Hachette UK Distribution, Hely Hutchinson Centre, Milton Road, Didcot, Oxfordshire, OX11 7HH.
tel: 01235 827827
email: education@hachette.co.uk
Lines are open from 9 a.m. to 5 p.m., Monday to Friday.

You can also order through our website: www.hoddereducation.com

ISBN: 978 1 5104 4757 8

© Simon Barefoot, José Antonio García Sánchez, Timothy Guilford, Mónica Morcillo Laiz, Mike Thacker, Tony Weston 2019

First published in 2013
Second edition published in 2017

This edition published in 2019 by
Hodder Education,
An Hachette UK Company
Carmelite House
50 Victoria Embankment
London EC4Y 0DZ

www.hoddereducation.com

Impression number 10 9 8

Year   2023

Cover photo © Rob Byron/stock.adobe.com

Illustrations by Barking Dog

Typeset by Ian Foulis Design

Printed and bound by CPI Group (UK) Ltd, Croydon, CR0 4YY

A catalogue record for this title is available from the British Library.

MIX
Paper | Supporting
responsible forestry
FSC™ C104740
FSC
www.fsc.org

Contents

How to use this book

Structure of the book

This book is split into sections 1–5. Each section is broken down into units that cover topics on your course. Each unit is split into several spreads. Every spread has listening, reading, writing and speaking activities to help develop your skills. Below is an example of what you can find on each spread.

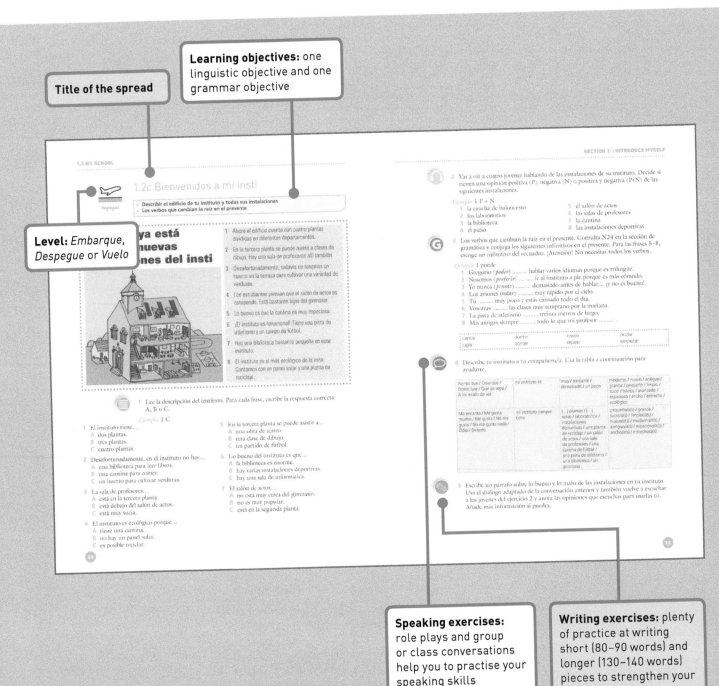

Title of the spread

Learning objectives: one linguistic objective and one grammar objective

Level: *Embarque, Despegue* or *Vuelo*

Speaking exercises: role plays and group or class conversations help you to practise your speaking skills

Writing exercises: plenty of practice at writing short (80–90 words) and longer (130–140 words) pieces to strengthen your writing skills

Reading material and exercises: interesting reading texts and a variety of question types help develop your reading skills

Listening material and exercises: engaging audio recordings with a variety of speakers help develop your comprehension and listening skills

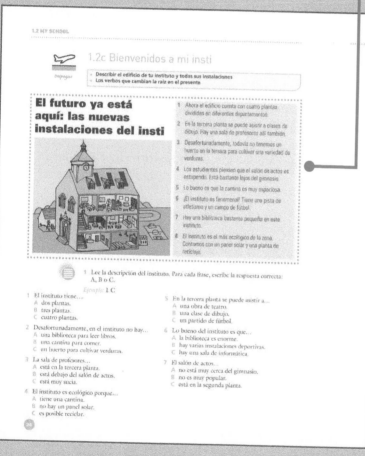

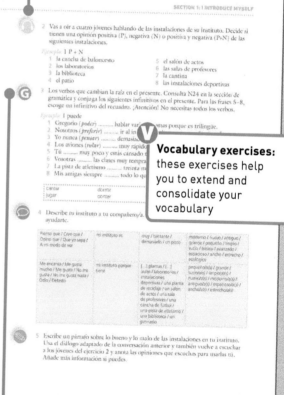

Vocabulary exercises: these exercises help you to extend and consolidate your vocabulary

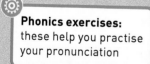

Phonics exercises: these help you practise your pronunciation

Grammar exercises: practice of a particular grammar point. You can refer to the grammar section at the end for an explanation of the grammar point before trying the exercise.

At the end of sections 1, 2, 3 and 5, you will find the following:

- **Vocabulary** — lists of key vocabulary for that topic.

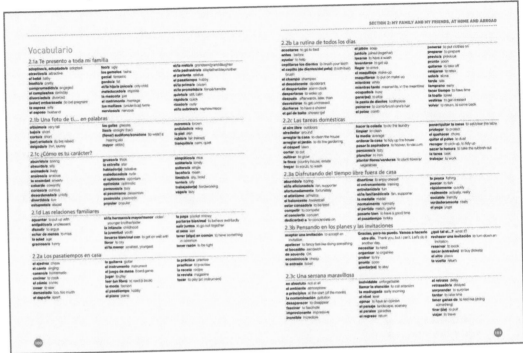

- **Magazines** — four pages of magazine material. These introduce you to a hispanophone country or area with extra reading material and exercises to practise your skills.

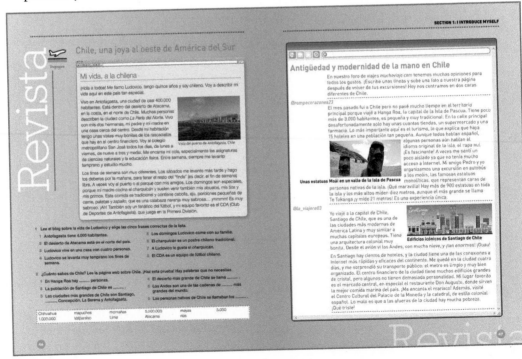

- **Exam corners** — these sections focus on a particular key skill you need to develop. These include exam-style tasks and suggested answers written by the authors.

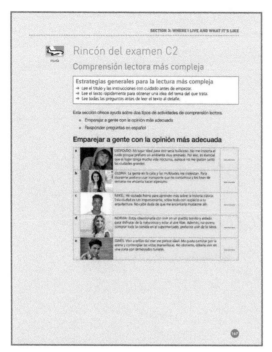 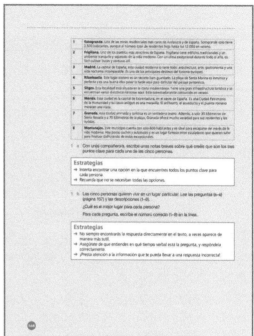

Differentiation

The three levels of difficulty in the book are indicated by an aeroplane icon along with the following terms: *Embarque*, *Despegue* and *Vuelo*.

- *Embarque* — these spreads introduce you to the topic with simple reading or listening material and exercises. There are no *Embarque* spreads in sections 4 and 5, as your skills will have developed beyond this level by that point in the course.

Embarque

- *Despegue* — these spreads develop and extend your language and grammar.

Despegue

- *Vuelo* — these spreads are for students who are aiming for the top level.

Vuelo

Grammar

- There are grammar exercises throughout the book, covering all the grammar you need to know.
- There is a grammar reference section at the back of the book with explanations of all the grammar points in the book.
- Grammar exercises include a reference to the grammar section so that you can use this to help you complete the exercises.
- Examples of the grammar point in the exercise can be found in the reading or listening passage on the same spread.

El mundo hispanohablante

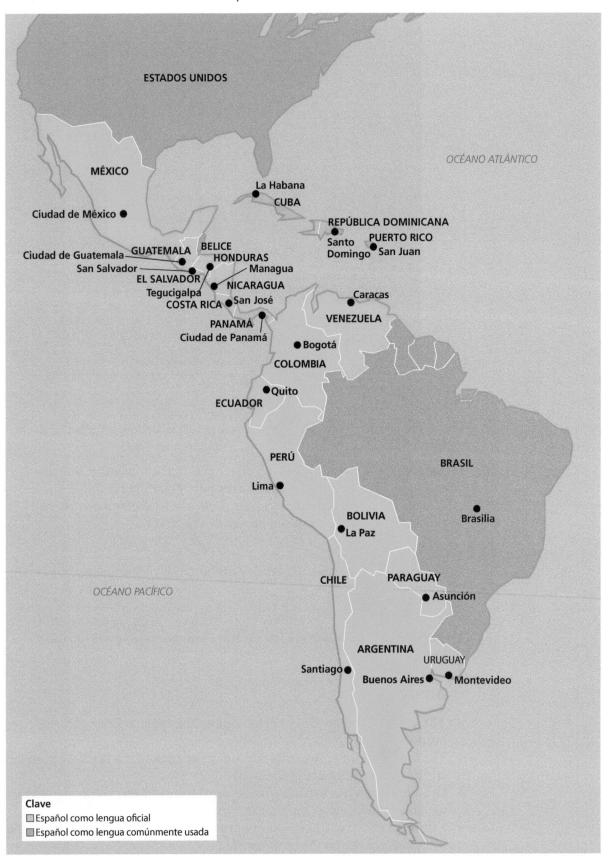

ESTADOS UNIDOS

OCÉANO ATLÁNTICO

MÉXICO

La Habana

CUBA

Ciudad de México ●

REPÚBLICA DOMINICANA

PUERTO RICO

Santo
Domingo ● San Juan

Ciudad de Guatemala GUATEMALA BELICE
HONDURAS

San Salvador Managua

EL SALVADOR

Tegucigalpa NICARAGUA

COSTA RICA ● San José

Caracas

PANAMÁ

Ciudad de Panamá

VENEZUELA

● Bogotá

COLOMBIA

● Quito

ECUADOR

PERÚ

BRASIL

Lima ●

BOLIVIA

Brasilia ●

● La Paz

OCÉANO PACÍFICO

CHILE PARAGUAY

Asunción ●

ARGENTINA

URUGUAY

Santiago ●

Buenos Aires ● Montevideo

Clave

☐ Español como lengua oficial
☐ Español como lengua comúnmente usada

8

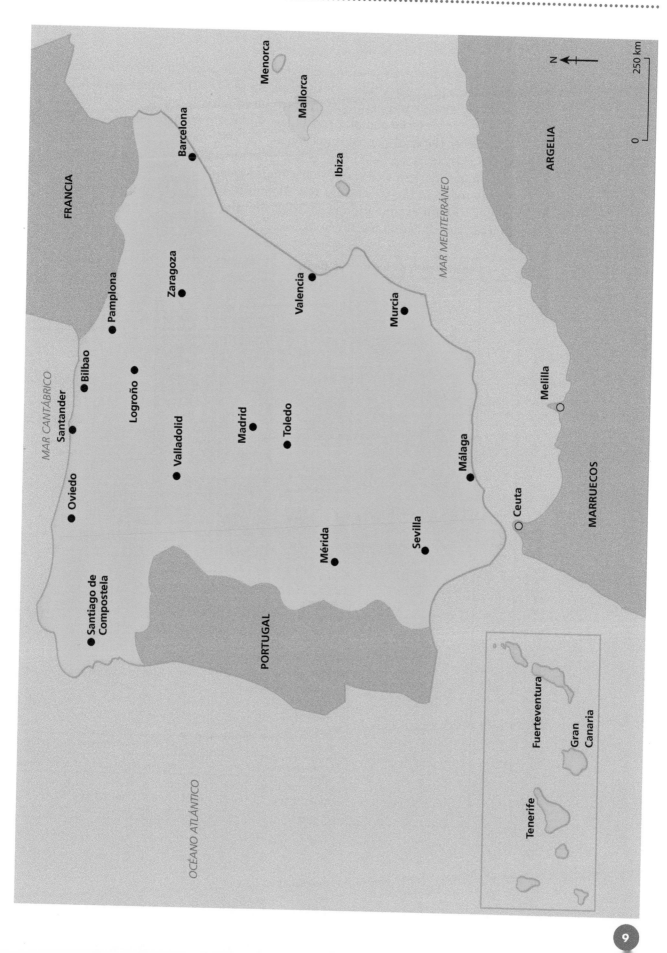

Matching grids

This textbook follows a teaching sequence that aims to help students develop knowledge and understanding of the topic areas from the Cambridge syllabus. Simple vocabulary and grammar are introduced initially and revisited throughout the course, with more complex vocabulary and grammar later on in the textbook. The order of the textbook does not mirror the *order* of topics in the Cambridge syllabus, which are provided only as examples of what teachers may choose to focus on, rather than a prescriptive teaching sequence. However, the textbook does cover all topics in the Cambridge IGCSE and IGCSE (9–1) Spanish syllabuses (0530/7160) for examination from 2021, and the grid below shows where each sub-topic is included in the textbook.

	Cambridge topic areas	Sub-topics	Hodder IGCSE course coverage
Area A	Everyday activities	Time expressions (telling the time, days, days of the week, months, seasons)	1.2: Days of the week, time incl. 24-hour clock in school context 2.5: Months 2.6: Seasons
		Food and drink (meals, fruit and vegetables, meat, fish and seafood, snacks, drinks, cutlery and utensils)	1.3: Meals, international food, healthy diet incl. meat, fish and seafood, fruit and vegetables 2.4: Eating out incl. meat, fish and seafood, fruit and vegetables, and drinks 3.2: Shopping for food 5.4: Food in other cultures (incl. cutlery and utensils)
		The human body and health (parts of the body, health and illness)	1.4: Parts of the body, illness, healthy lifestyle
		Travel and transport	3.7: Travel and transport for school, work, holiday 5.1: Holiday travel and transport
Area B	Personal and social life	Self, family and friends (greetings and conversational phrases, exclamations and interjections, invitations, family and relationships, describing physical appearance, describing character and mood)	2.1: Family and friends, appearance, character and mood, relationships 2.3: Invitations 2.7: Greetings, exclamations, interjections and invitations 3.2: Interjections in the context of shopping
		In the home (rooms, living room, kitchen, bedroom, bathroom, furniture and furnishings, garden, household appliances)	1.1: Describing your house, rooms, furniture, appliances and garden 2.2: Jobs in the home
		Colours	1.1: Colours in home context
		Clothes and accessories	3.2: Shopping for clothes and accessories
		Leisure time (things to do, hobbies, sport)	1.4: Sport 2.2: Leisure activities at home 2.3: Leisure activities outside the home

	Cambridge topic areas	Sub-topics	Hodder IGCSE course coverage
Area C	The world around us	People and places (continents, countries and nationalities, compass points)	2.6: Countries 2.7: Visiting family and friends 3.5: Compass points
		The natural world, the environment, climate and the weather	3.4: The environment, natural parks 3.5: Weather and climate, climate change 5.3: Weather 5.5: Environmental problems
		Communications and technology (the digital world, documents and texts)	3.2: Post office, internet, phone 4.5: Communication at work
		The built environment (buildings and services, urban areas, shopping)	3.1: Buildings and facilities, town locations 3.2: Shopping 3.3: Public services 3.6 Directions and locations
		Measurements (size, shape)	3.2: Shopping for presents incl. size and shape
		Materials	3.2: Shopping for presents
Area D	The world of work	Education (learning institutions, education and training, in the classroom learning tools, subjects, studying)	1.2: School routine, subjects and buildings, education, studying 4.1: Spanish secondary and primary schools incl. learning institutions, learning tools 4.2: Future pathways, further education and training
		Work (jobs and careers, the workplace)	4.3: Jobs and careers, adverts 4.4: Gap years and casual jobs 4.5: Communication at work
Area E	The international world	Countries, nationalities and languages (as extension — covering countries and languages other than candidates' own)	2.6: Countries 2.7: Visiting family and friends (incl. countries) 5.4: Other non-Hispanic countries and nationalities
		Culture, customs, faiths and celebrations	2.5: Birthdays and festivals, special occasions 2.7: Visiting family and friends (incl. culture) 5.3: Festivals and faith in different parts of the world and compared with Spain

1.1 My home

Embarque

1.1a Donde vivo yo

* **Describir en términos generales donde vives**
* **El artículo definido y el género**

A

B

C

D

E

F

G

1 a Lee las siguientes frases. Escribe los números que se corresponden con los dibujos. ¡Atención! Hay más frases que dibujos.

Ejemplo: 1 C

1 Yo vivo con mis padres en un piso en un bloque moderno en el centro de la ciudad.
2 Mi amiga Verónica vive en un castillo renovado en la montaña, cerca de un río.
3 Personalmente vivo en una aldea pequeña en el campo, en una casa adosada.
4 Yo vivo en un chalet aislado en la costa de Málaga, bastante lejos de la ciudad.
5 Vivo en el barrio industrial de la capital, en una casa enorme con garaje.
6 Vivo en una hacienda en el centro de México. Tenemos animales allí también.
7 Ahora vivo en un apartamento dúplex en un rascacielos en Chicago. ¡Tengo vistas impresionantes!
8 Vivimos en un estudio pequeño pero acogedor en un edificio de siete plantas.

1 b Cuando termines, dibuja la casa para la frase extra.

2 a Escucha a las siguientes personas que hablan de donde viven. Dibuja la siguiente tabla con siete filas en total y escribe la información. Puedes consultar los mapas en las páginas 8 y 9.

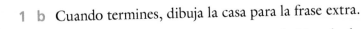

	Nombre	Vivienda	Ciudad	País
1	*Marina*	*casa moderna*	*Tijuana*	*México*
2	Fabio			
3	Hiro			
4	Erika			
5	Camila			
6	Leo			
7	Sharon			
8	Linda			

2 b Después de escuchar, haz una lista con el vocabulario útil del ejercicio 2a, tradúcela a tu idioma nativo y apréndela. Añade más palabras útiles que sepas o puedas encontrar de la sección de vocabulario sobre casas y vivienda.

3 a Los artículos definidos y el género. Consulta B1 en la sección de gramática. Completa las frases con los artículos (el, la, los, las) correctos.

Ejemplo: 1 *la*

1 En la actualidad, vivo en .... casa de mis padres con y mi hermano.
2 .... chalet donde vivo es muy grande y está en .... costa de Italia.
3 Sena vive en una cabaña en .... montaña, cerca de Verona.
4 .... casas adosadas no me gustan. Prefiero .... apartamentos.
5 .... palacio de .... reyes de España está en .... centro de Madrid
6 En .... granja de mi tío Aurelio hay muchos animales.
7 Mi amiga Carmina vive en .... barrio más antiguo de Barcelona.
8 Mis amigas viven en .... casas más grandes de .... aldea.

3 b Ahora busca algunos ejemplos de artículos definidos en las frases del ejercicio 1. ¿Cuántos puedes encontrar?

4 a El sonido "c" antes de la a, o, u. Escucha esta frase y separa las palabras. Repite la frase tres veces, tradúcela a tu propia lengua y apréndela de memoria.

CasualmenteCamiloviveenunacalleconcuatroamigosdeColombia

4 b Lee la frase en alto y díctala a tu compañero/a para que la escriba. Después tu compañero/a te la dicta a ti. ¿Quién tiene menos fallos?

5 Responde a las siguientes preguntas con un(a) compañero/a de clase. Usa la tabla a continuación para ayudarte en tus respuestas.

1 ¿De qué país eres?
2 ¿En qué ciudad / pueblo / aldea vives?
3 ¿Dónde está exactamente?
4 ¿En qué tipo de casa vives?
5 ¿Cómo es tu casa?

Soy de	España Inglaterra Alemania	Japón India Arabia Saudí		
Vivo en	una ciudad de un pueblo de un aldea de		Madrid Londres Berlín	Tokio Chennai Medina
Está en	el campo la ciudad la montaña	las afueras el centro la costa	cerca de… lejos de…	
Vivo en	una casa una casa adosada un chalet un piso una granja	un castillo una cabaña una hacienda una caravana		
Es	grande antiguo/a moderno/a	aislado/a pequeño/a renovado/a	tranquilo/a	

6 Escribe tres frases sobre donde vives. Usa información de la tabla de la actividad 5.

Despegue

1.1b Esta es mi casa

★ **Describir tu casa al detalle**
★ **El uso de adjetivos**

Casas en venta

1 La casa tiene dos plantas y es muy moderna. Abajo hay una cocina, un salón y un comedor muy amplio. Arriba hay un dormitorio doble, otro dormitorio y un baño. El dormitorio doble es muy luminoso porque tiene un balcón.

2 Este apartamento es ideal para los jóvenes ejecutivos. Tiene una cocina abierta en el salón con muebles modernos, ventanas grandes y un diseño funcional. El dormitorio principal tiene baño incluido.

3 En la planta baja de la casa hay una cocina un poco estrecha, un salón y un garaje enorme. En la primera planta hay dos dormitorios, un despacho con calefacción y el aseo.

4 Esta casa adosada es ideal para familias grandes. Tiene una cocina-comedor con vistas al jardín y un porche. Arriba hay dos plantas más, una con todos los dormitorios y aseos, y otra con un ático reformado.

5 Este piso en un bloque está muy deteriorado, pero es perfecto para una renovación. Tiene un balcón, un salón-comedor, y un solo dormitorio.

6 La casa es impresionante. Es de diseño clásico y tiene un jardín muy colorido, con flores exóticas y una fuente en el centro del césped.

7 Este piso es muy antiguo y elegante con unas escaleras de caracol, dos dormitorios, una cocina y un salón con una biblioteca pequeña. Tiene mucho carácter, pero es bastante oscuro.

8 Estas dos casas pequeñas son muy funcionales. Son ecológicas porque tienen paneles solares. Tienen jardines enormes.

1 Lee las descripciones de casas. Escribe los números que se corresponden con los dibujos.

Ejemplo: 1 E

(A)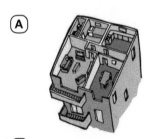

(B)

(C)

(D)

(E)

(F)

(G)

(H)

2 Vas a oír a Gerardo, que habla de su casa y las casas de unos miembros de su familia. Para cada pregunta escribe la respuesta correcta: A, B o C.

Ejemplo: 1 A

1 ¿Cuántas habitaciones hay en la primera planta de la casa de Gerardo?
  A 4
  B 1
  C 3

2 ¿Cómo es la mesa en el comedor?
  A atractiva
  B naranja y roja
  C pequeña

3 ¿Por qué a Rosa no le gusta mucho la caravana?
  A No es muy luminosa ni espaciosa.
  B La cocina es básica.
  C No hay baño en el interior.

4 ¿Cómo es el dormitorio de Mario y Sonia?
  A aislado
  B enorme
  C colorido

5 ¿En la casa de los abuelos, en qué habitación está la chimenea enorme?
  A el salón
  B el comedor
  C el dormitorio

6 ¿Cuántos dormitorios hay en la primera planta?
  A 1
  B 2
  C 3

3 Los adjetivos y sus terminaciones. Consulta C1 en la sección de gramática. En las frases siguientes, escoge el adjetivo correcto de acuerdo con la terminación necesaria en cada caso.

Ejemplo: 1 blanca

1 La cocina es muy grande y *blanco / blanca*.
2 En mi granja hay un jardín muy *verde / verdes* y una entrada *luminoso / luminosa*.
3 Hay dos dormitorios *amplios / amplias* y tres balcones muy *pequeños / pequeñas*.
4 En la *primero / primera* planta hay un ático *naranjas / naranja*.
5 El aseo de mi casa es un poco *oscuro / oscura* porque no hay ventana.
6 En mi apartamento, tengo una cocina marrón y *azul / azules* y unas cortinas *amarillos / amarillas*.
7 Mi casa es muy *colorido / colorida* y el comedor es muy *agradable / agradables*.
8 Los sofás en el salón son *incómodos / incómodas* pero muy *hermosos / hermosas*.

4 Responde a las siguientes preguntas con un(a) compañero/a de clase. Usa la tabla a continuación para ayudarte.
  1 ¿Cómo es tu casa?
  2 ¿Te gusta tu casa? ¿Por qué (no)?
  3 ¿Cuántas habitaciones hay?
  4 ¿Qué hay en la planta baja? ¿Y en la primera planta?
  5 ¿Cuál es tu habitación favorita? ¿Por qué?

Mi casa es (No) me gusta porque es	moderna / antigua / grande / enorme / pequeña / cómoda/ limpia / oscura / luminosa / estrecha / amplia / atractiva / bonita
En total hay	[...] habitaciones
En la planta baja / la primera planta / la segunda planta hay	un salón / un comedor / una cocina [...] dormitorio(s) / un cuarto de baño / un ático
Mi habitación favorita es	mi dormitorio / el salón / la cocina porque es... grande / espaciosa / colorida / luminosa / agradable

5 Imagina tu casa de ensueño. Dibújala y escribe tres frases con una descripción de las habitaciones, colores, tamaños, etcétera. Incluye la información de la actividad 4 para dar forma a tu respuesta.

Despegue

1.1c ¿Qué haces en casa?

> ★ **Describir qué hace la familia en cada habitación de la casa**
> ★ **Los pronombres personales de sujeto y los verbos regulares en el presente**

G

1 Los pronombres personales de sujeto y los verbos regulares en el presente. Consulta M1 y N1 en la sección de gramática. Conjuga los infinitivos en presente de indicativo. Subraya cada pronombre personal de sujeto y en los últimos dos ejemplos, escribe el pronombre personal correcto.

Ejemplo: 1 Yo toco

   1 Yo (*tocar*) .... el piano en el salón.
   2 Mis padres (*leer*) .... en el salón por la noche.
   3 Mi prima Elsa (*escuchar*) .... música en su dormitorio.
   4 ¿Vosotros no (*comer*) .... en la cocina?
   5 Ellas siempre (*preparar*) .... el desayuno a las ocho y cuarto.
   6 Nosotros (*hablar*) .... por teléfono todos los días.
   7 .... (*escribir*) .... en tu diario en la oficina.
   8 .... (*vivir*) .... en una granja con mis padres y mi hermanito.

Mi familia y mi casa

¡Hola! Me llamo Sebastián. Yo vivo en un chalet en la playa en Chile, cerca de Viña del Mar. En casa, mi hermana pequeña siempre está en su dormitorio, y a ella le gusta comer allí también, aunque mi madrastra no lo permite. Mi padre prefiere leer sus libros de aventuras en el estudio o en su dormitorio y yo siempre estoy en el salón porque allí me relajo o juego a videojuegos. En cambio, mi hermano mayor pasa mucho tiempo en el garaje, porque tiene un coche antiguo y lo quiere arreglar, pero los repuestos cuestan mucho. ¡Ah! Y cuando mi primo Saúl me visita, él prefiere el jardín, para jugar al fútbol y subir a la casita del árbol, donde nosotros leemos cómics. Nunca paso por el ático porque está vacío; no hay nada allí. A veces mi padre prepara limonada y Saúl y yo la bebemos en la cocina.

2 a Lee el mensaje de Sebastián a su amigo Mario. ¿Qué hace su familia en cada habitación? Contesta a las preguntas en español.

Ejemplo: 1 En un chalet.

1 ¿En qué tipo de casa vive Sebastián?
2 ¿Por qué su hermana pequeña no come mucho en su dormitorio?
3 ¿Dónde lee sus libros el padre de Sebastián? (2)
4 ¿Cómo es el coche de su hermano mayor?
5 ¿Por qué es difícil reparar el coche?
6 ¿Qué deporte juega Saúl en el jardín?
7 ¿Qué hacen Sebastián y Saúl después de subir a la casita del árbol?
8 ¿Por qué Sebastián nunca va al ático? (2)

2 b Ahora busca cinco ejemplos de verbos regulares en el presente en las frases del ejercicio 1 y haz una lista con ellos. Además, busca un infinitivo y conjúgalo en el presente.

3 Escucha las ocho descripciones de las actividades que las personas hacen y escribe el nombre de la habitación donde están.

Ejemplo: 1 El garaje

4 a Trabaja con otra persona para realizar un juego de rol. La situación es la siguiente: "Hablas con un(a) amigo/a sobre lo que hacéis en casa." Elegid los papeles – con el papel A inicias la conversación y con el papel B respondes usando la tabla con ideas.

1 A ¿Cuál es tu habitación favorita de tu casa? B …
2 A ¿Cómo es esta habitación? B …
3 A ¿Qué haces allí normalmente? B …
4 A ¿Qué otras actividades haces en casa? B …
5 A ¿Con quién haces estas actividades? B …

Mi habitación favorita es / Me gusta / Me encanta	porque es…	tranquilo/a / cómodo/a / guay / bonito/a / moderno/a / amplio/a
En el salón / comedor / garaje / jardín En la cocina / habitación / terraza / bodega	hago mis deberes / me relajo / duermo / juego a videojuegos / no hago nada / escucho música / observo las vistas / desayuno / como / ceno / meriendo / descanso / hago yoga	con… mi padre / madre / tío / tía / abuelo / abuela / hermano / hermana / amigo / amiga solo/a

4 b Ahora cambiad de papeles y realizad el diálogo otra vez, sustituyendo otras palabras y expresiones de la tabla.

5 Mi casa y las actividades. Escribe un párrafo sobre lo que haces en tu casa. Utiliza el diálogo adaptado de la conversación anterior. Añade más información si puedes. Debes escribir unas 80–90 palabras en español. Menciona:

- las actividades que haces en casa normalmente
- dónde haces estas actividades y por qué
- con quién haces algunas de estas actividades
- tu habitación favorita y por qué

Ejemplo: Generalmente me relajo en el salón con mis padres porque es tranquilo, y a veces juego a videojuegos con mi prima Elena en mi dormitorio…

vuelo

1.1d Las habitaciones de mi casa a examen

★ **Describir en detalle algunas habitaciones de la casa**
★ **Las preposiciones de lugar**

El dormitorio de Jerónimo

Me encanta 1......... mi dormitorio porque creo que es el 2......... del universo. ¡Tengo mucha suerte! Hay una cama doble con un edredón de Spiderman, mi superhéroe 3......... . Tengo un estante con muchos libros y a la derecha hay una mesa marrón con una silla roja metálica. Encima de la mesa tengo mi ordenador y mis cuadernos.

A la izquierda de la mesa hay una ventana muy grande con 4......... a mi jardín. También tengo una lámpara delante del equipo de música y una alfombra negra y morada cerca de la cama. Debajo de la cama, tengo unas cajas con cuadernos 5......... de mi colegio de primaria. También, delante del armario amarillo tengo un sillón de color púrpura pequeño donde me relajo cuando 6......... mis deberes.

Definitivamente, mi dormitorio es fabuloso. Sin embargo, el dormitorio de mis padres es muy diferente. Tienen una cómoda blanca con fotos de su boda. Encima de su cama tienen 7......... cojines de diferentes colores y una muñeca antigua de mi madre.

Finalmente, en la parte trasera de la casa hay un jardín pequeño con una hamaca que a veces uso los fines de semana. ¡Es muy divertida pero es difícil 8......... el equilibrio!

varias	vistas	favorito	muchos	antiguos	pequeño
allí	termino	*describir*	mejor	hacer	mantener

1 Lee el blog sobre el dormitorio de Jerónimo y su casa. Escribe la palabra adecuada del recuadro para rellenar los espacios. ¡Atención! Hay palabras que no necesitas.

Ejemplo: 1 describir

2 Las preposiciones de lugar. Consulta P2 en la sección de gramática. Empareja las frases con el dibujo en la página 19. Hay un error en cada frase. Encuéntralo y cámbialo, escribiendo la palabra que falta.

Ejemplo: 1 encima de

1 La lámpara está ~~debajo de~~ la mesa.
2 La ventana está a la ~~derecha~~ de la puerta.
3 El cuaderno rojo está ~~debajo de~~ la estantería.
4 La silla verde está ~~delante de~~ la mesa amarilla.
5 La lampa está a la ~~izquierda~~ del ordenador.
6 El póster de Superman está ~~encima~~ del reloj.
7 El osito de peluche está ~~detrás~~ del sofá.
8 El ordenador está ~~encima de~~ la lámpara y los libros.

3 a Vas a oír la opinión de cuatro jóvenes sobre una habitación de sus casas. Lee las preguntas antes de escuchar. Contesta a las preguntas en español.

Ejemplo: 1 Es último modelo.

   1 ¿Cómo es el frigorífico?
   2 En la cocina de Loreto, ¿dónde está el hervidor?
   3 ¿Para qué utiliza Loreto la batidora?
   4 ¿Con quién toma un café Silvia?
   5 ¿Por qué son tan especiales sus cuadros de paisajes?
   6 ¿Qué objeto hay para jugar en el sótano de Ramón?
   7 ¿Qué opina Ramón del sótano?
   8 Según Bea, ¿dónde está la lámpara?

3 b Escucha las opiniones otra vez. Escribe cinco palabras que no entiendes y busca lo que significan en un diccionario. Haz una lista de vocabulario con estas palabras y apréndelas.

4 Haz un sondeo. Pregunta a cinco compañeros/as de clase y anota las respuestas.
   1 ¿Cuántos dormitorios hay en tu casa?
   2 ¿Qué hay en tu dormitorio?
   3 En tu opinión, ¿cómo es tu dormitorio?

5 ¿Quién es tu famoso/a favorito/a? Escribe un párrafo con una descripción de cómo imaginas su casa, con 130–40 palabras. Imagina que es para una competición nacional y tienes que describir todo lo que hay. Incluye:
   ● los muebles de las habitaciones
   ● los colores, tamaños y formas de los objetos
   ● preposiciones
   ● las actividades que tu famoso/a favorito/a hace en cada habitación
   ● tu opinión personal

Embarque

1.2a Mi horario en el insti

★ **Describir tu horario escolar y asignaturas**
★ **Las formas contractas (del/al) de los artículos definidos**

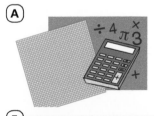 (A)

(B)

 (C)

 (D)

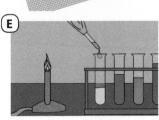 (E)

 (F)

 (G)

 (H)

1 a Lee las siguientes frases y escribe los números que se corresponden con los dibujos. ¡Atención! Hay más frases que dibujos.

Ejemplo: 1 H

1 Odio el inglés porque es difícil.
2 La educación física es divertida.
3 Detesto la geografía porque es compleja.
4 Las matemáticas son útiles.
5 La informática es mi asignatura favorita. Es interesante.
6 Me gusta el español porque es entretenido.
7 El profesor de ciencias manda muchos deberes.
8 Me encanta la música porque es estimulante.
9 El dibujo es fácil.
10 ¡Qué aburrido! El teatro es una pérdida de tiempo.

1 b Cuando termines, traduce las frases sin dibujo.

2 Escucha a Fermín y Estrella hablando sobre su horario. Mira el horario con atención y escribe el día de la semana del que hablan.

Ejemplo: 1 martes

	LUNES	MARTES	MIÉRCOLES	JUEVES	VIERNES
9.00–10.00	inglés	teatro	física	matemáticas	literatura
10.00–11.00	francés	teatro	inglés	música	geografía
11.00–11.10			DESCANSO		
11.10–12.10	matemáticas	literatura	matemáticas	inglés	química
12.10–12.40			RECREO		
12.40–13.40	biología	educación física	historia	dibujo	lengua española
13.40–14.40	biología	educación física	informática	dibujo	lengua española

3 a Las formas contractas de los artículos definidos. Consulta B1 en la sección de gramática. Completa las frases escogiendo la forma contracta correcta.

Ejemplo: 1 a la

1 Normalmente voy *a la / al* clase de informática los miércoles.
2 El cumpleaños *del / de el* amigo de mi hermano es el ocho de octubre.
3 Mi primo juega *al / a la* baloncesto los fines de semana.
4 No me gusta hablar mal *del / de la* profesor de inglés.
5 Mis abuelos no van *al / a la* fiesta el domingo.
6 El director *del / de el* instituto se llama Don González.
7 Mi hermano no tiene el libro *de la / del* señora López.
8 En matemáticas, no tiramos los papeles *a la / al* suelo.

3 b Escucha otra vez el ejercicio 2 y escribe tres ejemplos de formas contractas de artículos definidos en las frases que oyes.

4 a El sonido de la "b" y la "v" al principio de una palabra. Escucha esta frase y separa las palabras. Repite la frase tres veces, tradúcela a tu propia lengua y apréndela de memoria.

ValentínbailabienenlabodadeVíctoryVanesaperonovieneaBarcelona

4 b Lee la frase en alto y díctala a tu compañero/a para que la escriba. Después tu compañero/a te la dicta a ti. ¿Quién tiene menos fallos?

5 Responde a las siguientes preguntas con un(a) compañero/a de clase. Usa la tabla a continuación para ayudarte en tus respuestas.

1 ¿Cuál es tu asignatura favorita y por qué?
2 ¿Qué asignatura te gusta menos y por qué?
3 ¿Qué asignaturas tienes el martes? ¿Y el viernes?
4 ¿Cuál es tu día escolar favorito de la semana?

Mi asignatura favorita es / son	la biología las ciencias el dibujo la educación física la física		aburrido(a)(s) complejo(a)(s) difícil(es) divertido(a)(s) entretenido(a)(s) estimulante(s) fácil(es) fascinante(s) interesante(s) inútil(es) relajante(s) una pérdida de tiempo útil(es)
No me gusta(n) nada	el francés la geografía la informática el inglés la lengua española la literatura las matemáticas la música la química el teatro	Es / Son	
El martes / El viernes tengo			
Mi día favorito es el lunes / martes / miércoles/ jueves / viernes porque tengo	francés matemáticas química		

6 Escribe tres frases sobre las asignaturas que tienes y tu horario. Incluye la información de la actividad 5.

Despegue

1.2b Mi día escolar

★ **Describir un día cualquiera en el instituto y practicar la hora.**
★ **Los verbos irregulares en el presente**

(A) 　　(B) 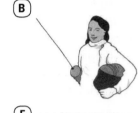　　(C) 　　(D)

(E) 　　(F) 　　(G) 　　(H)

1　a　Mira los dibujos y escoge la letra que corresponde mejor a cada descripción.

Ejemplo: 1 E

  1 Pienso que mi día favorito es el miércoles, porque tengo lengua española y se me da muy bien.

  2 A las tres en punto hay actividades extraescolares. Yo voy al club de ajedrez los lunes.

  3 Durante el recreo siempre voy al patio central y charlo con mis amigas.

  4 A las once y veinticinco vuelvo a clase, y tengo teatro… ¡Me encanta actuar!

  5 Los miércoles tengo esgrima. No cabe duda de que es mi deporte favorito.

  6 Salgo de casa pronto y la jornada escolar empieza a las ocho y media.

  7 Los martes hago mis deberes, luego voy al taller de fotografía. ¡Es muy divertido!

  8 Las clases de química son muy interesantes. Las ciencias me fascinan.

1　b　Lee las frases otra vez. Trabaja con un(a) compañero/a. Por turnos, decid lo que hace la chica durante su jornada escolar usando la tercera persona.

Ejemplo: El miércoles tiene lengua española.

2　Vas a oír la opinión de cuatro jóvenes sobre el día escolar. Para cada pregunta indica la respuesta correcta. Vas a oír cada opinión dos veces.

Ejemplo: 1 C

Lola

1 ¿A qué hora va al instituto?

  A 6.30　　　C 7.30
  B 9.25

2 ¿Cuántos minutos dura el descanso?

  A 50　　　C 5
  B 15

Carlitos

3 ¿A qué hora juega al baloncesto?

  A 17.10　　　C 15.10
  B 16.02

4 ¿Cuál es el problema con las clases de ruso?

  A Son difíciles.　　　C No es un idioma
  B El profe no es　　　　　muy popular.
    entusiasta.

Gala

5 ¿A qué hora empieza la clase de educación física el jueves?

A 12.55

B 12.00

C 12.15

6 ¿Por qué no le gustan las ciencias naturales?

A Odia los animales.

B A veces es una asignatura cruel.

C No hay mucha variedad.

Reinaldo

7 A qué hora empieza su día escolar?

A 8.20

B 7.40

C 8.40

8 ¿Cuál es su pasatiempo favorito?

A cantar

B la fotografía

C la natación

3 Los verbos irregulares en el presente. Consulta N1 en la sección de gramática y conjuga los siguientes infinitivos en el presente. ¡Atención! Tienes que decidir qué infinitivo del recuadro necesitas en las frases 5–8.

Ejemplo: 1 salgo

1 Por la mañana, (*salir*) .... de casa a las ocho menos veinte y voy al insti.

2 Mi primo (*construir*) .... un castillo con cartas.

3 Mi hermana Laura (*decir*) .... que prefiere el campo a la ciudad.

4 Nosotros (*ver*) .... un documental a las dos y media.

5 Yo nunca me .... los pantalones cortos para ir al instituto.

6 ¿Tú no .... teatro por la tarde?

7 Vosotras .... a la fiesta o .... estar en casa?

8 Yo no .... los deberes en mi habitación, es mejor en la biblioteca.

hacer	preferir	venir	tener	poner

4 Trabaja con tu compañero/a. Haced turnos preguntando y respondiendo a las preguntas.

1 ¿A qué hora empieza y termina tu día escolar?

2 ¿Qué asignaturas tienes el lunes?

3 ¿Cuál es tu día favorito? ¿Por qué?

4 ¿Haces actividades extraescolares?

5 ¿Cuál es tu actividad escolar preferida? ¿Por qué?

El día escolar	empieza / termina a las…
El lunes tengo	las matemáticas, el inglés, las ciencias, la historia, la geografía, el español, etc.
Mi día favorito es el… porque es	útil, estimulante, relajante, fascinante, fácil, divertido, emocionante
Hay varias actividades extraescolares, por ejemplo…	un club de idiomas, ajedrez, teatro / un taller de arte, fotografía / un coro / deportes como el fútbol, el bádminton, el baloncesto, el tenis, la natación , el atletismo
Mi actividad escolar preferida es… porque…	me interesa mucho / me fascina / es divertido, útil…

5 Describe en tu blog tu día escolar. Usa la información de la tabla de la actividad 4. Debes escribir 80–90 palabras en español. Menciona:

- la estructura de tu día escolar
- las asignaturas que tienes el lunes
- tu día favorito y por qué
- las actividades extraescolares que haces

Despegue

1.2c Bienvenidos a mi insti

> ★ **Describir el edificio de tu instituto y todas sus instalaciones**
> ★ **Los verbos que cambian la raíz en el presente**

El futuro ya está aquí: las nuevas instalaciones del insti

1 Ahora el edificio cuenta con cuatro plantas divididas en diferentes departamentos.

2 En la tercera planta se puede asistir a clases de dibujo. Hay una sala de profesores allí también.

3 Desafortunadamente, todavía no tenemos un huerto en la terraza para cultivar una variedad de verduras.

4 Los estudiantes piensan que el salón de actos es estupendo. Está bastante lejos del gimnasio.

5 Lo bueno es que la cantina es muy espaciosa.

6 ¡El instituto es fenomenal! Tiene una pista de atletismo y un campo de fútbol.

7 Hay una biblioteca bastante pequeña en este instituto.

8 El instituto es el más ecológico de la zona. Contamos con un panel solar y una planta de reciclaje.

1 Lee la descripción del instituto. Para cada frase, escribe la respuesta correcta: A, B o C.

Ejemplo: 1 C

1 El instituto tiene….
   A dos plantas.
   B tres plantas.
   C cuatro plantas.

2 Desafortunadamente, en el instituto no hay…
   A una biblioteca para leer libros.
   B una cantina para comer.
   C un huerto para cultivar verduras.

3 La sala de profesores…
   A está en la tercera planta.
   B está debajo del salón de actos.
   C está muy sucia.

4 El instituto es ecológico porque…
   A tiene una cantina.
   B no hay un panel solar.
   C es posible reciclar.

5 En la tercera planta se puede asistir a…
   A una obra de teatro.
   B una clase de dibujo.
   C un partido de fútbol.

6 Lo bueno del instituto es que…
   A la biblioteca es enorme.
   B hay varias instalaciones deportivas.
   C hay una sala de informática.

7 El salón de actos…
   A no está muy cerca del gimnasio.
   B no es muy popular.
   C está en la segunda planta.

2 Vas a oír a cuatro jóvenes hablando de las instalaciones de su instituto. Decide si tienen una opinión positiva (P), negativa (N) o positiva y negativa (P+N) de las siguientes instalaciones.

Ejemplo: 1 P + N

1 la cancha de baloncesto
2 los laboratorios
3 la biblioteca
4 el patio

5 el salón de actos
6 las salas de profesores
7 la cantina
8 las instalaciones deportivas

3 Los verbos que cambian la raíz en el presente. Consulta N24 en la sección de gramática y conjuga los siguientes infinitivos en el presente. Para las frases 5–8, escoge un infinitivo del recuadro. ¡Atención! No necesitas todos los verbos.

Ejemplo: 1 puede

1 Gregorio (*poder*) .... hablar varios idiomas porque es trilingüe.
2 Nosotros (*preferir*) .... ir al instituto a pie porque es más cómodo.
3 Yo nunca (*pensar*) .... demasiado antes de hablar… ¡y no es bueno!
4 Los aviones (*volar*) .... muy rápido por el cielo.
5 Tú .... muy poco y estás cansado todo el día.
6 Vosotras .... las clases muy temprano por la mañana.
7 La pista de atletismo .... treinta metros de largo.
8 Mis amigas siempre .... todo lo que mi profesor ....

cantar	dormir	medir	poder
jugar	contar	repetir	empezar

4 Describe tu instituto a tu compañero/a. Usa la tabla a continuación para ayudarte.

Pienso que / Creo que / Opino que / Que yo sepa / A mi modo de ver	mi instituto es	muy / bastante / demasiado / un poco	moderno / nuevo / antiguo / grande / pequeño / limpio / sucio / básico / avanzado / espacioso / ancho / estrecho / ecológico
Me encanta / Me gusta mucho / Me gusta / No me gusta / No me gusta nada / Odio / Detesto	mi instituto porque tiene	[...] plantas / [...] aulas / laboratorios / instalaciones deportivas / una planta de reciclaje / un salón de actos / una sala de profesores / una cancha de fútbol / una pista de atletismo / una biblioteca / un gimnasio	pequeño/a(s) / grande / sucio/a(s) / limpio(a)(s) / nuevo/a(s) / moderno/a(s) / antiguo/a(s) / espacioso/a(s) / ancho/a(s) / estrecho/a(s)

5 Escribe un párrafo sobre lo bueno y lo malo de las instalaciones en tu instituto. Usa el diálogo adaptado de la conversación anterior y también vuelve a escuchar a los jóvenes del ejercicio 2 y anota las opiniones que escuchas para usarlas tú. Añade más información si puedes.

vuelo

1.2d La vida escolar

★ **Describir las jornadas escolares del mundo hispano**
★ **Las formas de los adjetivos**

Dos institutos hispánicos

Instituto Diego Rivera, Zacatecas, México

En nuestro instituto tienes las mejores instalaciones y los mejores profesores de la zona. Nuestra jornada escolar empieza temprano, a las ocho de la mañana, y termina a las dos en punto. Nuestras seis clases al día son intensivas, así pues solo hay un descanso de media hora a las once todos los días, cuando muchos estudiantes se relajan en nuestra cantina y compran comida sana como ensaladas deliciosas o pasta en el bar.

En Diego Rivera todas las asignaturas son obligatorias. Se estudian dos idiomas: inglés y chino mandarín. Tenemos viajes a Los Ángeles y también la opción de mantener correspondencia con un instituto

chino. Al final de la jornada escolar hay varios talleres y clubes. Somos un colegio joven especializado en la tecnología, y tenemos varios garajes donde es posible montar y desmontar coches.

Instituto Nacional Lucero, Asturias, España

Estamos orgullosos y felices de estar en unas instalaciones restauradas históricas, del siglo XVIII. Lo que más destaca es la biblioteca, con más de tres mil libros para poder consultar, leer o también acceder a información en otros idiomas. Nuestra jornada es la típica española, empezamos a las nueve de la mañana y terminamos a las tres. Todos los días hay un descanso de quince minutos y un recreo de cuarenta minutos. A la hora del recreo es posible adquirir una bebida caliente en la cafetería o un bollo, pero por lo general, la mayoría de los estudiantes traen sus propios bocadillos y refrescos de casa.

Hay cinco lecciones todos los días y los estudiantes dividen sus estudios en asignaturas obligatorias, como la literatura, el español, el inglés, la historia, las matemáticas y las ciencias, y las optativas, como el francés, la filosofía o la biología.

1 Lee las descripciones de los institutos. Dibuja la tabla y haz una lista de las diferencias entre los dos institutos. Hay ocho diferencias en total, incluyendo el ejemplo.

Instituto Diego Rivera, Zacatecas, México	Instituto Nacional Lucero, Asturias, España
Las clases empiezan a las ocho.	*Las clases empiezan a las nueve.*

2 Vas a oír a tres estudiantes que hablan de su rutina escolar. Escucha lo que dicen con atención y responde a las preguntas en español.

Ejemplo: 1 Las clases terminan temprano.

1 ¿Qué es lo bueno del horario de Lolo?
2 ¿Qué hace Lolo después del día escolar?
3 ¿Por qué el profesor de matemáticas es innovador?
4 ¿Qué hace Josué en el insti después de las clases?

5 ¿Por qué no hay cantina en el colegio de Josué?
6 ¿Qué desventaja tiene el colegio de Rebeca?
7 ¿Por qué Rebeca no puede concentrarse?
8 ¿Qué ventaja tiene llamar a los profesores por su nombre?

3 a Las formas de los adjetivos. Consulta C1 en la sección de gramática. Escribe el adjetivo entre paréntesis con la forma adecuada. Para las frases 5–8, escoge un adjetivo del recuadro. ¡Atención! Tienes que cambiarlos a su forma correcta.

Ejemplo: 1 jóvenes

1 Los profesores del instituto de mi amigo Carlos son muy (*joven*) ....
2 Mis perros son (*capaz*) .... de correr muy rápido en el parque.
3 La gata de mi tía es muy (*fiel*) ....
4 Los ordenadores (*gris*) .... y (*azul*) .... del aula de informática no funcionan.
5 La biología es una asignatura muy .... en todos los institutos.
6 Para mí, el francés y el italiano son idiomas muy ....
7 Mí madre es muy .... Siempre tiene conversaciones con los vecinos.
8 Claudia y Eloísa son muy .... y ....

hablador	feliz	común	trabajador	familiar

3 b Busca al menos ocho ejemplos de adjetivos en el texto del ejercicio 1. Escríbelos en su forma masculina, femenina y plural, y tradúcelas a tu propio idioma.

4 Trabaja con otra persona para realizar un juego de rol. La situación es la siguiente: "Eres estudiante y hablas con tu amigo/a español(a) sobre tu instituto." Elegid los papeles — con el papel A (el/la estudiante español(a)) inicias la conversación y con el papel B (el/la estudiante) respondes.

1 A ¿Qué instalaciones hay en tu instituto? B …
2 A ¿Qué actividades extraescolares ofrece? B …
3 A Háblame de las diferencias que hay entre tu instituto y un instituto hispano. B …
4 A ¿Qué te gusta más de tu instituto? ¿Por qué? B …
5 A ¿Qué opinas de los profesores? B …

5 El intercambio estudiantil. Imagina que eres un(a) estudiante de intercambio en un instituto español. Describe un típico día escolar en tu país. Debes escribir 130–140 palabras en español. Menciona:
- las instalaciones que hay en tu instituto
- las actividades escolares que ofrece tu instituto
- cómo son los profesores y los estudiantes en tu instituto
- una comparación entre el horario de tu instituto y el horario del instituto español
- si prefieres tu instituto o el instituto español y por qué

1.3 My eating habits

1.3a Las comidas típicas

Embarque

★ **Hablar sobre las comidas y bebidas que tomas**
★ **Los pronombres interrogativos y el singular y el plural de los sustantivos**

 A
 B
 C
 D

 E
 F
 G
 H

 1 Lee las siguientes frases y escribe los números que se corresponden con los dibujos.

Ejemplo: 1 H

   1 Para el desayuno, siempre tomo un yogur y un zumo de naranja.
   2 ¿Qué desayuno? Muy fácil: unos cereales y un café con leche.
   3 ¿Cuál es mi desayuno preferido? Pues… mi desayuno preferido es una tostada con mermelada y un vaso de leche.
   4 Mi almuerzo es un filete de pollo con una ensalada. Bebo solo un vaso de agua.
   5 Durante la hora de comer, tomo una sopa de tomate y pan con mantequilla.
   6 Normalmente como un bocadillo de jamón y una manzana o un plátano.
   7 Por la noche, ceno una pizza con champiñones y pimientos.
   8 A veces para mi cena tomo una paella. ¡Me encanta el arroz!

 2 a Vas a oír a cuatro jóvenes hablando de comidas típicas en sus países. Escucha lo que dicen con atención y marca las opciones correctas.

Ejemplo: 1 C

1 Fernando habla de lo que come en España. ¿Cuándo come la paella?
  A 10.00   **C** 14.00
  B 12.00   **D** 12.30

2 ¿Qué hay en una paella típica?
  A carne y mariscos   **C** verduras y espaguetis
  B arroz y fruta   **D** carne y espaguetis

3 Zulema describe las fajitas. ¿Qué ingredientes menciona?
  A los pimientos y la sal   **C** los pimientos y el queso
  B la salsa de tomate y los plátanos   **D** el pan y el queso

4 ¿De dónde son las fajitas?
  A Honduras   **C** Estados Unidos
  B México   **D** Brasil

5 El ceviche es el plato favorito de Julio. ¿De qué país es este plato?
  A Venezuela   **C** Colombia
  B Estados Unidos   **D** Ecuador

6 ¿Cuál de los siguientes ingredientes no se necesita en un ceviche?
  A el pollo   **C** el tomate
  B la cebolla   **D** el pescado

2 b Haz una lista con todo el vocabulario nuevo del texto referente a comidas, bebidas y opiniones y apréndelo.

3 Los pronombres interrogativos y el singular y el plural de los sustantivos. Consulta H2 y A2 en la sección de gramática. Completa las frases con un pronombre interrogativo correcto entre las tres opciones y decide si cada sustantivo subrayado es singular (s) o plural (p).

Ejemplo: 1 Cuándo, s, p

    1 *¿Cuándo / Dónde / Cuál* van a servir <u>el arroz</u> y <u>las verduras</u> en el restaurante?
       — A las dos y media.
    2 *¿Qué / Quién / Cuál* ingredientes necesito para preparar <u>una paella</u> típica?
    3 *¿Cuándo / Dónde / Cuáles* puedo comer <u>los churros</u> famosos en España?
       —En una churrería.
    4 *¿Cuál / Quiénes / Cuáles* prefieres? <u>¿La tortilla</u> con guacamole o con salsa de tomate?
    5 *¿Por qué / Cuál / Qué* <u>las tapas </u>son tan diferentes?
    6 *¿Cuáles / Dónde / Qué* bebida te gusta más? <u>¿El zumo</u> de naranja o <u>la limonada</u>?
    7 *¿Qué / Cuál / Cuándo* comemos hoy? Son las dos y media ya y quiero probar <u>los huevos fritos.</u>
    8 Juan, *¿por qué / dónde / cuál* vas a beber? <u>¿El zumo de piña</u> o <u>el zumo de naranja</u>?

4 El sonido de la "b" y la "v" en una palabra. Escucha esta frase y separa las palabras. Repite la frase tres veces, tradúcela a tu propia lengua y apréndela de memoria.

Pablocomíahabasconcaviarenunacuevadondehabíaclavelesenunarbusto

5 a Responde a las siguientes preguntas con un(a) compañero/a de clase. Usa la tabla a continuación para ayudarte en tus respuestas.

    1 ¿Qué desayunas normalmente?
    2 ¿Qué prefieres comer y beber a la hora del almuerzo?
    3 ¿Y qué comes para cenar? ¿Qué bebes en la cena?
    4 ¿Cuál es tu comida favorita?
    5 ¿Cuál es tu bebida favorita?
    6 ¿Qué comida o bebida no te gusta?

5 b Copia las preguntas y tus respuestas y apréndelas de memoria para practicar con un(a) compañero/a.

Normalmente Generalmente Frecuentemente Personalmente	desayuno	tostadas / cereales / huevos un zumo (de naranja / pera / manzana / piña...) café / té / leche
Prefiero Suelo	almorzar cenar comer beber	un bocadillo / una hamburguesa sopa (de tomate, cebolla...) pescado (salmón, atún, trucha...) carne (pollo, filete...) verduras (col, coliflor, berenjena, patatas, pimientos, cebolla, guisantes, tomates...) fajitas paella
Mi comida(s)/bebida(s) favorita(s) es/son		las patatas fritas las hamburguesas
No me gusta(n) nada / odio / detesto		el arroz el agua (con / sin gas) la limonada el batido de fresa / chocolate / vainilla el zumo (de naranja / pera / manzana / piña...)

6 Escribe un párrafo con todas las comidas y bebidas que tomas un día de la semana, por la mañana, tarde y noche. Usa la información de la tabla.

Despegue

1.3b Mis gustos culinarios

★ **Dar opiniones sobre diferentes tipos de comidas internacionales**
★ **Los verbos idiomáticos referentes a placeres**

¡Hola Mariola!

Gracias por escribirme la semana pasada.
Te escribo para responder a tu pregunta sobre el tipo de comida que me apetece más y menos.

Primero, me fascina la comida india porque me gustan el curry y las salsas de diferentes colores, aunque a veces es demasiado picante para mí. También me chifla la comida italiana porque aunque es repetetiva es fresca. A mi hermana Nuria también le encanta, sobre todo la lasaña de verduras, y el tiramisú porque le gusta mucho el café.

Segundo, me gusta mucho la carne de Argentina. Es bastante grasienta y por eso intento no comerla muy a menudo. El asado de mi madre es delicioso y muy rico, porque tiene patatas, coles, cebollas, salchichas y zanahorias. Mi padre nunca come carne, pero le gusta mucho la comida japonesa porque el sushi contiene mucho pescado.

Finalmente, también me gusta el sabor de las tartas y pasteles franceses, en especial las galletas de vainilla y chocolate, y los helados porque son dulces y muy cremosos.

Emiliano

1 a Lee el correo de Emiliano a Mariola sobre sus gustos y preferencias culinarios y responde a las preguntas en español.

Ejemplo: 1 la semana pasada

  1 ¿Cuándo escribió Mariola a Emiliano?
  2 Menciona dos elementos de la comida india que le gustan a Emiliano. (2)
  3 ¿Por qué a veces a Emiliano no le gusta la comida india?
  4 Menciona una cualidad de la comida italiana para Emiliano.
  5 ¿Por qué le gusta a Nuria un postre italiano en particular?
  6 ¿Por qué no consume Emiliano comida argentina frecuentemente?
  7 ¿Qué tipo de cocina le gusta al padre de Emiliano?
  8 ¿Qué dos postres le gustan a Emiliano en especial? (2)

1 b Haz una lista de vocabulario con las palabras útiles del texto. Tradúcelas a tu idioma y apréndelas. Añade más palabras útiles de la sección de vocabulario.

2 Verbos idiomáticos referentes a gustos. Consulta N20 en la sección de gramática. Lee el siguiente párrafo y usa los verbos del recuadro en la persona adecuada. ¡Atención! No necesitas todas las palabras.

Ejemplo: 1 H

Mi familia y yo siempre comemos muchas comidas diferentes. A mí **1**.......... las verduras frescas porque son muy sanas. También a mi hermano **2**.......... la fruta como las cerezas, las ciruelas y las peras porque son deliciosas. A mi hermana **3**......... la carne porque es demasiado grasienta. Prefiere la comida vegetariana. A mi padre **4**.......... los mariscos, pero, por otro lado, a mis padres **5**......... los huevos fritos. Personalmente, **6**.......... la comida rápida, es muy grasienta.

A no les apetecen	**D** le encanta	**G** nos gustan
B no me interesa	**E** le encantan	**H** *me gustan*
C Me apetece	**F** no le gusta	

3 Vas a oír a unos jóvenes que hablan de las comidas y bebidas que les gustan y las que no. Decide si la opinión es positiva (P), negativa (N) o positiva y negativa (P+N).

Ejemplo: 1 P

Sonia
1 comida caribeña
2 ajiaco
Marcos
3 comida vegetariana
4 comida alemana

Sagrario
5 comida inglesa
6 comida estadounidense
Luís
7 frutas tropicales
8 verduras

4 Trabaja con otra persona para realizar un juego de rol. La situación es la siguiente: "Estás en un restaurante y hablas con el/la camarero/a." Elegid los papeles – con el papel A inicias la conversación y con el papel B respondes usando la tabla con ideas.
    1 A Buenas noches, ¿Qué va a beber? B …
    2 A ¿Qué va a tomar de plato principal? B …
    3 A ¿Prefiere carne o pescado? ¿Por qué? B …
    4 A ¿Qué va a tomar de postre? B …
    5 A ¿Cuál es su comida favorita? ¿Por qué? B …

5 Escribe un párrafo sobre la comida y bebida internacional que más te gusta. Incluye opiniones extendidas y justificadas. Mira el ejemplo para empezar:

Ejemplo: Me encanta la comida francesa porque es muy creativa. Me encantan las ensaladas porque son deliciosas y nutritivas…

Vuelo

1.3c La dieta sana y nutritiva que necesito

★ **Considerar en qué consiste una dieta equilibrada**
★ **Sustantivos comunes con géneros irregulares y la construcción verbo + preposición + infinitivo**

La pirámide nutricional

Todo es sano en la parte baja de la pirámide

Hoy en día tener una dieta **1**.......... es esencial para llevar un estilo de vida saludable y evitar problemas de **2**.........., sobrepeso o colesterol. Es esencial dejar de comer muchas grasas saturadas y comida frita y empezar a tener una dieta basada en la comida fresca y natural.

Para empezar, en la **3**.......... de la pirámide alimenticia se encuentran alimentos como el pan integral, el arroz y la pasta. Luego tenemos todas las frutas y verduras: tomar cuatro o cinco porciones diarias es ideal para no **4**.......... y estar en forma.

Atención con la parte alta de la pirámide

En el tercer grupo encontramos una gran variedad de productos: desde queso, leche y derivados como el **5**.........., huevos, carnes y pescados. Este grupo contiene alimentos con muchas proteínas y grasas animales. Como consecuencia, no es conveniente abusar de ellos. Es esencial insistir en mantener una dieta variada, pero con dos o tres porciones diarias es **6**.......... .

Finalmente, en el último grupo encontramos el aceite y los alimentos con demasiado azúcar como **7**.......... , tartas, caramelos o bebidas artificiales como los refrescos. Este grupo puede ser perjudicial para la salud, pero con una consumición reducida y en **8**.......... con otros ingredientes de los otros grupos, no amenaza con afectar a la salud negativamente.

1 a Lee el folleto informativo sobre la pirámide alimenticia y sus beneficios. Escribe la palabra adecuada del recuadro para rellenar los espacios. ¡Atención! Hay palabras que no necesitas. Puedes mirar la foto de la pirámide para ayudarte.

Ejemplo: 1 equilibrada

obesidad	suficiente	pasteles	*equilibrada*	base	yogur
leche	combinación	engordar	corazón	pan	huevos

1 b Haz una lista de vocabulario con las palabras útiles del texto. Tradúcelas a tu idioma y apréndelas. Añade más palabras útiles de la sección de vocabulario.

2 a Vas a oír a dos estudiantes, que hablan de la vida sana. Para cada pregunta, escribe la respuesta correcta: A, B o C.

Ejemplo: 1 A

1 Según Hilaria, para llevar una vida sana lo más importante es…
  A la dieta.
  B el ejercicio frecuente.
  C preparación física.
  D los clientes.

2 Hilaria recomienda…
  A desayunar poco por la mañana.
  B comer menos, pero con más frecuencia.
  C evitar cinco comidas al día.
  D cereales y tostada.

3 Ricardo no quiere…
  A trabajar de recepcionista.
  B guardar la línea.
  C ponerse a dieta.
  D comer comida sabrosa.

4 Generalmente, Ricardo come bien…
  A dos veces a la semana.
  B raras veces.
  C los fines de semana.
  D durante los días laborales.

2 b Compara y contrasta lo que cena Ricardo a veces y lo que recomienda Hilaria.

3 a Sustantivos comunes con género irregular. Consulta A1 en la sección de gramática y selecciona el artículo apropiado.

Ejemplo: 1 la, el
  1 Siempre levanto *la / el* mano en clase para leer *el / la* poema.
  2 Jerónimo tiene *un / una* mapa en *el / la* moto cuando viaja a China.
  3 No entiendo *el / la* sistema de ecuaciones en matemáticas. ¡*El / la* tema es tan difícil!
  4 *El / la* problema de la comida rápida es que es muy grasienta.

3 b La construcción verbo + preposición + infinitivo. Consulta N23 en la sección de gramática y elige la preposición correcta en cada caso.

Ejemplo: 1 a
  1 Los amigos van a empezar ……… comer ahora.
  2 Cuando termino ……… cenar, siempre tomo un yogur de fresa de postre.
  3 Mi hermana Julia siempre sueña ……… las vacaciones en la playa pero se olvida ……… comprar crema solar.
  4 Nunca insistimos ……… consumir carne roja porque preferimos aprender ……… comer sano.

a	con	de	en	de	a

4 Trabaja con tu compañero/a. Haced turnos preguntando y respondiendo a las preguntas.
  1 ¿Qué comes normalmente?
  2 ¿Y qué bebes?
  3 ¿Qué opinas de las frutas y las verduras?
  4 ¿Cómo puedes mejorar tu dieta un poco?
  5 En tu opinión, ¿qué otras cosas es importante hacer para llevar una vida sana?

5 Tienes un(a) amigo/a que busca consejos sobre su dieta. Escribe un email a tu amigo/a. Menciona:
  • lo que debe comer en un día típico de la semana
  • cuándo debe comer durante el día y por qué
  • la comida que es mejor evitar y por qué
  • otras cosas que es recomendable hacer para llevar una vida sana
  • una rutina que tu amigo/a va a seguir este sábado
Escribe 130–140 palabras en español.

1.4 My body and my health

Embarque

1.4a ¡Ay, qué dolor!

> ★ **Expresar cómo te sientes y tu estado de salud**
> ★ **Los artículos indefinidos y las frases negativas**

 A

 B

 C

 D

 E

 F

 G

 H

1 a Lee las siguientes frases. Escribe los números que se corresponden con los dibujos. ¡Atención! Hay más frases que dibujos.

Ejemplo: 1 F

1 ¡Ay! Me duele la garganta.
2 Comí siete pasteles y ahora me duele el estómago.
3 Jugué tres horas al fútbol. Ahora me duelen las piernas.
4 ¡Au! Tengo dolor de cabeza. Tengo que tumbarme.
5 Bebí muchos refrescos, me duelen las muelas.
6 Me duele bastante una mano. No estoy bien.
7 ¡Qué dolor de pies!
8 ¡Me duele la espalda!
9 ¡Tengo un dolor enorme en el brazo derecho otra vez! ¡Nunca me siento bien!
10 ¡Ay, ay! Me duelen mucho los ojos.

1 b Cuando termines, dibuja las frases extra que no tienen dibujo.

2 Vas a oír a unas personas que tienen problemas físicos. Escucha atentamente y vuelve a mirar los dibujos del ejercicio 1. Escribe los números que se corresponden con los dibujos y para los números 5–8, dibuja la otra parte del cuerpo mencionada.

Ejemplo: 1 H

3 a El artículo indefinido y las frases negativas. Consulta B2 y O en la sección de gramática. Escoge el artículo indefinido correcto en cada caso.

Ejemplo: un, unos

1 Leonardo tiene *un / una* perro en casa y *unos / unas* gatos pequeños.
2 Siempre prefiero comprar *un / una* botella de leche y *unos / unas* pasteles de postre.
3 Vi *un / una* foto de mi abuela en blanco y negro en el salón de casa.
4 Solo tengo *un / una* oportunidad para completar *un / una* examen en el ordenador.
5 En casa siempre hay *un / una* habitación con *un / una* ventana abierta.
6 Me duele *un / una* diente y es *un / una* dolor muy intenso.
7 Tengo *unos / unas* problemas muy serios en el instituto.
8 Hay *un / una* ciudad en Rusia que me gustaría visitar.

3 b Vuelve a escuchar a las personas del ejercicio 2. Haz una lista de los términos negativos que escuchas y di cuántos hay de cada uno.

4 a El sonido "t" en español. Escucha esta frase y separa las palabras. Repite la frase tres veces, tradúcela a tu propia lengua y apréndela de memoria.

Teresavaaterapiaparatenerlostobillosmástersosycomepastacontomates

4 b Lee la frase en alto y díctala a tu compañero/a para que la escriba. Después tu compañero/a te la dicta a ti. ¿Quién tiene menos fallos?

5 a Trabaja con otra persona para realizar un juego de rol. La situación es la siguiente: "Estás hablando con el/la recepcionista de una clínica y te gustaría sacar una cita." Elegid los papeles – con el papel A (el/la recepcionista) inicias la conversación y con el papel B (el/la paciente) respondes.

1 A ¿Qué le duele?
  B Me duelen <u>las piernas</u>.
2 A ¿Algún problema más?
  B Sí, me duele <u>el pie</u>.
3 A ¿Cómo se llama y qué edad tiene?
  B Me llamo <u>Alex</u> y tengo <u>19</u> años.
4 A ¿Para qué fecha desearía su cita?
  B El 11 de <u>agosto</u>.
5 A ¿Toma alguna medicación en este momento?
  B No, nada en este momento.

5 b Haced turnos preguntando y respondiendo a las preguntas. Cambia las palabras subrayadas por las de la lista a continuación.

| la mano | Paz | los brazos | julio | 25 |

6 Dibuja unas viñetas con el/la doctor(a) y el/la paciente en el hospital y escribe lo que dicen. Usa la información de la actividad 5.

Despegue

1.4b En el hospital

★ **Explicar los síntomas que tienes en el hospital o la farmacia**
★ **Verbos conjugados como *gustar***

Síntomas, dolores y soluciones comunes

1 Insolación

¿Tienes síntomas como picor en la espalda, nariz roja o también vómitos y mareos este verano? ¿Te duelen los ojos y la cabeza? La solución más fácil es beber agua fría para bajar la temperatura corporal y evitar el contacto directo con el sol.

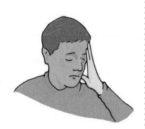

2 Constipado o gripe

Estos virus son muy comunes en los meses más fríos del año. Los síntomas pueden ser variados: tos, fiebre, malestar general y fatiga. A veces también te duele la garganta. ¿El remedio más eficiente? Tomar paracetamol cada 8 horas, quedarse en la cama y tomar una bebida caliente.

3 Diarrea

Este problema resulta muy molesto para tu estómago e intestinos. El fuerte dolor puede ser terrible, ¿Soluciones caseras? Beber té, agua de arroz y comer plátanos y manzanas. Si no desaparece en tres días, consulta a tu médico o farmacéutico.

4 Dolor de muelas

Este dolor puede afectar a otras partes de tu cuerpo como la cabeza y la garganta. Produce vómitos y mareos a veces. Tomar ibuprofeno puede aliviar el dolor, y en casa se recomienda aplicar frío o calor en la zona del dolor. Si persiste, visita a tu dentista.

1 Lee el folleto informativo sobre dolores y síntomas, luego lee las ocho afirmaciones. Indica si las afirmaciones son verdaderas (V) o falsas (F). Si son falsas, escribe una frase en español para corregirlas.

1 Hay dos recomendaciones si tienes insolación.
2 A veces beber agua fría puede aumentar la temperatura de tu cuerpo.
3 Tener catarro es más común en verano.
4 Es recomendable tomar una bebida caliente en la cama.
5 Tener diarrea puede ser muy doloroso.
6 No tienes que llamar al médico si tienes diarrea desde hace 2 días.
7 El dolor de cabeza nunca ocurre a causa de un dolor de muelas.
8 Si el dolor de muelas no desaparece, tienes que ir al dentista.

2 Vas a oír cuatro conversaciones en el hospital. Escribe la palabra adecuada para rellenar los espacios.

Ejemplo: 1 tres

1 A la Señora López le duelen los tobillos desde hace .... días.
2 Debería tomar unas pastillas cada cuatro ....

3 Rubén tiene la .... congestionada.

4 Tiene que tomar un jarabe para la ....

5 Alicia no va al .... desde hace dos días.

6 Lo mejor para Alicia es beber zumo de ....

7 El Señor Téllez se ha roto la pierna ....

8 No debe andar más de .... minutos al día.

3 a El uso de verbos como *gustar*. Consulta el N20 en la sección de gramática y usa la forma correcta del verbo *gustar*, *doler*, *quedar* o *faltar* en cada frase. ¡Atención! En las frases 1–4 tienes que escoger el pronombre correcto, en las frases 5–8 tú decides.

Ejemplo: 1 le duele

1 A mi madre siempre *me/te/le* .... la garganta en invierno.

2 Personalmente, cuando *me/te/le* .... las piernas, no juego al fútbol.

3 Creo que *te/le/me* .... dos ingredientes para hacer sopa.

4 ¿A vosotros *nos/les/os* .... la cabeza cuando estudiáis mucho?

5 A nosotros no .... los hospitales del centro de la ciudad porque son antiguos.

6 A mis padres siempre .... tiempo para ir al cine los viernes por la noche porque están tan ocupados.

7 Loli, ¿Cómo .... esta chaqueta?

8 A Sonia siempre .... las rodillas cuando juega al tenis.

3 b Vuelve a escuchar el ejercicio 2 y anota los ejemplos de verbos de este tipo que escuches.

4 a Trabaja con otra persona para realizar un juego de rol. La situación es la siguiente: "Estás en el hospital y tienes varios síntomas. Hablas con el/la medico/a." Elegid los papeles — con el papel A inicias la conversación y con el papel B respondes usando la tabla con ideas.

1 A Buenos días. ¿Qué le pasa? B …

2 A ¿Desde hace cuánto tiempo? B …

3 A ¿Tiene otros síntomas? B …

4 A ¿Toma alguna medicina o algún remedio en este momento? B …

5 A ¿Hay alguna actividad física que está evitando en este momento? B …

Me duele el/la / Tengo dolor de	cabeza / cuello / espalda / garganta / muelas / oídos / brazo / pierna / estómago / pecho
Estoy	cansado/a / constipado/a / mareado/a
Tengo	gripe / diarrea / fiebre / tos
Tomo	pastillas / comprimidos / crema / jarabe
Bebo	agua / leche con miel
No puedo	dormir / jugar deportes / comer / trabajar / hablar / cantar / bailar
Descanso	

4 b Ahora cambiad de papeles y realizad el diálogo otra vez, sustituyendo otras palabras y expresiones de la tabla.

5 Vas a una cita médica pero el médico no está y le dejas una nota. Escribe entre 80–90 palabras. Menciona lo siguiente:

- qué te duele
- desde hace cuánto tiempo
- qué otros síntomas tienes
- qué remedios vas a tomar hasta poder ver al médico

Despegue

1.4c Qué hacer para mantenerse en buena forma

> ★ **Describir las diferentes maneras de mantenerse en forma**
> ★ **Los adjetivos posesivos**

1 Vas a oír a Josué, que habla de lo que hace para mantenerse en buena forma. Para cada pregunta escribe la respuesta correcta: A, B o C.

Ejemplo: 1 B

1 En el gimnasio Josué…
   A solo hace musculación.
   B hace una variedad de actividades.
   C nunca levanta pesas.

2 Hacer yoga…
   A puede ser muy relajante.
   B no es saludable.
   C con el monitor es difícil.

3 Josué va en bicicleta…
   A todos los días.
   B más que en coche.
   C porque es barato.

4 La hermana de Josué…
   A va a ser vegetariana.
   B hace escalada con él.
   C va al polideportivo una vez al mes.

Opciones para mantenerse en forma

5 Los padres de Josué…
   A a veces hacen ejercicio físico.
   B controlan su dieta.
   C tienen gripe.

6 Según Josué, lo más importante es…
   A hacer todo con moderación.
   B evitar el gimnasio.
   C comer verduras exclusivamente.

Ejercicio moderado y dieta mediterránea para vivir en forma

La combinación dieta y ejercicio es la solución perfecta para vivir más años y estar en forma y sano. Es recomendable practicar un mínimo de 20 minutos de ejercicio al día para evitar el sedentarismo y dolores musculares. El gimnasio es cada vez más popular, pero montar en bici o la natación son ideales para mover tu cuerpo al completo. También se recomienda hacer footing o la zumba con música para bailar.

No obstante, según un estudio reciente de la universidad de Valencia, solo el 36% de españoles hace deporte de forma regular. Además, el 45% no desayuna por la mañana porque no tiene tiempo antes de ir a su trabajo; normalmente prefieren dormir un poco más.

En conclusión, nuestra salud es lo más importante, y una dieta equilibrada y un poco de ejercicio diario puede hacerte vivir unos cuatro años más… ¡no lo olvides! ¡Tu vida tiene que ser larga y sana!

2   Lee el artículo con recomendaciones para tener una vida sana. Empareja las frases con las terminaciones correctas según el sentido del texto. ¡Atención! Hay terminaciones que no necesitas.

Ejemplo: 1 B

1   Para vivir más años
2   Si quieres evitar dolores musculares
3   La natación es un deporte perfecto
4   El 36% de los españoles
5   Muchas personas no desayunan
6   Si comes bien y haces ejercicio

A   cuesta mucho dinero.
B   la dieta y el ejercicio son muy importantes.
C   todos los días.
D   para mover el cuerpo al completo.
E   es posible vivir 4 años más.
F   es buena idea hacer veinte minutos de ejercicio al día.
G   no son muy deportistas.
H   porque prefieren dormir un poco más.
I   el sedentarismo.
J   causa problemas físicos.

3   Los adjetivos posesivos. Consulta G1 en la sección de gramática y elige el posesivo correcto en cada caso.

Ejemplo: 1 mi

1   Cuando hago yoga en el polideportivo siempre voy con *mi / nuestra* hermana.
2   Nos gusta mucho nadar en *nuestro / nuestra* piscina.
3   Yo tengo *mi / su* dinero y tú tienes *su / tu* dinero para hacer la compra.
4   Chicos y chicas, *vuestro / vuestra* idea es muy buena, dijo el profesor.
5   *Sus / su* padres son mexicanos.
6   *Nuestros / nuestras* ejercicios son muy buenos para perder peso.
7   Juan tiene *su / tu* propia casa con *su / mi* jardín y *sus / tus* árboles.
8   Elisa y Lola, ¡*Vuestras / sus* ensaladas son deliciosas! ¿Cuál es *nuestro / vuestro* secreto?

4   Escribe un párrafo sobre lo que haces personalmente para estar en forma. Menciona:
   • cómo es tu dieta
   • qué actividades haces para mantenerte en forma
   • cuánto tiempo dedicas al ejercicio
   • por qué haces ejercicio
   • qué ejercicio recomiendas y por qué

5   Ahora reduce el párrafo de la actividad 4 a unas notas en unas tarjetas. Cuéntale a un(a) compañero/a cómo te mantienes en forma con la ayuda de tus tarjetas y después repite la operación con un(a) compañero/a diferente sin tarjetas.

Vuelo

1.4d Los diferentes estilos de vida

> ★ **Describir los estilos de vida sana diferentes**
> ★ **El gerundio**

Los dilemas de la vida sana

Viernes, cuatro de noviembre

¡Hola a todos! Yael al habla. Hace apenas una semana que empezó mi nueva dieta. De lunes a viernes, me levanté a las siete de la mañana y continué con mi desayuno súper sano y rico en fibra: lunes y miércoles, cereales con leche desnatada y un zumo de melocotón; martes y jueves, un plátano y un mango frescos con un zumo de naranja. Después de mis clases universitarias, volví a casa para comer una ensalada con pollo y tomates y fui a mi clase diaria de yoga. Creo que el yoga me está ayudando a estar en forma y también a meditar y relajarme. Para mí, escapar del estrés diario es necesario porque soy muy nervioso. Por lo general, mis cenas son bastante ligeras pero un poco aburridas: arroz con verduras y un yogur con fruta.

Mi dilema de los viernes es si debería olvidar la dieta por un día a la semana o no. Muchos expertos en nutrición recomiendan hacer una comida o dos a la semana fuera de la dieta, para disfrutar y olvidar la presión de estar en forma... pero no pienso que sea buena idea. ¿Qué pensáis? Ahora me encantaría no ir a clase de yoga y estar viendo una película en el sofá o jugando videojuegos con mi hermanastra o comiendo una lasaña con mucho queso... pero el sábado por la mañana voy a sentirme fatal, ¿no?

Enviadme vuestros comentarios, por favor... ¿Debería tomar un día libre a la semana, comer comida basura y no hacer ejercicio?

1 Lee el blog sobre el estilo de vida de Yael y contesta a las preguntas.

Ejemplo: 1 desde hace una semana

  1 ¿Desde hace cuánto tiempo lleva Yael una vida sana?
  2 ¿Cuáles son los beneficios de su nuevo desayuno? (2)
  3 ¿Cuándo hace yoga Yael?
  4 Según Yael ¿para qué sirve el yoga? (2)
  5 ¿Cómo es Yael de carácter?
  6 ¿Cuál es el problema con sus cenas?
  7 ¿Qué opinan los expertos sobre hacer dieta?
  8 ¿Qué le gustaría hacer a Yael en lugar de ir a hacer yoga?

2 Vas a oír a tres estudiantes que hablan de la vida sana. Escucha con atención y decide quién dice cada frase: Manuela (M), Silvestre (S) o Ángel (A).

Ejemplo: 1 A

1 Aunque no engordo, creo que mi dieta es poco saludable.
2 No sé cómo preparar comida saludable.
3 Mis amigas y yo tenemos metabolismos muy diferentes.
4 Siempre estoy demasiado ocupada para hacer ejercicio.
5 En mi dieta hay demasiados dulces.
6 Voy al gimnasio cada día.
7 Me encanta la comida rápida.
8 No tengo problemas de peso.

3 El gerundio. Consulta N17 en la sección de gramática y completa las frases con el gerundio de los infinitivos del recuadro. ¡Atención! Hay infinitivos que no necesitas.

Ejemplo: 1 comiendo

1 Sofía está .... una ensalada de arroz y maíz para mantener la línea.
2 Llevamos cinco años .... la natación en la piscina olímpica.
3 Tú debes continuar .... agua mineral para estar en forma.
4 Norberto siempre va .... a trabajar, porque le gusta el atletismo.
5 Nosotros ganamos mucho dinero .... equipamiento deportivo en la tienda.
6 Calixta está .... peso para participar en la maratón de Barcelona.
7 Prefiero seguir .... en un apartamento pequeño que mudarme a una granja.
8 Ellas llevan .... el coche verde siete meses.

correr	practicar	gastar	animar
vivir	ganar	conducir	beber
perder	vender	*comer*	deshacer

4 Responde a las siguientes preguntas sobre tu estilo de vida con un(a) compañero/a de clase.

1 ¿Qué estás comiendo ahora para estar sano/a?
2 ¿Qué estás tomando en tu dieta que es malsano?
3 ¿Con qué frecuencia comes la comida malsana?
4 ¿Qué ejercicio estás haciendo hoy en día para estar sano/a?
5 ¿Te gusta el ejercicio? ¿Por qué (no)?

5 Escribe unas líneas sobre tu estilo de vida y qué haces para mantenerte en forma. Incluye la información de la actividad 4. Mira el ejemplo para ayudarte.

Ejemplo: Para llevar una vida sana, en este momento no estoy haciendo mucho ejercicio, pero tengo una dieta muy sana que consiste en cinco comidas al día. Normalmente desayuno cereales y evito grasas. Debo ir al gimnasio y hacer ciclismo también…

Vocabulario

1.1a Donde vivo yo

acogedor(a) cosy
a las afueras de on the outskirts of
la aldea village
el apartamento apartment
el barrio neighbourhood
el campo countryside, field
la casa house
la casa adosada semi-detached house

en el centro de in the centre of
cerca de near to
el chalet cottage
la ciudad city
la costa coast
la granja farm
lejos de far from
el lugar place

la montaña mountain
nacer to be born
el país de residencia country of residence
el piso flat
el pueblo town
situarse to be situated
la valla fence
vivir to live

1.1b Esta es mi casa

aislado/a isolated
el altavoz speaker
amplio/a wide, spacious
atractivo/a attractive
la butaca armchair
la calefacción heating
la caravana caravan
la chimenea chimney
cómodo/a comfortable

el despacho office
enorme enormous
la entrada hallway
la(s) escalera(s) staircase
espacioso/a spacious
estrecho narrow
la fachada facade, front of building
el fregadero sink
el gas gas

el grifo tap
luminoso/a bright
los muebles furniture
el muro wall
oscuro/a dark
el pasillo corridor
la planta floor
la planta baja ground floor
el recibidor hallway, entrance hall

1.1c ¿Qué haces en casa?

arreglar to fix, to repair
la batería battery
la caja box
el cargador charger
la cocina kitchen, cooker
comer to eat
deletrear to spell (your name)
dormir to sleep
el enchufe plug

estar to be
el florero vase
el fogón cooker
hacer to do, to make
el horno oven
la intimidad privacy
el lavaplatos/lavavajillas dishwasher
leer read
madera wood

la manta blanket
el microondas microwave
el ordenador computer
pasar to happen
permitir to allow, to let
preparar to prepare
relajarse to relax
el sillón armchair
subir to go up, to upload

1.1d Las habitaciones de mi casa a examen

la alfombra rug
al lado de next to
la almohada pillow
el/la cocinero/a cook, chef
el congelador freezer
congelar to freeze
el cuadro picture
debajo de beneath
delante de in front of
a la derecha on the right

detrás de behind
los electrodomésticos electrical appliances
encima de on top of
entre between
el espejo mirror
el estante/la estantería shelf, shelving unit
el horno oven
a la izquierda on the left
el lavaplatos dishwasher

el microondas microwave
la muñeca doll
el paisaje landscape
pintar to paint
el reloj clock, watch
el rincón corner
sobre above
el tamaño size
el váter toilet

1.2a Mi horario en el insti

aburrido/a boring
la asignatura school subject
la biología biology
las ciencias sciences
complejo/a complex
el dibujo drawing, art
difícil difficult
divertido/a fun
los deberes homework

entretenido/a entertaining
entusiasta enthusiastic
entusiasmar to enthuse/delight
fácil easy
la física physics
el idioma language
el instituto school
interesante interesting
la lengua language

las matemáticas maths
la música music
el profesor teacher
el recreo break
la religión religious education
una pérdida de tiempo waste of time
útil useful

1.2b Mi día escolar

el ajedrez chess
aprender to learn
charlar to chat
el coro choir

el descanso break
durar to last
empezar to start, to begin
la fotografía photography

el mediodía midday
el patio schoolyard, playground
el taller workshop
terminar to finish

1.2c Bienvenidos a mi insti

el aula classroom
la biblioteca library
la cancha court
la cantina canteen
el edificio building
fuera outside
el gimnasio gymnasium

el huerto vegetable patch, garden
la instalación facility
el laboratorio laboratory
el patio schoolyard, playground
la pista track
la pizarra (interactiva) black/interactive
board

la planta floor, plant
el polideportivo sports centre
el reciclaje recycling
la sala de profesores staffroom
el salón de actos theatre
el timbre bell

1.2d La vida escolar

acceder to agree, to access
adquirir to acquire
el alumno pupil
cambiar to change
el curso course
escolar school (adj.)
especializado/a specialist

el horario timetable
la instalación facility
la lección lesson
la mayoría majority
mejor better
el mejor best
la minoría minority

montar to get on, to ride
obligatorio/a compulsory
optativo/a optional
propio/a own
el proyecto project

1.3a Las comidas típicas

el agua (f) water
almorzar to have lunch
el arroz rice
la carne meat
la berenjena aubergine
la cebolla onion
cenar to have dinner
el cerdo pork
la col cabbage
la coliflor cauliflower
comer to eat
el cordero lamb

el desayuno breakfast
la ensalada salad
el gazpacho gazpacho (cold vegetable soup)
el huevo egg
la leche milk
la limonada lemonade
la mantequilla butter
el marisco seafood
la mayonesa mayonnaise
la mermelada jam
el pan bread

la pimienta pepper
el pollo chicken
la sal salt
la salsa sauce
la soja soya
la ternera beef
el tofu tofu
las uvas grapes
las verduras vegetables
el vinagre vinegar

1.3b Mis gustos culinarios

amargo/a bitter
el aperitivo starter
la cereza cherry
la ciruela plum
contener to contain
delicioso/a delicious
dulce sweet
encantar to love
evitar to avoid
fascinar to fascinate
fresco/a fresh

la galleta biscuit
grasiento/a fatty
gustar to like
el helado ice cream
interesar to interest
jugoso/a juicy
la mezcla mixture
la nuez nut
el pastel cake
picante spicy
el plato dish, course, plate

el postre dessert
recomendar to recommend
rico/a tasty, rich
salado/a salty
la salchicha sausage
la salsa sauce
servir to serve
la tarta cake
la zanahoria carrot

1.3c La dieta sana y nutritiva que necesito

el aceite oil
afectar to affect
el alimento food
el almuerzo lunch
la amenaza threat
asar a la parrilla/barbacoa to grill, to barbecue
la cantidad quantity

cocinar to cook
contener to contain
el corazón heart
dejar (de) to stop
equilibrado/a balanced
guardar to save, to keep
el horno oven
el ingrediente ingredient

el pastel cake
perjudicial harmful
recomendar to recommend
el refresco soft drink
seco/a dry
suficiente enough

1.4a ¡Ay, qué dolor!

el brazo arm
la cabeza head
el cuello neck
el dedo (de la mano) finger
el dedo de pie toe
doler to hurt
el dolor pain
la espalda back
estar constipado/a to have a cold

estar enfermo/a to be ill
el estómago stomach
la garganta throat
el hombro shoulder
el hueso bone
la mano hand
las muelas teeth
el ojo eye
la oreja ear

el pecho chest
el pie foot
la pierna leg
la rodilla knee
sentirse bien/mal to feel well/ill
tener una enfermedad to have an illness
tener catarro/un resfriado to have a cold
tumbarse to lie down

1.4b En el hospital

afectar to affect
la ambulancia ambulance
andar to walk
la cita médica medical appointment
el comprimido tablet
constipado/a common cold
la crema cream
desde hace for

dormir to sleep
estar constipado/a to have a cold
evitar to avoid
el fiebre fever
hacerse una herida/una lesión to get an injury
la insolación sunstroke
el jarabe cough syrup

el mareo sickness, dizziness
la pastilla tablet
quedarse to stay
romper(se) to break
el tobillo ankle
tocar to touch
la tos cough

1.4c Qué hacer para mantenerse en buena forma

a veces sometimes
la carrera race
consumir to consume
el consumo consumption
el cuerpo body
deportista sporty
dos/tres veces two/three times
el ejercicio exercise
la escalada climbing
estar en forma to be fit

estar saludable to be healthy/in good health
(el estilo de) vida life(style)
físico/a physical
el gimnasio gymnasium
hacer to do, to make
mover(se) to move
la musculación bodybuilding
nadar to swim
la natación swimming
normalmente normally

perder peso to lose weight
las pesas weights
el polideportivo sports centre
sedentario/a inactive, sedentary
solo alone, only
tener buena salud to be healthy/in good health
tener tiempo to have time
una vez once
el yoga yoga

1.4d Los diferentes estilos de vida

animar to encourage
apenas hardly
aumentar to increase
el caramelo sweet
la comida basura junk food
deshacer to undo
disfrutar to enjoy

la envidia envy
el estrés stress
la falta lack
ligero/a light
olvidar(se) to forget

preocuparse(se) (por) to worry about
relajarse to relax
rico/a tasty
seguir to follow
siempre always

Despegue

Chile, una joya al oeste de América del Sur

Mi vida, a la chilena

¡Hola a todos! Me llamo Ludovico, tengo quince años y soy chileno. Voy a describir mi vida aquí en este país tan especial.

Vivo en Antofagasta, una ciudad de casi 400.000 habitantes. Está dentro del desierto de Atacama, en la costa, en el norte de Chile. Muchas personas describen la ciudad como *La Perla del Norte*. Vivo con mis dos hermanas, mi padre y mi madre en una casa cerca del centro. Desde mi habitación tengo unas vistas muy bonitas de los rascacielos que hay en el centro financiero. Voy al colegio metropolitano San José todos los días, de lunes a

Vista del puerto de Antofagasta, Chile

viernes, de nueve a tres y media. Me encanta mi cole, especialmente las asignaturas de ciencias naturales y la educación física. Entre semana, siempre me levanto temprano y estudio mucho.

Los fines de semana son muy diferentes. Los sábados me levanto más tarde y hago los deberes por la mañana, para tener el resto del "finde" (es decir, el fin de semana) libre. A veces voy al puerto o al parque con mis amigos. Los domingos son especiales, porque mi madre cocina el *charquicán* y suelen venir también mis abuelos, mis tíos y mis primos. Esta comida es tradicional y contiene cebolla, ajo, porciones pequeñas de carne, patatas y *zapallo*, que es una calabaza naranja muy sabrosa… ¡mmmm! Es muy sabroso. ¡Ah! También soy un fanático del fútbol, y mi equipo favorito es el CDA (Club de Deportes de Antofagasta), que juega en la Primera División.

1 Lee el blog sobre la vida de Ludovico y elige las cinco frases correctas de la lista.

1 Antofagasta tiene 4.000 habitantes.

2 El desierto de Atacama está en el norte del país.

3 Ludovico vive en una casa con cuatro personas.

4 Ludovico se levanta muy temprano los fines de semana.

5 Los domingos Ludovico come con su familia.

6 El *charquicán* es un postre chileno tradicional.

7 A Ludovico le gusta el *charquicán*.

8 El CDA es un equipo de fútbol chileno.

2 ¿Cuánto sabes de Chile? Lee la página web sobre Chile. ¡Haz esta prueba! Hay palabras que no necesitas.

1 En Hanga Roa hay .... personas.

2 La población de Santiago de Chile es ....

3 Las ciudades más grandes de Chile son Santiago, ..., Concepción, La Serena y Antofagasta.

4 El desierto más grande de Chile se llama ....

5 Los Andes son una de las cadenas de .... más grandes del mundo.

6 Las personas nativas de Chile se llamaban los ....

| Chihuahua | mapuches | montañas | 5.000.000 | mayas | 3.000 |
| 1.000.000 | Valparaíso | Lima | Atacama | ríos | |

Antigüedad y modernidad de la mano en Chile

En nuestro foro de viajes *muchoviaje.com* tenemos muchas opiniones para todos los gustos. ¡Escribe unas líneas y sube una foto a nuestra página después de volver de tus excursiones! Hoy nos centramos en dos caras diferentes de Chile.

@rompecorazones23

El mes pasado fui a Chile pero no pasé mucho tiempo en el territorio principal porque viajé a Hanga Roa, la capital de la Isla de Pascua. Tiene poco más de 3.000 habitantes, es pequeña y muy tradicional. En la calle principal desafortunadamente solo hay unas cuantas tiendas, un supermercado y una farmacia. Lo más importante aquí es el turismo, lo que explica que haya 15 hoteles en una población tan pequeña. Aunque todos hablan español,

algunas personas aún hablan el idioma original de la isla, el rapa nui. ¡Es fascinante! A veces me sentí un poco aislado ya que no tenía mucho acceso a Internet. Mi amigo Pedro y yo organizamos una excursión en autobús a los moáis, las famosas estatuas monolíticas. que representan caras de

Unas estatuas Moái en un valle de la Isla de Pascua

personas nativas de la isla. ¡Qué maravilla! Hay más de 900 estatuas en toda la isla y los más altos miden diez metros, aunque el más grande se llama Te Tokanga ¡y mide 21 metros! Es una experiencia única.

@la_viajera03

Yo viajé a la capital de Chile, Santiago de Chile, que es una de las ciudades más modernas de América Latina y muy similar a muchas capitales europeas. Tiene una arquitectura colonial muy

Edificios icónicos de Santiago de Chile

bonita. Desde el avión vi los Andes, con mucha nieve, y ¡tan enormes! ¡Guau!

En Santiago hay cientos de hoteles, y la ciudad tiene una de las conexiones a Internet más rápidas y eficaces del continente. Me quedé en la ciudad cuatro días, y me sorprendió su transporte público: el metro es limpio y muy bien organizado. El centro financiero de la ciudad tiene muchos edificios grandes de cristal, pero algunos no tienen demasiada personalidad. Mi lugar favorito es el mercado central, en especial el restaurante Don Augusto, donde sirven la mejor comida marina del país. ¡Me encanta el marisco! Además, visité el Centro Cultural del Palacio de la Moneda y la catedral, de estilo colonial español. Lo malo es que a las afueras de la ciudad hay mucha pobreza. ¡Qué triste!

----

vuelo

Los sabores y colores de Texas

Ficha de información ✓

▶ Texas es el segundo estado más grande de los Estados Unidos, tanto en área como en población,y tiene mucha influencia mexicana y de los colonos españoles.

▶ El Texas español duró de 1690 a 1821. Ciertas ciudades y pueblos tienen nombres en español, como Del Río, San Antonio, Amarillo o Sonora.

▶ La mayoría de la población habla inglés, pero casi siete millones de personas hablan español de forma nativa, y muchos millones lo usan también como segunda lengua.

▶ En las últimas décadas hay un híbrido de las dos lenguas que se conoce como el *Spanglish*. Esta mezcla de español e inglés se usa de forma casual por muchos hijos de inmigrantes latinos en Texas. Aunque hay muchas variantes y formas de mezclar los dos idiomas, es normal transformar algunas palabras inglesas y hacerlas españolas. Por ejemplo, ''vacunar la carpeta'' para decir *to vacuum the carpet,* ''lonchear'' para decir *to have lunch*, y otros usos como ''chequear'' (*to check*) y ''la chorcha'' (*church*).

▶ Otra forma de hablar *Spanglish* es simplemente usar palabras en inglés y en español en la misma frase. Esto es muy popular hoy en día en la música latina moderna, y muchos artistas intercambian los dos idiomas en sus canciones. El *Spanglish* no es una lengua oficial, pero su uso está cada vez más extendido en Texas, Puerto Rico y Nuevo México.

1 Lee la ficha descriptiva sobre Texas y escribe los números que se corresponden con las letras. ¡Atención! Hay letras que no necesitas.

1 Hace más de tres siglos, España...

2 La ciudad de San Antonio...

3 La lengua más hablada en Texas...

4 El *Spanglish* es común...

5 "Chequear" y "chorcha"...

6 Mucha música latina moderna...

7 Actualmente el *Spanglish* no es...

8 El *Spanglish*...

A entre los hijos de inmigrantes latinos.

B es el inglés.

C son ejemplos del híbrido de las dos lenguas.

D estableció una colonia en Texas.

E duró muchos años.

F tiene letras en inglés y español.

G es un ejemplo de un topónimo español.

H se habla en otros estados también.

I se conoce como el *Spanglish*.

J una lengua oficial.

Texas, ¡qué rico!

Las comidas típicas de Texas son una mezcla deliciosa de comida estadounidense y mexicana, pero con personalidad propia. En la gastronomía Tex-Mex se usan ingredientes como la carne, los frijoles y muchas especias picantes; también hay tortillas, nachos y chili con queso o chili con carne.

Un plato muy rico es el chimichanga. Se puede probar, por ejemplo, en un restaurante típico en la ciudad de El Paso. Es un burrito tradicional mexicano pero está frito y se sirve con guacamole o salsa de tomate. Aquí está la receta:

Chimichanga Tex-Mex

Ingredientes:
Carne o mezcla de verduras (pimiento, cebolla, calabacín)
Tomates naturales
Frijoles mexicanos
Queso rallado
Tortillas de harina tradicionales
…y para acompañar: arroz o salsas (de tomate, guacamole o tabasco)

2 Ahora la preparación… ¡pero está todo desordenado! ¿Puedes poner los diferentes pasos en orden?

1 Cuando esté terminado, colocar la mezcla sobre una tortilla y cerrarla bien en forma de paquete.

2 Finalmente, servir con arroz cocido con especias, o guacamole o salsas.

3 Segundo, añadir los tomates en trozos pequeños a la mezcla en la sartén y los frijoles, y continuar cocinando.

4 Colocar el paquete en un plato con el queso rallado encima.

5 Primero, cocinar la carne o la verdura en una sartén con un poco de aceite.

6 Luego, freír el paquete en aceite abundante durante uno o dos minutos, hasta obtener un color dorado.

3 Lee el texto sobre el rodeo y empareja los subtítulos A–D con los párrafos 1–4.

A El traje ideal   **C** Su popularidad
B Los inicios de la tradición   **D** Una definición

El rodeo: ¿Sabías que…?

1 En Texas, el rodeo es un deporte competitivo muy famoso. Para participar en esta actividad extrema, hay que montar un caballo o un toro en estado salvaje y realizar una serie de ejercicios. ¡Algunos son muy peligrosos! La prueba más tradicional consiste en estar sentado en un caballo bravo durante ocho segundos.

2 La ropa especial para participar en un rodeo es muy importante: sombrero típico, camisa vaquera y botas especiales. ¡Y no hay que olvidar unos pantalones muy resistentes!

3 En la ciudad de San Antonio se celebran las competiciones más famosas de rodeo en Texas. Según una estimación reciente, hay más de treinta millones de aficionados al rodeo en Estados Unidos, la mayoría en Texas, Nuevo México y California.

4 El origen de esta actividad viene del estado de Chihuahua, en México, donde los vaqueros en sus caballos formaban un círculo para proteger a su ganado.

Rincón del examen A1

Comprensión auditiva

Estrategias generales para la audición

> → Lee las preguntas con atención antes de escuchar.
> → Recuerda que escucharás todo dos veces, ¡No te preocupes!

Introducción

Esta sección ofrece ayuda sobre los dos tipos de actividades de comprensión auditiva.

- Ordenar la información en categorías diferentes.

- Elección múltiple A, B, C.

Ordenar la información en categorías diferentes

1　a　Lee las opciones (Habitaciones) y las declaraciones A–F de la actividad 1b con un(a) compañero/a, luego tradúce A–F a tu propio idioma.

Ejemplo: A It is quite small

> ### Estrategias
> → Una de las declaraciones no se usa como respuesta.
> → Estate alerta a los sinónimos que escuches.

 1　b　Vas a oír un diálogo entre Iomara y su amigo Rafa sobre las habitaciones de su casa. Vas a oír el diálogo dos veces. Empareja las habitaciones con las afirmaciones correctas (A–F). Para cada habitación, escribe la letra correcta en la línea.

Ejemplo: la terraza E

Habitaciones	Lo que dice Iomara
la terraza _E_	A Es bastante pequeño.
el dormitorio de su hermano ___	B Está delante de la casa.
el jardín ___	C Es una distracción enorme.
el salón ___	D Se puede hacer deportes.
la cocina ___	E Hay muy buenas vistas desde allí.
	F Está habitación siempre es iluminada.

Opción múltiple A, B, C

2　a　Lee las preguntas y las opciones múltiples con un(a) compañero/a y tradúcelas a tu propio idioma.

Ejemplo: 1 Ybéyise's school… A is called Don Josué Molina

Estrategias

→ Recuerda que las primeras cinco preguntas guardan relación con la primera parte de la audición, antes de la pausa. Las últimas tres van con la segunda parte, después de la pausa.

→ Si tras escuchar no estás seguro de la respuesta, adivínala de acuerdo a lo que has entendido.

---

2 b Vas a oír una entrevista con una estudiante, Ybéyise, que habla sobre su instituto. Está dividida en dos partes.

Hay una pausa durante la entrevista.

Primera parte: Preguntas 1–5

Vas a escuchar la primera parte de la entrevista dos veces. Para las preguntas 1–5 indica tu respuesta escribiendo una X en la casilla correcta (A–C).

Ejemplo: 1 B

1 El instituto de Ybéyise…

A		se llama Don Josué Molina.
B		no es privado.
C		está en Aznalfarache.

2 Ybéyise practica la natación…

A		con poco entusiasmo.
B		los miércoles por la mañana.
C		cada mes.

3 Las amigas de Ybéyise…

A		solo comen bocadillos.
B		comen en la cafetería.
C		hacen muchas actividades escolares.

4 Ybéyise…

A		es una pintora impresionante.
B		asiste a clases de kárate los viernes.
C		disfruta de las clases de kárate.

5 En la provincia…

A		hay más de mil estudiantes.
B		el instituto tiene una buena reputación.
C		hay institutos más grandes.

Segunda parte: Preguntas 6–8

Vas a escuchar la segunda parte de la entrevista dos veces. Para las preguntas 6–8 indica tu respuesta escribiendo una X en la casilla correcta (A–C).

6 Con respecto a las instalaciones…

A		no hay espacio en los laboratorios.
B		el comedor sirve comida excelente.
C		todas las aulas son pequeñas.

7 Cuando come en el instituto, Ybéyise prefiere…

A		comer carne.
B		la comida preparada por su madre.
C		comida sin carne.

8 Lo bueno de los profesores es que…

A		Ybéyise mantiene buenas relaciones con ellos.
B		todos son muy tolerantes y comprensivos.
C		casi nunca ponen deberes a los estudiantes.

Rincón del examen A2

Comprensión lectora (1)

Estrategias generales para la lectura

→ Lee las instrucciones generales y el título para así obtener una idea clara sobre el texto.

→ Lee el texto rápidamente para tener una idea general sobre su contenido.

Esta sección ofrece ayuda sobre los dos tipos de actividades de comprensión lectora.

● elección multiple A, B, C

● responder preguntas en español

Elección multiple A, B, C

1 a Lee el comienzo de cada frase y las tres terminaciones posibles (A–C) del ejercicio 1b. Busca un sinónimo o una expresión con el mismo significado para los números 1–10 a continuación.

1	de lunes a domingo	6	normalmente come
2	desea	7	raramente
3	perder peso	8	terminar
4	tiene que	9	régimen
5	tratar de	10	un montón

El diario de Norberto

De lunes a viernes hago ejercicio media hora antes de cenar. Quiero estar en forma y evitar engordar. Me gusta hacer pesas, carreras y también hago yoga a veces. Mi deporte favorito es la natación; no obstante, el jueves pasado hablé con el médico y expliqué que me duele la espalda y las rodillas después de nadar. Me dijo que la solución más fácil es nadar menos tiempo y sin intensidad.

En cuanto a mi dieta, como muchas proteínas y generalmente evito las grasas y los dulces. Lo bueno de tener una dieta de lunes a viernes es que los fines de semana puedo abandonar la dieta por 2 días y comer algo diferente. Lo malo es que cuando continúo con la dieta el lunes por la mañana es un poco difícil. Quiero ser jugador de fútbol profesional en el futuro y necesito tener un peso ideal.

Estrategias

→ Usa tus conocimientos de sinónimos para que te ayude a elegir la opción correcta.

→ Si no estás seguro/a, adivina la respuesta teniendo en consideración lo que entiendas del texto

1 b Lee este texto sobre la salud de Norberto y las actividades deportivas que hace para estar en forma. Para cada pregunta indica tu respuesta escribiendo una X en la casilla correcta.

Ejemplo: 1 B

1 Norberto hace ejercicio…

A		todos los días.
B		los días laborables.
C		dos días a la semana.

2 Físicamente, Norberto no quiere…

A		ganar peso.
B		estar en forma.
C		adelgazar.

3 Norberto tiene problemas…

A		con el médico.
B		psicológicos.
C		con su cuerpo.

4 Norberto debe intentar nadar…

A		los jueves.
B		de manera más intensa.
C		con menos frecuencia.

5 Norberto suele comer grasas…

A		muchas veces.
B		raras veces.
C		a veces.

6 Los fines de semana, Norberto puede…

A		dejar de seguir su dieta.
B		acabar con la dieta para siempre.
C		continuar con la dieta.

7 Para ser futbolista, Norberto tiene que…

A		practicar mucho.
B		guardar la línea.
C		perder peso.

Comprensión lectora (2)

Responder las preguntas en español

2 a   Con un(a) compañero/a, mirad la lista siguiente de interrogaciones. Escribidlas en una lista y traducidlas a tu propio idioma.

Ejemplo: 1 ¿Qué? – What?

1 ¿Qué?

2 ¿Cómo?

3 ¿Cuándo?

4 ¿Quién?

5 ¿Para quién?

6 ¿Con quién?

7 ¿Cuánto?

8 ¿Cuál?

9 ¿Dónde?

10 ¿Adónde?

11 ¿De dónde?

12 ¿Por qué?

Estrategias

➜ Presta mucha atención al comienzo de la pregunta. El *qué*, *dónde*, *cuándo*, etc. es clave para responder la pregunta correctamente.

➜ A veces en la pregunta se requieren dos informaciones diferentes; no olvides escribir las dos.

➜ No necesitas escribir frases completas en tus respuestas. Simplemente incluye toda la información.

➜ No es necesario incluir información extra. Simplemente responde a la pregunta de forma clara y precisa.

Una experiencia con "La Roja"

¡Hola Leopoldo!

Tengo mucha información que contarte de mi estancia con el equipo de futbol nacional española "La Roja" el mes pasado. Fui con un grupo de estudiantes de medicina de mi universidad durante 3 semanas.

Fue una experiencia muy útil para mí, porque hablé con un doctor que continuamente viaja con los jugadores cuando juegan en diferentes países del mundo. Me explicaron que hay varios problemas que sufren los jugadores durante el año.

En Brasil, tres jugadores tuvieron problemas de garganta debido a la humedad y el remedio más eficiente fue tomar leche caliente con miel y evitar el agua muy fría.

Además, ¿sabías que después de jugar un partido en el norte de Europa, dos jugadores tuvieron lesiones en los tobillos y dolores en las piernas? El doctor usó una crema caliente sobre la zona del cuerpo afectada.

Al volver de Australia, muchos jugadores tenían mucho sueño a causa del viaje en avión muy largo. El doctor organizó unas sesiones de yoga muy eficientes para la relajación muscular.

Finalmente, hablé con la cocinera que siempre prepara las cantidades necesarias de vitaminas, hidratos, azúcar y sal que los jugadores necesitan para mantener una dieta sana y especial para el fútbol. Afortunadamente, ¡todos los jugadores piensan que la comida es riquísima!

¿Qué tal tus estudios y experiencias laborales?

Un saludo,

Pascual

2 b Lee la carta sobre las lesiones en el deporte y contesta a las preguntas en español.

    1 ¿Cuándo fue Pascual a pasar tiempo con "la Roja?" [1]

    2 ¿Quién acompañó a Pascual en el viaje? [1]

    3 ¿Cuánto tiempo pasó Pascual con "La Roja"? [1]

    4 ¿Cómo fue su experiencia? [1]

    5 ¿Con quién siempre viajan los futbolistas? [1]

    6 ¿Qué no se recomienda beber si tienes problemas de garganta? [1]

    7 ¿Qué problemas sufrieron dos jugadores después de jugar en el norte de Europa? [2]

    8 ¿Dónde se pone la crema caliente exactamente? [1]

    9 ¿Por qué estaban cansados los jugadores al volver de Australia? [1]

    10 ¿Qué actividad ayuda a la relajación muscular? [1]

    11 ¿Cuál es la opinión de los futbolistas sobre la comida? [1]

Self, family, pets, personal relationships

2.1

Embarque

2.1a Te presento a toda mi familia

★ **Hablar de tu familia y mascotas**
★ **La preposición a personal**

A Tengo 15 años. Tengo una mascota, un gato que se llama Marte. Yo me llamo Ana.

B Soy Alicia. Tengo 14 años y tengo el pelo rizado. Veo a mis amigas todos los días.

D Soy Teo. Los domingos veo a mi primo, los dos jugamos en el mismo equipo. Él es rápido.

C Mi nombre es Sara; mi familia está en India. No veo mucho a mis abuelos. Tengo el pelo negro.

F Soy Felipe. Me gusta salir los fines de semana. Vamos mucho al cine.

E Me llamo Mía; tengo 15 años y me gusta escuchar mi música. Ayudo a mi madre con las tareas en casa.

G Soy hijo único. Me llamo Ignacio. El sábado veo a mi padre que trabaja lejos.

H Soy Marcos y tengo 15 años. Soy alto. Ayudo a mi papá en el jardín pero prefiero el rugby.

1 Lee las descripciones. Escribe las letras de las respuestas correctas.

Ejemplo: 1 G

1 ¿Quién no tiene hermanos?
2 ¿Quién tiene interés en el rugby?
3 ¿Quién tiene interés en el cine?
4 ¿Quién juega en el mismo equipo que su primo?

5 ¿Quién tiene un animal en casa?
6 ¿Quién tiene el pelo rizado?
7 ¿Quién ayuda en casa?
8 ¿Quién no ve mucho a sus abuelos?

2 Escucha las descripciones de varias mascotas. Elige las frases correctas y escribe las letras.

Ejemplo: 1 C

1 Marcos tiene…
  A una mascota grande.
  B un gato feo.
  C un animal pequeño y tímido.

2 Pepe tiene una mascota…
  A genial.
  B bien educada.
  C pequeña.

3 Juan tiene una tortuga…
A grande.
B pequeña.
C bonita.

4 El loro de Lisa es…
A colorado.
B verde.
C tranquilo.

5 El ratón de Antonio no es…
A grande.
B pequeño.
C feo.

6 El pez de Sara es…
A feo.
B atractivo.
C agresivo.

7 Julia tiene un caballo…
A grande.
B inteligente.
C feo.

8 El hámster de Jorge que lo come todo…
A es gordo.
B es inofensivo.
C es agresivo.

3 La preposición *a* personal. Consulta P2 en la sección de gramática. De las dos opciones a continuación, escoge la respuesta correcta.

Ejemplo: 1 *a un chico*

1 Dibujo *a un chico / a una casa.*
2 Veo *la casa de Marcos / a la casa de Marcos.*
3 El artista pinta *las flores / a las flores.*
4 El profesor llama *los estudiantes / a los estudiantes.*

5 Mi madre invita *los chicos / a los chicos.*
6 Veo *a la madre de Marcos / la madre de Marcos.*
7 Miro *a los coches / a los dos chicos.*
8 Visito *mis primos / a mis primos.*

4 a El sonido "j", equivalente a "ge" o "gi". Escucha esta frase y separa las palabras. Repite la frase tres veces, tradúcela a tu propia lengua y apréndela de memoria.

Losgeraniosrojosdeljardínsongenialesygigantes

4 b Lee la frase en alto y díctala a tu compañero/a para que la escriba. Después tu compañero/a te la dicta a ti. ¿Quién tiene menos fallos?

5 Trabaja con tu compañero/a y prepara las respuestas a estas preguntas usando la tabla a continuación. Luego os turnáis para practicarlas.

1 ¿Cómo te llamas?
2 ¿Cuántos años tienes?
3 ¿Cómo es tu familia?

4 ¿Cómo eres físicamente?
5 ¿Tienes una mascota?

Me llamo María / Carlo. Mi apellido es Fernández. Tengo [x] años.		
Tengo	un/una, dos, tres, cuatro…	padrastro / madrastra; hermano(s) / hermana(s) / hermanastro(s) / hermanastra(s); tío(s) / tía(s)
En mi familia somos	dos, tres, cuatro…	hermano(s) / hermana(s) hermanastro(s) / hermanastra(s); tío(s) / tía(s)
Soy hijo/a único/a.		
Tengo el pelo largo / rizado / liso y	los ojos de color azul / negro / verde / gris	
(No) llevo gafas.		
(No) tengo un(a) gato / pájaro / chinchilla / rata / serpiente	grande / gordo/a / pequeño/a	

6 Usa las oraciones de la actividad 5 para presentarte (y a tu mascota, si tienes una). Escribe dos párrafos y menciona:

- tu nombre y apellido
- los miembros de tu familia
- tus mascotas (si tienes) y adjetivos para describirlas
- tu cumpleaños

Guarda tus respuestas para usar más tarde (en los exámenes, por ejemplo).

Despegue

2.1b Una foto de ti... en palabras

★ **Describir a personas físicamente**
★ **Adjetivos apocopados**

Hola, Pepa:

Hoy es el primer día de clase y tengo cinco nuevos amigos en el cole. Te cuento — el primer amigo tiene un nombre diferente: se llama Malen, es marroquí originalmente y es bajito y guapo. Me gusta mucho Lorena, es una gran amiga. Ella tiene problemas físicos y va en silla de ruedas pero es muy positiva. Además le encanta el deporte y es muy competitiva. Lleva gafas todo el día. Julio es un buen chico, es altísimo y delgado, muy útil para su deporte favorito, que es el baloncesto. El tercer chico que conozco es Juanjo, que tiene el pelo negro y unos ojos azules preciosos y es de talla media. El último es Miguel, que tiene el pelo muy corto y rubio, lleva gafas rojas y tiene un pendiente negro. Además tiene dos tatuajes azules y raros en el brazo. Se nota que es un poco diferente de los otros ¿verdad?

¿Qué te parecen? Quiero saber tu opinión.

Hasta pronto.

Maite

---

1 a Lee el correo electrónico. Contesta a las preguntas en español.

Ejemplo: 1 Es el primer día de clase.

1 ¿Por qué hoy es un día importante para Maite?
2 ¿De qué país es Malen?
3 Describe el carácter de Lorena. (2)
4 ¿Quién lleva gafas?

5 ¿Qué deporte practica Julio?
6 ¿Qué tiene Juanjo que le gusta a Maite?
7 Aparte de su pelo, menciona dos aspectos de la apariencia física de Miguel. (2)
8 ¿Qué opina Maite de Miguel?

1 b Ahora busca diez ejemplos de adjetivos en el texto del ejercicio 1. Tradúcelos a tu propio idioma y apréndelos.

2 Mira los dibujos antes de escuchar. Escucha las descripciones y escribe las letras de las imágenes que se corresponden con los números.

Ejemplo: 1 G

 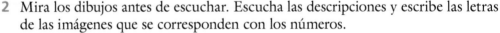

(A)

(B)

(C)

(D)

(E)

(F)

(G)

(H)

3 a Los adjetivos apocopados. Consulta C4 en la sección de gramática. Completa las frases con la forma correcta de la frase que incluye el adjetivo.

Ejemplo: 1 mal

1 Hoy tengo un (*malo*) .... día: los deberes son muy difíciles.
2 Mi (*grande*) .... amiga tiene su cumpleaños hoy.
3 En (*primero*) .... lugar no me gusta esta canción vieja.
4 Es una idea muy (*bueno*) ....
5 El chico es un (*bueno*) .... amigo.
6 Siempre paso una (*malo*) .... noche antes de viajar.
7 Es la (*primero*) .... semana de clase.
8 Marca muchos goles. Es un (*grande*) .... futbolista.

3 b Consulta el texto del ejercicio 1 y escribe cuatro ejemplos de adjetivos apocopados.

Ejemplo: el primer día

4 Trabaja con tu compañero/a. Prepara un dibujo de la persona más fea imaginable. Sin enseñar el dibujo, y usando la tabla para ayudarte, describe a esta persona y tu compañero/a la dibuja. Después, comparad los dibujos. A continuación os turnáis.

No tiene	un ojo pelo dientes			
Es	feo/a horrible gordo/a bajito/a alto/a			
Tiene el pelo	largo rizado liso corto	y	los ojos de color	azul negro verde rojo amarillo gris
(No) lleva	gafas			
Se llama… Su apellido es…				

5 a Escribe una descripción de dos compañeros/as. Incluye los adjetivos que corresponden a:
- su pelo
- sus ojos
- su piel

Añade otra información interesante, por ejemplo, lleva gafas / es delgado / es fuerte.

Ejemplo: Mi primer compañero es alto y delgado; tiene el pelo negro y corto. Tiene los ojos azules; no lleva gafas.

5 b Traduce esta información a tu propio idioma y aprende las descripciones. Lee una de las descripciones en alto sin mencionar el nombre de la persona: ¿tu compañero/a puede adivinar quién es? Guarda la información descriptiva para usar más tarde y en los exámenes.

Despegue

2.1c ¿Cómo es tu carácter?

★ Describir el carácter de las personas
★ Usos del verbo *ser* con identidad o característica

Lista A

1 **Nacho:** Es muy buen estudiante, nunca llega tarde.

2 **Las gemelas Marta y Marina:** Casi no tienen amigas, es difícil para ellas hacer amistad con otras personas de su edad en el instituto. Son estudiantes solitarias.

3 **Juanita:** Habla con todos y siempre cuenta algo de interés, tiene muchos amigos en su colegio; la risa con ella es constante. Es divertida.

4 **Pedro:** No organiza sus libros para estudiar, no organiza su música, su habitación es un desastre.¡Qué chico!

5 **Paco y su hermano Diego:** Se levantan tarde, no estudian mucho, ven la tele a todas horas, no salen a pasear, los dos son perezosos.

6 **Luis:** Tiene pocos intereses, no lee mucho, no tiene opiniones sobre el futuro. No parece muy motivado.

7 **Gema:** Tiene problemas físicos, pero lleva una vida normal; es impresionante.

8 **Marcos:** Siempre es positivo y ya tiene unas ideas concretas para el futuro: dice que quiere ser ingeniero y, aunque es una carrera difícil, tiene suficiente motivación.

Lista B

A desordenado/a
B valiente
C ambicioso/a
D sociable
E tímido/a
F vago/a
G trabajador(a)
H aburrido/a

1 a Lee las descripciones. Escribe los números de las afirmaciones que se corresponden con las letras de los adjetivos.

Ejemplo: 1 G

1 b Escribe los adjetivos, tradúcelos a tu propio idioma y apréndelos. Consulta la lista de vocabulario y prepara una lista de más adjetivos útiles.

2 a Vas a oír una serie de observaciones o diálogos cortos. Escucha lo que dicen con atención y escribe la letra de la afirmación que es verdadera. Hay que indicar solo siete afirmaciones verdaderas.

Ejemplo: 1 A

1 Roberto
A Roberto no es muy extrovertido.
B Roberto no tiene información de la familia de la chica nueva.
C Roberto dice que la chica nueva es divertida.

2 Elena
A Elena piensa que el profesor es inútil.
B Elena piensa que el chico es perezoso.
C Elena no sabe cómo reaccionar.

3 Mari
A Mari quiere mejorar.
B Mari es muy puntual.
C Mari no es optimista.

4 Santi
A Santi habla mucho con Lucía.
B Santi piensa que Lucía es inteligente.
C Santi piensa que Lucía es habladora.

5 Luisa
A Luisa no aguanta a Miguel.
B Luisa cree que los padres de Miguel son superiores.
C Luisa no está cómoda con Miguel.

2 b Escucha los diálogos otra vez y escribe seis adjetivos que se usan para describir el carácter de las personas. Tradúcelos a tu propio idioma.

3 a Usos del verbo *ser* con identidad o característica. Consulta N18 en la sección de gramática. Escribe la forma del verbo *ser* que falta.

Ejemplo: 1 es

1 Mi amiga .... actriz.
2 Yo .... americano, pero vivo en Chile.
3 Nosotros .... de aquí.
4 Mi amigo quiere .... arquitecto.

5 Mis amigas no .... muy ambiciosas.
6 Mis amigos .... rubios y altos.
7 Tú .... una persona muy inteligente.
8 Vosotras .... francesas ¿verdad?

3 b Consulta el texto de la actividad 1 y encuentra cinco usos del verbo *ser* con identidad o característica.

Ejemplo: Es muy buen estudiante.

4 a Responde a las siguientes preguntas con un(a) compañero/a de clase. Trabaja con tu compañero/a y haced turnos para contestar a las preguntas con vuestra propia información.
1 ¿Cómo eres físicamente?
2 ¿De qué color tienes el pelo?
3 ¿De qué color tienes los ojos?
4 ¿Llevas gafas / gafas de sol?
5 ¿Cómo es tu carácter?
6 ¿Cómo son los miembros de tu familia?
7 ¿En qué trabajan tus padres?

4 b Trabajad en grupos pequeños. Piensa en una persona famosa (estrella de cine, de deporte, etc.). Tus compañeros van a intentar adivinar el nombre de la persona haciendo preguntas con esta tabla.

¿Es			americano/a? inglés/inglesa? australiano/a?
¿Es			futbolista? actor/actriz? atleta? estrella de cine? deportista?
¿Tiene el pelo	largo? rizado? liso? corto?	¿Es	simpático/a? romántico/a? inteligente? divertido/a? popular?
¿Lleva			gafas?

5 Describe a una persona famosa. Prepara un póster para presentar a la clase. Sin identificar su nombre menciona:
● cómo es físicamente
● cómo es su personalidad o carácter
● su profesión
● por qué es famoso/a

vuelo

2.1d Las relaciones familiares

★ **Descubrir cómo se vive en distintas familias**
★ **Los pronombres posesivos**

Opiniones sobre la familia

José y su familia

Veo a mis hermanastros a menudo. Mi padre me lleva a pasar un fin de semana juntos. Es agradable ir porque son graciosos. Me llevo bien con ellos pues tenemos intereses en común — los míos son el fútbol y el golf, los suyos el fútbol y patinar. (Podemos patinar a 10 metros de su casa y cerca de la mía es imposible). Mi padre además me lleva al estadio cuando hay partido en casa. Lo que no aguanto con este arreglo es que hay como una competición entre mis padres y me hacen muchos regalos que no son necesarios.

Marta y los suyos

Mi padre es un hombre de negocios y su empresa está en Buenos Aires; no lo veo muy a menudo aunque intenta pasar un mínimo de quince días con nosotros en Navidad y Año Nuevo. Este verano tenemos planeado ir a Argentina durante las vacaciones porque las mías son largas y me ilusiona la idea de viajar. Por casualidad vi un artículo sobre las famosas cataratas de Iguazú y mi idea es ir allí; la suya es no gastar mucho, y seguro que discutiremos pero ya veremos si nos ponemos de acuerdo.

Alicia y su hermanita

Mi hermana menor solo tiene dos años y me llevo bien con ella. Sin embargo, siempre discuto con mi mamá porque la pequeña recibe toda su atención. Me siento como marginada aunque sigo ayudando con las tareas en casa. No tengo celos —porque admiro a mi madre— lo que ocurre es que me gustaría poder charlar un poco más de lo mío con ella como cuando yo era la pequeña en casa.

1 Lee la información sobre familias y responde a las preguntas.

Ejemplo: 1 un fin de semana

   1 ¿Cuánto tiempo se queda con sus hermanastros?
   2 ¿Qué opina José de estas visitas? (3)
   3 ¿Por qué piensa así?
   4 ¿Por qué es difícil para Marta ver a su padre?
   5 ¿Qué hace el padre de Marta a finales de diciembre?
   6 ¿Por qué motivo van a discutir Marta y su padre?
   7 ¿Cómo son las relaciones de Alicia con su madre?
   8 ¿Cuál sería la solución ideal para Alicia?

2 Vas a oír una entrevista con Julia, que habla de su familia. Escúchala con atención. Para cada lista (1–3) hay dos afirmaciones correctas. Escribe las letras correctas.

Ejemplo: 1 B, …

1 A El hermano mayor tiene 18 años.
   B Julia se lleva bien con su hermano menor.
   C A Julia le molesta la manera de ser de su hermano mayor.
   D Julia no tiene gran amistad con los compañeros de clase.
   E Julia cree que la causa de los problemas puede ser la escasa diferencia de edad.
2 A El hermano mayor criticó los deberes de su hermana.
   B El hermano mayor se equivocó con los deberes de Julia.
   C El hermano mayor piensa que le da a Julia soluciones correctas para sus tareas de inglés.

   D El hermano mayor tiene poca confianza en sí mismo.
   E El hermano mayor escribió al profesor de matemáticas para explicarse.
3 A Julia dice que recibe la misma cantidad de dinero que su hermano mayor de sus padres.
   B Julia cree que hace más en casa que su hermano mayor.
   C Los grupos de amigos de los dos hermanos siempre organizan salidas al mismo sitio.
   D Lo que tienen en común los hermanos es la comida.
   E Los dos hermanos asisten a encuentros deportivos.

3 Los pronombres posesivos. Consulta el punto G2 en la sección de gramática. Escribe la forma del pronombre posesivo que corresponde con las palabras subrayadas.

Ejemplo: 1 la suya
1 ¿De qué paga estamos hablando? De <u>la paga de mi hermana</u>.
2 Discuto siempre, sobre todo con <u>tus hermanos</u>.
3 Su familia parece más organizada que <u>la de nosotros</u>.
4 La familia perfecta no es <u>de mí</u>.
5 Tiene más en común con mis hermanos que <u>los de él</u>.
6 ¿Adónde vais? — Primero vamos a la casa de Ignacio y luego a <u>la de ti</u>.
7 Me llevo bien con todos <u>los primos de vosotros</u>.
8 Mi familia es mucho más rara que <u>la familia de Antonio</u>.

4 Con tu compañero/a prepara estas preguntas sobre tu familia.
1 ¿Con quién te llevas bien/mal en tu familia?
2 ¿Qué tienes en común con tus hermanos/primos?
3 ¿Qué pasó la última vez que saliste con tu familia?
4 En un futuro ideal ¿cómo va a ser tu familia?
5 ¿Formas parte de una familia numerosa? ¿Esto te gusta o preferirías algo diferente? ¿Por qué?

5 Acabas de visitar a un(a) amigo/a en su casa. Escríbele una carta comparando tu familia y la suya. Debes escribir 130–140 palabras. Incluye la siguiente información:
● cuántas personas hay en tu familia y con quién te llevas mejor y por qué
● qué tienen vuestras familias en común
● qué problemas hay en cada familia
● tu opinión sobre la familia de tu amigo/a
● lo que pasó durante la visita que te sorprendió

2.2 Life at home

Embarque

2.2a Los pasatiempos en casa

★ **Hablar sobre las actividades de ocio que haces en casa**
★ **Los adverbios básicos**

A  **B**  **C**  **D**

E  **F**  **G**  **H**

1 Lee las siguientes frases. Escribe los números de las frases junto a las letras de cada dibujo con las que se corresponden.

Ejemplo: 1 D

> 1 Escucho música en mi móvil.

> 2 Siempre juego a los videojuegos en mi consola.

> 3 Leo libros de aventuras o misterio.

> 4 Cocino recetas de comidas nuevas.

> 5 A veces veo la tele con mi familia.

> 6 Navego mucho por Internet en mi tableta.

> 7 Juego al ajedrez con mi hermana.

> 8 Toco bien la trompeta.

2 Vas a oír a Leopoldo describiendo los pasatiempos de su familia. Escucha con atención y escoge la opción correcta en las siguientes frases.

Ejemplo: 1 B

1 ¿Qué tipo de música escucha el padre de Leopoldo?
 A rock
 B clásica
 C pop
 D bachata

2 ¿Dónde lee una novela su madre?
 A en una silla
 B en la cama
 C en el sofá
 D en el jardín

3 ¿Qué prefiere leer el tío Miguel?
  A los cómics
  B los libros
  C las novelas
  D los periódicos

4 ¿Qué instrumento toca su abuela?
  A la flauta
  B el piano
  C la guitarra
  D la trompeta

5 ¿Qué cocinan Iker y Lide?
  A una paella
  B quesadillas
  C una pizza
  D patatas fritas

6 Su hermana utiliza Internet para…
  A practicar deporte
  B ver videos
  C hablar con sus amigos
  D escribir un blog

3 a Los adverbios básicos. Consulta K2 en la sección de gramática. Reordena las siguientes frases para que tengan sentido. Después, subraya el adverbio en cada frase.

Ejemplo: 1 Me gusta mucho cocinar.

1 gusta cocinar Me mucho
2 bien el clarinete Mariola toca
3 demasiado Esteban estudia Pienso que
4 mucho veo la tele Yo
5 Mi cocina padre bien
6 mal Sonia al ajedrez juega
7 Mi deportista es hermano muy
8 por Internet interesante es bastante Navegar

3 b Busca cuatro ejemplos de adverbios en las frases del ejercicio 1. Después, tradúcelos a tu idioma.

4 a El sonido de la "i" y la "y" en español. Escucha esta frase y separa las palabras. Repite la frase tres veces, tradúcela a tu propia lengua y apréndela de memoria.

Miriammiralacamisaamarillalilaygris

4 b Lee la frase en alto y díctala a tu compañero/a para que la escriba. Después tu compañero/a te la dicta a ti. ¿Quién tiene menos fallos?

5 Responde a las siguientes preguntas con un(a) compañero/a de clase. Usa la tabla a continuación para ayudarte en tus respuestas.

1 En casa ¿cuál es tu pasatiempo favorito?
2 ¿Qué pasatiempo te gusta menos?
3 ¿Qué haces en casa los fines de semana?
4 ¿Qué pasatiempos tienen otros miembros de tu familia?

Mi pasatiempo favorito en casa es	cocinar
	coser
En casa no me gusta nada	escuchar música
	escribir en el blog
	jugar al ajedrez / a videojuegos / a un juego de mesa
Los fines de semana suelo	leer un cómic / un libro
	navegar por Internet
	tocar la guitarra / el piano
A mi madre / mi padre / mi hermano/a mayor/ menor le gusta	ver la tele

6 Escribe un párrafo sobre los pasatiempos que haces en casa. Incluye la información de la actividad 5.

2.2b La rutina de todos los días

> ★ **Describir tu rutina diaria**
> ★ **Los verbos y pronombres reflexivos**

1 Los verbos y pronombres reflexivos. Consulta M6 y N22 en la sección de gramática y completa las frases con el pronombre y el verbo conjugado en presente en cada caso.

Ejemplo: 1 me

Marcos y su rutina diaria

1 Siempre .... levanto a los ocho menos cuarto de la mañana. (*levantarse*)

2 Marcos se .... en su dormitorio antes de ir al colegio. (*peinarse*)

3 Nosotros nos .... mucho en clase de informática. (*aburrirse*)

4 ¿Vosotros .... los dientes dos veces al día? (*lavarse*)

5 Vanesa y Gerardo .... ponen el uniforme para trabajar en la tienda. (*ponerse*)

6 ¿Tú .... las manos antes de cenar? (*lavarse*)

7 Mi primo Víctor nunca se .... por la noche. (*ducharse*)

8 Yo y mis amigos .... muy temprano siempre. (*acostarse*)

Unas rutinas dispares

Rafael

¡Hola! me llamo Rafa. Mi rutina diaria no es muy interesante. Siempre me despierto a las siete y cuarto. Después, me ducho rápidamente, me peino y voy a la cocina a tomar el desayuno. Más tarde, me lavo los dientes y voy al instituto a las ocho y veinte. Estudio muchas asignaturas, sin embargo mi preferida es la tecnología. En mi opinión es muy practica. Después del insti, vuelvo a casa a las cinco y prefiero relajarme un poco en el salón, o juego a mi videojuego preferido en el dormitorio. Hoy ceno a las siete, pero por lo general ceno sobre las siete y media con mis padres en el comedor. Luego, hago los deberes en el salón. Si tengo tiempo veo la tele un poco, si no, me gusta acostarme a las diez.

Sandra

¡Buenos días! Soy Sandra. ¡Me gusta mi rutina! Normalmente me levanto a las siete y media y me preparo el desayuno: a veces una tostada, o un yogur. Después me pongo el uniforme y voy al insti en coche con mi madre. Me encanta estudiar idiomas, especialmente el chino. A las cinco vuelvo a casa y ceno a las seis. A veces me gusta comer en el salón, mientras veo en la tele mi serie favorita. Más tarde, hago mis deberes en mi dormitorio o en el estudio de mi madre y, cuando termino, me ducho y después me acuesto a las diez y media más o menos.

2 Responde las preguntas en español según la información de las rutinas de Rafael y Sandra.

Ejemplo: 1 Que no es muy interesante.

    1 ¿Qué piensa Rafael de su rutina?

    2 ¿Dónde hace Sandra los deberes? (2)

    3 ¿A qué hora cena Rafael generalmente?

    4 ¿Qué ve Sandra en la tele?

    5 ¿A qué hora vuelven Sandra y Rafael a casa?

    6 ¿Por qué prefiere Rafael la tecnología?

    7 ¿Qué desayuna Sandra a veces?

    8 ¿Qué hace Sandra después de los deberes? (2)

3 Vas a oír a cuatro miembros de una familia que hablan de su rutina. Lee las siguientes frases y señala si las afirmaciones son verdaderas (V) o falsas (F). Si son falsas, escribe una frase en español para corregirlas.

Ejemplo: 1 F La madre de Leo se levanta a las seis.

    1 La madre de Leo se viste a las seis.

    2 El padre de Leo prepara el desayuno.

    3 Natalia se ducha rápidamente.

    4 La hermana pequeña prefiere ducharse antes que Natalia.

    5 Martín se pone el uniforme para el colegio.

    6 Marta no se viste sola para ir al colegio

    7 A Elvira le encanta cenar con la familia.

    8 Elvira se acuesta tarde.

4 a Trabaja con otra persona para realizar un juego de rol. La situación es la siguiente: "Estás hablando con tu prima mexicana que ha venido a quedarse contigo. Te está preguntando sobre la rutina diaria." Elegid los papeles – con el papel A inicias la conversación y con el papel B respondes usando la tabla con ideas.

    1 A ¿A qué hora cenas normalmente? B …

    2 A ¿En qué habitación cenas? B …

    3 A ¿Qué haces después de cenar? B …

    4 A ¿Dónde prefieres ver la tele? ¿Por qué? B …

    5 A Háblame de tu rutina diaria del fin de semana. B …

Normalmente / Generalmente / A veces / Siempre ceno	a las cinco / seis / siete / ocho / nueve (y cuarto / y media / menos cuarto)		
Suelo cenar…	en la cocina / el comedor / el salón		
Después de cenar / Por la noche / Más tarde	vuelvo a casa / meriendo / veo la tele / hago los deberes / ceno / me acuesto		
Prefiero / Me gusta / Me chifla	ver la tele en	mi dormitorio / el comedor / el salón	porque es más fácil / cómodo / divertido / tranquilo
Los fines de semana mi rutina es diferente porque…	me levanto más tarde / me relajo / salgo con mis amigos / hago muchos deportes / veo a mi familia / no estudio mucho		

4 b Ahora, cambiad de papeles y realizad el diálogo otra vez, sustituyendo otras palabras y expresiones de la tabla.

5 Escribe un blog sobre tu rutina, similar a los del ejercicio 2. Usa el diálogo adaptado de la conversación anterior e incluye la información a continuación. Describe:

- qué haces
- cuándo lo haces
- tus opiniones

Vuelo

2.2c Las tareas domésticas

★ **Hablar sobre las tareas domésticas y cómo las reparte la familia**
★ **El verbo *estar* de posición y el presente continuo (*estar* + gerundio)**

En el apartamento y en la finca

Cuando estoy en el apartamento…

… la vida es mucho más fácil. Dos veces a la semana yo quito el polvo y paso la aspiradora. Mi madre y mi hermano siempre están planchando la ropa. Detesto limpiar mi habitación, pero la comparto con mi hermano pequeño así que ahora nos estamos turnando esta tarea semanalmente. Después de cenar, yo friego los platos cuando estoy en la cocina, mientras mi hermanito quita la mesa cuando está en el salón. Generalmente yo hago mi cama, aunque muchas veces también hago la cama de mi hermano porque él tiene siete años y no lo hace bien. El sábado o el domingo lavamos el coche y preparamos todo para pasar una quincena de vacaciones en la finca que tenemos, cerca de un pueblo que se llama Valdepeñas.

Cuando estoy en la finca…

… trabajo mucho más. Me encanta ir, pero ¡hay tantísimas tareas al aire libre! Hay un jardín enorme, y yo normalmente corto el césped mientras mi hermano ayuda a mi madre a cortar flores y a regar las plantas cuando están fuera. ¡Limpiar el tractor es muy divertido! Mi padre usa el tractor en el campo cerca de la finca porque estamos cultivando uvas para hacer vino. En la finca tenemos un perro que se llama Tobías. Tobías es muy bueno y nos está ayudando a

La finca de Pipe en Valdepeñas, España

proteger la finca. Mi madre a menudo recoge las naranjas y los limones de los árboles que tenemos alrededor, y después prepara unos zumos deliciosos. Por la tarde, paso la aspiradora por los dormitorios mientras mi hermano no hace nada. ¡Qué perezoso!

Felipe

1 Lee el blog sobre los trabajos que hacen Felipe y su familia en su apartamento y en su finca. Contesta a las preguntas en español.

Ejemplo: 1 una vez a la semana / semanalmente

    1 ¿Con qué frecuencia limpian su habitación Felipe y su hermano?
    2 Cuando Felipe friega los platos, ¿qué hace su hermano?
    3 ¿Por qué a veces el hermano de Felipe no hace bien su cama?
    4 Cuánto tiempo pasa de vacaciones la familia en la finca?
    5 Cuando están en la finca, ¿dónde hace la familia la mayoría de las tareas?
    6 ¿Para qué sirve el tractor de su padre?
    7 ¿Para qué utilizan la fruta de los árboles de la finca?
    8 Según Felipe, ¿por qué su hermano es perezoso?

2 a Vas a oír una entrevista con Carmela, que habla de las familias españolas. Escúchala con atención. Para cada pregunta hay dos afirmaciones correctas. Escribe las letras correctas.

Ejemplo: 1 D, …

1 **A** Carmela de los Ríos es estudiante en la universidad de Pamplona.
  B Los hombres españoles no hacen tareas de casa.
  C Los hombres dedican de media 2 horas y 10 minutos a los sondeos.
  D Las mujeres dedican más de 3 horas a las tareas del hogar cada día.
  E Los hombres admiten que las mujeres hacen mucho más que ellos en casa.
2 **A** Más del 50% de las mujeres siempre hace la comida en casa.
  B La mayoría de los hombres son cocineros habituales.
  C Por lo general, las mujeres limpian la casa y los hombres el garaje.
  D Las mujeres se encargan de la limpieza general mucho más que los hombres.
  E Todos los hombres españoles detestan ir al supermercado.

2 b Escucha la tercera parte y contesta la pregunta en español. Según Carmela, ¿a qué se deben las diferencias entre hombres y mujeres? (2)

3 El verbo *estar* de posición y el presente continuo (*estar* + gerundio). Consulta N18 y N2 en la sección de gramática y completa estas frases con el verbo "estar" en presente y, cuando hay un infinitivo en paréntesis, con el presente continuo utilizando el gerundio correcto.

Ejemplo: 1 está

1 Mamá, ¿dónde .... papá? –En la cocina en este momento.
2 Juan y Sancho .... (*dormir*) en su dormitorio.
3 Valdepeñas es un pueblo típico que .... en el centro de España.
4 Las mesas rojas .... cerca de la ventana en el salón.
5 Yo .... (*leer*) un libro sobre misterio en Francia.
6 Manuel, ¿.......... .... (*escuchar*) la radio ahora?
7 Vosotros .... en Los Pirineos, unas montañas en el noreste de España.
8 Nosotros .... (*disfrutar*) mucho hoy porque .... (*ver*) una serie graciosa.

4 Trabaja con tu compañero/a. Haced turnos preguntando y respondiendo a las preguntas.
  1 ¿Qué haces para ayudar en casa?
  2 ¿Con qué frecuencia haces estas tareas?
  3 ¿Qué opinas de las tareas domésticas?
  4 ¿Crees que las mujeres hacen más tareas domésticas que los hombres? Da ejemplos.
  5 En tu opinión, ¿cómo está cambiando la sociedad con respecto a las tareas domésticas? Justifica tu respuesta.

5 Escribe un artículo sobre las tareas domésticas hoy en día. Debes escribir 130–140 palabras en español. Menciona:
  ● qué tareas haces en casa
  ● las tareas que hacen otros miembros de tu familia
  ● la frecuencia con la que se hacen las tareas domésticas en tu casa
  ● cómo piensas que va a cambiar la situación entre hombres y mujeres con respecto a las tareas domésticas

Leisure, entertainments, invitations

2.3

Embarque

2.3a Disfrutando del tiempo libre fuera de casa

★ **Planear las actividades de ocio**
★ **Los adverbios que terminan en *-mente***

A

B

C

D

E

F

G

H

1 Mira los dibujos y lee los comentarios. Escribe las letras que se corresponden con los dibujos.

Ejemplo: 1 C

1 Me gusta ir al cine. Afortunadamente los viernes hay una comedia nueva; me lo paso muy bien.
2 Tengo una raqueta nueva. Los sábados normalmente hay torneo.
3 Las discotecas son más baratas solamente los jueves: es cuando voy con las amigas.
4 El domingo vamos rápidamente al polideportivo. Es entretenido organizar un partido de baloncesto.
5 Mañana voy al campo de golf; el palo que uso verdaderamente me ayuda mucho.
6 Siempre voy a ver el entrenamiento de fútbol, es completamente gratis.
7 Me gusta el atletismo, el sábado es especialmente importante para los campeonatos.
8 Sinceramente, mi pasatiempo no es muy popular: toco la flauta. ¡Esta afición necesita mucha concentración!

2 Vas a oír una conversación sobre las actividades de Pablo y Tina. Escucha lo que dicen con atención y selecciona la opción correcta.

Ejemplo: 1 conciertos

1 Pablo se divierte cuando hay (*conciertos / coches*) en la plaza.
2 Para Tina los entrenamientos de baloncesto son un poco (*aburridos / importantes*).
3 Para Tina lo mejor de la semana son los (*entrenamientos / partidos*).
4 En agosto Pablo va a muchos (*sitios / conciertos*).
5 En agosto los conciertos se celebran (*en el interior / al aire libre*).
6 Tina no tiene tiempo de ir a los conciertos porque tiene que (*entrenar / dormir*).
7 Pablo se divierte con el yoga porque es (*fácil / sociable*).
8 Para Tina, el yoga va a ser totalmente (*nuevo / fácil*).

3 a El sonido de la "ñ" en español. Escucha esta frase y separa las palabras. Repite la frase tres veces, tradúcela a tu propia lengua y apréndela de memoria.

laniñapequeñatienesueño

3 b Lee la frase en alto y díctala a tu compañero/a para que la escriba. Después tu compañero/a te la dicta a ti. ¿Quién tiene menos fallos?

4 Los adverbios. Consulta K1 en la sección de gramática. Lee las siguientes frases y escribe el adverbio adecuado del recuadro para llenar los espacios. Traduce los adverbios a tu propio idioma.

Ejemplo: 1 Personalmente

1 .... yo prefiero el yoga — no es competitivo.
2 Cuando entreno corro .... para prepararme mejor.
3 El sábado tenemos suerte: .... hay un concierto al aire libre.
4 Correr una maratón es .... duro, pero lo voy a intentar.
5 .... mi rutina es practicar el deporte por la tarde.
6 Me dedico .... a mi deporte favorito porque me gusta competir.
7 .... entrena dos veces a la semana porque está muy cansado.
8 Mi equipo de hockey sobre hielo es muy bueno y siempre gana.......... .

especialmente	afortunadamente	solamente	normalmente
completamente	fácilmente	rápidamente	*personalmente*

5 Practica la siguiente conversación con un(a) compañero/a de clase. Usa la tabla a continuación para ayudarte en tus respuestas.
1 ¿Qué deporte(s) practicas?
2 ¿Cuándo practicas este deporte? ¿Cuántas veces a la semana?
3 ¿Por qué te gusta practicar este deporte?
4 ¿Qué es lo mejor del deporte? ¿Por qué?
5 ¿Tienes otras aficiones?

Personalmente, el deporte que me gusta es	el fútbol la natación el baloncesto	el hockey sobre ruedas el voleibol	
Normalmente practico el deporte	dos tres varias	veces a la semana	
Siempre practico el deporte	los lunes los martes el fin de semana	a las …	
Me gusta practicar este deporte porque es	sociable competitivo entretenido	y afortunadamente	me divierto mucho lo paso bien
Lo mejor de mi deporte favorito es	competir entrenar participar	con los amigos	
Tengo otros/as	aficiones pasatiempos intereses	como	la música leer el patinaje la pesca

6 ¿Qué te gusta hacer en tu tiempo libre? Escribe un párrafo sobre tus pasatiempos y/o deportes. Debes escribir frases completas y añadir todos los detalles posibles.

Despegue

2.3b Pensando en los planes y las invitaciones

★ **Seleccionar opciones de ocio**
★ **El futuro próximo, pronombres interrogativos precedidos de preposición (1)**

Hola Rebeca,

El día 10 es el cumpleaños de Sara. ¿Vamos a organizar algo especial? ¿A qué hora vamos a quedar? Pienso que le va a gustar una fiesta, pero ¿para cuántas personas? ¿Tú crees que va a querer cenar también? ¿Qué tal si cenamos fuera? ¿Te apetece? ¿En qué cafetería te gustaría quedar? Tiene muchas amigas del instituto y del pueblo. ¿Para cuántas personas lo organizamos? ¿O va a generar mucho trabajo?

Otra idea... a la piscina vamos a poder invitar a todo el mundo porque hay mucho sitio. ¿Para qué hora hay que reservar? ¿Hasta cuándo vamos a estar?

Lo siento ¡son muchas preguntas! pero contesta hoy si puedes porque vamos a tener que organizarlo todo esta semana.

Un beso,

Liliana

1　Lee el email de Liliana. Selecciona la afirmación correcta y escribe la letra.

Ejemplo: 1 C

1　Para el cumpleaños de Sara Lilian habla de organizar...
　A　unos regalos.
　B　una visita.
　C　algo especial.

2　Cree que a Sara le va a gustar...
　A　una persona.
　B　una fiesta.
　C　un pastel.

3　Para la organización de la celebración necesita saber...
　A　cuándo es.
　B　cuántos vienen.
　C　quién es quien.

4　Pregunta si organizar esta celebración va a generar mucho...
　A　sitio.
　B　gusto.
　C　trabajo.

5　A la piscina es fácil invitar a mucha gente porque hay suficiente...
　A　sitio.
　B　gusto.
　C　pastel.

6　Necesita tener respuesta...
　A　ayer.
　B　pronto.
　C　la semana próxima.

2 Vas a oír una serie de diálogos cortos. Dibuja la tabla; escucha y escribe la información que falta.

Nombre	Tipo de actividad	Dónde	Un detalle más
1 Teresa	esquiar	al sur	con unas amigas

1 Teresa	**3** Pablo	**5** Miguel	**7** Pepe
2 Julia	**4** Juanita	**6** Silvia	**8** Juan

3 El futuro próximo. Consulta N7 en la sección de gramática. Escribe todos los detalles de la agenda de Pedro con los verbos en el futuro próximo y añade información apropiada.

Ejemplo: **1** El lunes por la mañana voy a ir a casa a las nueve.

lunes:			**martes:**		
mañana	ir a casa (yo) – ¿a qué hora?	(1)	mañana	comprar jersey (yo) – ¿de qué color?	(5)
	salir con dos amigos (nosotros) – ¿con quién exactamente?	(2)	tarde	probar tapas (nosotros) – ¿en qué sitio?	(6)
			jueves:		
tarde	sacar entradas (yo) – ¿para qué día?	(3)	mañana	reservar billete (yo) – ¿para qué día?	(7)
	pedir bocadillos (ellos) – ¿para cuántos?	(4)		llegar a Madrid (yo) – ¿a qué hora?	(8)

4 a Trabaja con otra persona para realizar un juego de rol. La situación es la siguiente: "Invitas a tu amigo/a a un concierto. Habláis por teléfono." Elegid los papeles — con el papel A inicias la conversación y con el papel B respondes usando la tabla con ideas.

1 A No podemos perder este concierto. ¿Cuándo prefieres salir? **B** …

2 A ¿Cuál es la manera más rápida de ir? **B** …

3 A ¿Qué te parece la música del grupo? **B** …

4 A La última vez que fuiste a un concierto, ¿te acuerdas dónde nos encontramos y dónde comimos? **B** …

5 A Después del concierto, ¿qué más vamos a hacer? **B** …

Una opción / Lo mejor	es/sería	a las ocho / por la tarde / después de comer		
Para ir al concierto	lo mejor es / lo más rápido es	primero en autobús / desde aquí en tren	y	después a pie / luego andar
La música del grupo	me encanta pues / me gusta porque	es marchosa / es moderna / resulta nueva		alegre / romántica / movida
Hace un año	fuimos a / quedamos en	la estación / la casa de un amigo	comimos / tomamos algo	en una cafetería / en el centro
Después / Más tarde	vamos a / voy a	ir al centro / quedar	con los amigos para ir	a cenar / a casa / de fiesta

4 b Ahora cambiad de papeles y realizad el diálogo otra vez, sustituyendo otras palabras y expresiones de la tabla.

5 Una visita. Este fin de semana va a venir tu amigo/a a tu casa. Escríbele un mensaje para preguntar:

- a qué hora vais a quedar
- si vais a organizar una comida especial
- dónde le gustaría ir
- qué actividades vais a organizar

Debes escribir 80–90 palabras.

vuelo

2.3c Una semana maravillosa

★ **Contar las actividades de una semana de vacaciones**
★ **El pretérito indefinido (verbos regulares)**

Días 1 y 2 de mi viaje a América del Sur

Salimos a principios de julio, nada más empezar las vacaciones. Volamos primero a Brasil (con un pequeño retraso) y aterrizamos en Buenos Aires de madrugada. Tenía ganas de vivir el ambiente en la capital y me fascinó: vimos bailar el tango en una plaza y ¡comimos tanta carne que casi exploté! Visitamos el barrio de Puerto Madero y salieron muy bien las fotos de la Boca y sus casas de colores. También entramos en el estadio de fútbol de Boca Juniors y me pareció lo mejor. ¡Impresionante!

Días 3, 4 y 5

Se organizó un viaje a Iguazú — cogimos otro avión para ir allí y nos quedamos dos noches en un hotel cerca de las cataratas. La experiencia me encantó: bajamos al río en una lancha, pasando justo debajo de donde cae el agua. Luego subimos arriba y paseamos por la selva para llegar a las cataratas. ¡Una gran aventura! No se oye mucho en mi país de este paraíso y por lo tanto, al no ser famosas, me sorprendió lo que vimos en solo una semana. Las vistas me resultaron inolvidables.

1 Lee el blog de María del Mar sobre su viaje a América del Sur y escribe la información que falta.

Ejemplo: 1 julio

  1 El viaje se organizó para el mes de ....
  2 Antes de llegar a Buenos Aires el avión aterrizó en ....
  3 Para María del Mar Buenos Aires tenía un buen ....
  4 Había grandes cantidades de ....
  5 Lo que más le gustó de Buenos Aires fue ....
  6 Su hotel en Iguazú estaba cerca de ....
  7 Para ver las cataratas María del Mar salió en ....
  8 En el país de María del Mar las cataratas de Iguazú no son ....

2 Vas a oír una conversación sobre un viaje. Escúchala con atención. Para cada pregunta selecciona la letra de la afirmación correcta.

Ejemplo: 1 B

1 **A** Victoria llegó a Chile el sábado.
  B Al llegar Victoria a Chile le impresionó el paisaje.
  C No le gustó Chile en absoluto.
  D Estuvo dos semanas en Chile.

2 **A** Victoria salió en autocar nada más llegar.
  B Cuando salió notó el nivel de pobreza.
  C Cambiaron de planes cuando llegaron.
  D Decidieron descubrir el paisaje a pie.

3 **A** En la costa le decepcionó la puesta del sol.
  B Ver bajar el sol hacia el mar fue una gran experiencia.
  C Las playas del Pacífico estaban contaminadas.
  D En el autobús viajaba con cinco amigos.

4 **A** El viaje a las montañas fue mucho más rápido de lo que esperaban.
  B Salieron en autobús muy tarde.
  C Lo que más le gustó de la semana fue cuando sacó fotos de los Andes.
  D Aprender algo de la historia de Chile resultó interesante para Victoria.

3 a El pretérito indefinido. Consulta N3 en la sección de gramática. Consulta la lista de infinitivos y completa las frases con las formas correctas del verbo en el pretérito. No necesitarás todos los infinitivos.

Eso es lo primero que **1**.......... : nosotros **2**.......... de casa de madrugada y **3**.......... el avión a la costa. Una hora más tarde, el grupo **4**.......... a nuestro hotel. Yo **5**.......... desde el hotel hasta la playa y **6**........ en el agua inmediatamente; luego mis amigos y yo **7**........ en el mar y finalmente ellos **8**........ de la playa para cenar.

Ejemplo: 1 pasó

meterse	nadar	tomar	*pasar*
resultar	saltar	descansar	correr
salir	volver	vivir	llegar

3 b Lee el texto de la actividad 1 otra vez. Escribe una lista de los ejemplos del pretérito y traduce a tu propio idioma las frases que los contienen.

4 Trabaja con tu compañero/a. Haced turnos preguntando y respondiendo a las preguntas.
  1 Normalmente ¿adónde vas de vacaciones?
  2 ¿Cómo es una semana ideal de las vacaciones?
  3 ¿Qué es lo que más te gustó de tus últimas vacaciones?
  4 ¿Qué planes tienes para el año que viene?
  5 ¿Qué aspectos de las vacaciones repetirías y por qué?

5 Escribe dos párrafos en español sobre tus últimas vacaciones. Menciona:
  ● dónde y cómo fuiste
  ● lo que más te gustó
  ● lo que no te gustó
  ● tus impresiones de las vacaciones

Embarque

2.4 | Eating out

2.4a ¡Camarero, por favor!

★ **Saber pedir comida y bebida**
★ **Las expresiones idiomáticas con *tener***

 A

 B

 C

 D

 E

 F

 G

 H

1 Lee las siguientes frases. Escribe las letras que se corresponden con los dibujos.

Ejemplo: 1 E

A ¡Oiga! Tengo sed, ¿me trae una botella de un refresco de naranja con tres copas, por favor?

B Tengo ganas de comer. Quisiera una ración de calamares y otra de patatas bravas, gracias.

C La cuenta, por favor.

D Tengo mucho calor. Me gustaría tomar un vaso de limonada con unas aceitunas, por favor.

E Póngame un plato de paella y media barra de pan, por favor. ¡Tengo hambre!

F Quisiera una jarra de zumo de uva y unos champiñones.

G Una tabla de gambas para comer con una botella de agua con gas para beber.

H ¡Camarera! Queremos una ración de albóndigas en salsa de tomate y dos latas de Coca-Cola.

2 Vas a oír un diálogo entre varios jóvenes que piden comida y bebida en un bar de tapas en Barcelona. Escucha con atención y escribe la palabra adecuada del recuadro para rellenar los espacios 1–8. No necesitarás todas las palabras.

Ejemplo: 1 bocadillo

Carlos va a tomar un **1**.......... de calamares. Jimena va a pedir la **2**.......... del día. Raquel no quiere nada de comer, pero para beber una **3**.......... de agua sin gas. Para Pepe, verduras a la plancha y una jarra mediana de **4**.......... . Sebas tiene ganas de comer una **5**.......... de chocolate. También quiere beber un **6**.......... con leche. A Paulina le gustaría tomar una **7**.......... de arroz. Para beber, prefiere un vaso de **8**.......... .

té	café	Coca-Cola	tarta	naranjada
bocadillo	ensalada	limonada	copa	
limón	naranja	sopa	botella	

3 a Las expresiones con el verbo *tener*. Consulta N19 en la sección de gramática. Completa las frases con la palabra necesaria. ¡Atención! Hay palabras que no necesitas.

Ejemplo: 1. hambre

1 Tenemos mucha .... , queremos comer un arroz con carne.

2 Ahora tengo .... y me gustaría beber un batido de fresa y plátano.

3 ¡Tengo mucho ....! Voy a tomar un bol de sopa caliente.

4 Mis padres no tienen .... de salir esta noche. Prefieren estar en casa y ver la tele.

5 Elsa siempre tiene mucho .... en verano, pero tiene aire acondicionado en casa.

6 Leopoldo no tiene demasiado .... y prefiere no comer ahora.

7 ¡Oh no! Mi abuelo se siente enfermo y tiene ....

8 Necesito dormir, tengo muchísimo .... después de trabajar todo el día.

prisa	apetito	*hambre*	ganas	sueño
fiebre	frío	sed	calor	miedo

3 b Escucha otra vez el diálogo de la actividad 2 y busca tres ejemplos de expresiones con *tener*.

4 a Los sonidos "ue" y "ua" en español. Escucha esta frase y separa las palabras. Repite la frase tres veces, tradúcela a tu propia lengua y apréndela de memoria.

Cuandosueloiralrestaurantepuedocomerhuevosybeberagua

4 b Lee la frase en alto y díctala a tu compañero/a para que la escriba. Después tu compañero/a te la dicta a ti. ¿Quién tiene menos fallos?

5 a Trabaja con otra persona para realizar un juego de rol. La situación es la siguiente: "Eres cliente/a en un bar de tapas y hablas con el/la camarero/a." Elegid los papeles — con el papel A (el/la camarero/a) inicias la conversación y con el papel B (el/la cliente/a) respondes.

1 A ¿Qué quiere para beber?

    B <u>Me gustaría</u> tomar <u>una Coca-cola</u> por favor.

2 A ¿Y para comer?

    B <u>Póngame</u> una ración de <u>patatas bravas</u>.

3 A ¿Quiere otra ración?

    B ¿Qué hay en el menú?

4 A Hay gambas, albóndigas…

    B Me encantan <u>las gambas</u>. Póngame una ración de estas.

5 A ¿Algo más?

    B Nada más. La cuenta por favor.

5 b Haced turnos preguntando y respondiendo a las preguntas. Cambia las palabras subrayadas por las de la lista a continuación.

tráigame	una limonada	quisiera
las albóndigas	calamares a la romana	

6 Escribe tu propio juego de rol en un bar de tapas. Usa la información de la actividad 5 y pide tu comida y bebida favoritas.

Despegue

2.4b De cena en el restaurante

> ★ **La experiencia de comer en un restaurante**
> ★ **Los sustantivos femeninos con artículo masculino**

1 Vas a oír a una familia pidiendo comida y bebida para cenar en un restaurante. Escucha con atención y para cada pregunta, escribe la respuesta correcta: A, B o C.

1 Señor López pide una sopa…
- **A** con pescado.
- **B** con verduras.
- **C** sin cebolla.

2 Señor López no quiere tomar…
- **A** el puré de patatas.
- **B** las patatas fritas.
- **C** el filete.

3 Señora López…
- **A** va a tomar postre.
- **B** quiere dos platos.
- **C** no come verduras.

4 Para beber, Señora López…
- **A** no quiere nada.
- **B** quiere agua con gas.
- **C** pide una gaseosa.

5 Al joven le gusta…
- **A** lasaña vegetariana.
- **B** el queso.
- **C** helado de chocolate.

6 La camarera…
- **A** tiene un problema.
- **B** va a volver rápidamente.
- **C** es muy joven.

Entrevista con David Pons

Hola David, su restaurante La Cuina d'en David tiene una reputación fantástica. Es el actual número uno del país y también un aula para aprender a cocinar. ¿Cuál es el secreto?

David: El secreto es combinar los ingredientes naturales con técnicas nuevas; por ejemplo, en nuestro menú tenemos una paella típica, pero no es una paella normal, porque el ingrediente más importante, el arroz, no existe. Usamos una pasta especial que tiene un sabor más intenso y delicioso.

¿Cuál es el plato más popular en este momento?

Ahora, la ensalada de verduras españolas, de pimiento naranja, cebolla, trufa, champiñón gigante, y agua al limón. ¡Es riquísima!

¿Por qué son tan famosos los postres?

Mi hermano Albert es el pastelero y heladero en el restaurante. Tiene también heladerías en Madrid. Los clientes piensan que sus helados son divertidos y pueden jugar con los ingredientes. Hay helados de queso con fresas o de tarta de melón con pera.

¿Por qué recomendaría cenar en su restaurante?

Mi restaurante es para las personas aventureras que quieren experimentar cosas nuevas y con un hambre enorme. Creo que es una experiencia diferente. Vale la pena porque nuestros sabores son únicos y especiales. Además, los niños comen gratis y es posible pagar en efectivo o tarjeta. Puedes reservar mesa en Internet o por teléfono; es muy fácil.

2 Lee la entrevista con el chef español David Pons y completa las frases siguientes.

Ejemplo: 1 La Cuina d'en David

1 El nombre del restaurante de David Pons es ....

2 El puesto del restaurante en el ranking nacional es el ....

3 Su paella es diferente porque ....

4 El papel del hermano de David en el restaurante es de ....

5 La ciudad donde hay heladerías de la familia Pons es ....

6 La opinión de los clientes sobre sus helados es que ....

7 El carácter típico de un cliente de su restaurante es ....

8 La ensalada es muy popular porque ....

 3 Sustantivos femeninos con artículo masculino. Consulta B3 en la sección de gramática y completa las frases con *el* o *la*.

Ejemplo: 1 La

1 .... arena de la playa en Tenerife es volcánica y de color negro.

2 Mi padre prefiere .... hamburguesa de pollo porque es más digestiva.

3 .... ama de casa de hoy en día no cocina mucho.

4 .... hambre es necesaria para comer con apetito.

5 .... aula del profesor de inglés tiene unos pósters muy bonitos.

6 .... alfombra de la habitación de Germán es muy pequeña.

7 En mi casa, ... alarma de incendios nunca funciona bien.

8 Me gusta .... agua fresca de la fuente de mi pueblo.

 4 a Trabaja con otra persona para realizar un juego de rol. La situación es la siguiente: "Eres un crítico gastronómico y estás hablando con un(a) amigo/a sobre los restaurantes en un pueblo español." Elegid los papeles – con el papel A inicias la conversación y con el papel B respondes como un crítico gastronómico usando la tabla con ideas.

1 A ¿Qué tipos de restaurantes hay en este pueblo? B …

2 A Describe un restaurante local que recomiendas. B …

3 A ¿Cuál es el plato estrella de este restaurante? B …

4 A ¿Dónde cenaste ayer? B …

5 A ¿En qué tipo de restaurante te gustaría cenar la semana que viene? ¿Por qué? B …

En este pueblo hay restaurantes	chinos / españoles / italianos / mexicanos baratos / caros / de alta cocina / de comida rápida
Recomiendo un restaurante… que se llama… porque	la comida es deliciosa / de muy alta calidad / el servicio es muy bueno / es de buena calidad y a buen precio / los ingredientes son muy frescos/únicos / los platos son originales
Su plato estrella es	el curry balti / la ensalada de gambas / el gazpacho / la paella / la pasta de verduras / la sopa de mariscos
Ayer cené en un restaurante… que se llama…	
Me gustaría cenar en un restaurante… porque…	

4 b Ahora cambiad de papeles y realizad el diálogo otra vez, sustituyendo otras palabras y expresiones de la tabla.

 5 Escribe una reseña buena de un restaurante en el que comiste. Puedes inventar toda la información. Mira el ejemplo para ayudarte.

Ejemplo:

El restaurante La Paloma Blanca es ideal para comer y cenar. Las tapas allí son deliciosas y los camareros muy simpáticos, eficientes y serviciales. Recomiendo la sopa de mariscos y la hamburguesa de pescado con queso manchego… ¡simplemente exquisita! Tienen una selección de bebidas fabulosas, con muchos zumos de fruta fresca, batidos y una carta de vinos internacionales fenomenales.

vuelo

2.4c ¡Hoy comemos fuera!

★ **Hablar sobre comer fuera de casa y los tipos de restaurantes diferentes**
★ **Los comparativos irregulares**

1 Vas a oír a cuatro jóvenes que hablan de sus experiencias y preferencias comiendo fuera. Lee las siguientes frases y decide si tienen una opinión positiva (P), negativa (N) o positiva y negativa (P+N).

Ejemplo: 1 P

La opinión de:

1 Fernando sobre salir a cenar
2 su hermana sobre el restaurante La Cocinita
3 Lorena sobre los restaurantes caros
4 Lorena sobre los camiones de comida
5 Diego sobre el restaurante italiano

6 su amigo Caín sobre el restaurante
7 Paulina sobre los camareros en los restaurantes de cadena
8 sus amigas sobre Paulina cuando salen a cenar

"Saboreando", mi blog sobre hostelería

Jueves, siete de mayo

Hola de nuevo, aquí estoy esta semana para dar mi opinión sobre tres restaurantes nuevos de los ocho que han abierto en Madrid esta semana.

La Cueva de Chema (Sobresaliente)

Este nuevo restaurante va a ser el nuevo local de glamur de la capital. Su decoración es espectacular, con lámparas y obras de arte de los años 20. Antes de ver el menú, ofrecen una degustación de tapas internacionales, un concepto nuevo: porciones pequeñas de los mejores platos típicos de otros países como el sushi japonés, el ratatouille francés o el risotto italiano, pero con un estilo diferente. El cocinero Julián Gascón tiene muy buen gusto y el restaurante es un éxito seguro.

Crítico de cocina, Antonio Peralta

Bahía Sur (Suspenso)

Este restaurante en pleno centro de Madrid decepciona ya solo al pasar. Es un local minimalista, pero es tan pequeño que no puedes moverte… simplemente hay siete mesas con sus sillas. El servicio fue deficiente y mi comida llegó a la mesa fría. Su menú consiste en pescados fritos típicos del sur, calamares, sardinas y pulpo… ¡pero el mío estaba crudo! Si no queréis una intoxicación, hay que evitar este restaurante. Representa lo peor de la capital.

La Contxa (Aprobado)

Este nuevo restaurante tiene su especialidad en los pinchos vascos. Los pinchos son la versión distinta de las tapas, que hacen en el País Vasco, en el norte de España. La carta contiene más de ochenta pinchos diferentes… y ese es el problema, porque es demasiado ambicioso. Hay algunos pinchos como el de pan tostado con anchoas y queso azul que es exquisito, pero otros, como el de tortilla de patata con salmón, son insípidos. Recomendaría reducir la carta y ofrecer más calidad en todos sus pinchos.

2 a Lee el blog en Internet del crítico de cocina Antonio Peralta y contesta las preguntas en español.

    1 ¿Cuántos restaurantes abrieron en Madrid en los últimos 7 días?

    2 ¿Qué piensa el crítico sobre el interior de La Cueva de Chema? (2)

    3 ¿Qué os ofrecen para degustar primero?

    4 ¿Dónde está el restaurante Bahía Sur exactamente?

    5 ¿Qué era el problema con los mariscos del crítico?

    6 ¿Cómo se llaman las tapas en el País Vasco?

    7 ¿Cuál es el problema con el restaurante La Contxa?

    8 ¿Cómo se puede mejorar este restaurante, según el crítico? (2)

2 b Lee las afirmaciones otra vez. Haz una lista de vocabulario con las palabras útiles del texto y apréndelas. Después, tradúcelas a tu propio idioma.

3 Los comparativos irregulares. Consulta D2 y D3 en la sección de gramática y escribe el comparativo irregular del adjetivo/adverbio indicado.

Ejemplo: 1 mejor

    1 La comida en el restaurante indio es (*buena*) .... que en el restaurante japonés.

    2 Prefiero desayunar un café porque el té sabe (*mal*) ....

    3 El agua es de (*grande*) .... importancia que la comida.

    4 Las tartas de chocolate de tu madre son (*malas*) .... que las de tu tía Manuela.

    5 Mis hermanas son (*grandes*) .... que tus hermanos.

    6 Sevilla jugó mal, pero el Betis jugó (*mal*) ....

    7 Mi coche es bueno pero el tuyo es (*bueno*) ....

    8 Este restaurante es el (*mal*) .... del barrio.

4 Responde a las siguientes preguntas con un(a) compañero/a de clase. Usa tu propia experiencia para responderlas o también puedes usar tu imaginación sobre la comida en restaurantes diferentes.

    1 ¿Cuál es tu restaurante favorito? ¿Por qué?

    2 ¿Qué tipo de comida sirven allí?

    3 Describe la última vez que fuiste a un restaurante de comida rápida.

    4 Explica una visita a un restaurante que vas a hacer pronto.

    5 ¿Prefieres comer en casa o en un restaurante? Explica tu respuesta.

5 Escribe unas 130–140 palabras sobre la experiencia que tuviste en un restaurante. Puedes usar la información de las respuestas en la actividad 4. Menciona:

    ● qué tipo de restaurante es y explica la elección

    ● la comida que pediste

    ● tu opinión de la decoración del restaurante

    ● tu opinión del servicio

    ● si volverías otra vez. Explica por qué (no).

2.5 Special occasions

2.5a ¿Cuándo es la celebración?

Embarque

★ **Informarse sobre los festivales y ocasiones especiales**
★ **Los números hasta 100**

La Fiesta Mayor de Santa Ana

Este año, la Fiesta Mayor cumple 50 años y es, en teoría, una fiesta para la gente joven. Pero hay pocas personas mayores y menos participación de adolescentes. La opinión de los que tienen menos de 20 años es:

	Positivo (%)	Negativo (%)
Tradicionales procesiones religiosas	10	90
Fuegos artificiales	65	35
Conciertos de música	70	30
Atracciones (gente joven)	25	75
Bailes folklóricos	15	85
Teatro (edades hasta 7 años)	20	80
Desfiles de disfraces	60	40
Castillos de arena (pequeños)	13	87

1 a Mira los dibujos. Escribe las letras que se corresponden con los dibujos.

Ejemplo: 1 E

1 desfiles de disfraces de carnaval
2 teatro para niños
3 bailes folklóricos
4 fantásticos castillos en la playa
5 atracciones populares de la feria
6 fuegos artificiales
7 procesiones religiosas tradicionales
8 fabulosos conciertos de música

1 b Lee el artículo y escoge las cifras que faltan. No necesitarás todas las cifras.

treinta	sesenta y cinco	veinte	quince	*setenta*
sesenta	trece	setenta y cinco	noventa	veinticinco

Ejemplo: 1 setenta

1 Contentos con los conciertos: el .... por ciento.
2 Los fuegos artificiales es la actividad más popular para el .... por ciento de los jóvenes.
3 Muy interesados en los castillos de arena: el .... por ciento.
4 Positivos con el teatro para niños: el .... por ciento.

5 Negativos con las atracciones populares de la feria: el .... por ciento.
6 Positivos con los bailes folklóricos: el .... por ciento.
7 Descontentos con las tradicionales procesiones religiosas: el .... por ciento.
8 Contentos con los desfiles de disfraces: el .... por ciento.

2 Vas a oír información sobre fiestas internacionales. Consulta la tabla. Escribe si la afirmación de la columna derecha es verdadera (V) o falsa (F).

Ejemplo: 1 V

Fiesta	Duración
1 Los desfiles del Carnaval de Río	8 horas
2 La cabalgata del Día de Reyes	13 horas
3 Año Nuevo en China	5 días
4 Festival de cine de Edimburgo	12 días
5 Festival hindú: Diwali	6 días
6 Celebración en India: Holi	16 días
7 Famosas procesiones de Semana Santa (Guatemala)	26 horas
8 Las Fallas (fuegos artificiales)	20 minutos

3 El sonido (silencioso) de la "h". Escucha esta frase y separa las palabras. Repite la frase tres veces, tradúcela a tu propia lengua y apréndela de memoria.

Ahorahayquehacerhuevosyheladosparaloshombresquehoyhacenhorasdetrabajo

4 Los números hasta 100. Consulta S1 en la sección de gramática. Escribe en números las cifras de las oraciones.

Ejemplo: 1 3

1 Voy a ver fuegos artificiales tres veces al año.
2 La celebración data del año cincuenta y siete.
3 Este verano hay festivales en quince capitales.
4 Las famosas procesiones empezaron hace cuarenta años.

5 Participo en esta fiesta desde los trece años.
6 Llevamos noventa minutos esperando el desfile.
7 Las celebraciones en India duran dieciséis días.
8 El año pasado cumplió treinta años.

5 Habla con tu compañero/a de una fiesta. Haz las preguntas siguientes y usa la tabla para ayudarte.

1 ¿Cuántos días duran las fiestas en tu ciudad?
2 ¿Desde hace cuántos años se celebran?
3 ¿Cuántas actividades se celebran?

4 ¿Cuántas personas de tu familia participan en las fiestas?
5 ¿Cuándo es el día más importante?
6 ¿Qué actividades prefieres?

La fiesta de mi pueblo / ciudad se llama [...]			
Dura		dos / tres / cuatro varios/as	días / semanas.
Hace			años que se celebra.
En la fiesta hay		actividades.	
En mi familia hay		personas que participan en la fiesta.	
El día más importante es el	miércoles / sábado / domingo	dos / tres / cuatro de	enero / junio / septiembre.
Prefiero los desfiles / los bailes / los fuegos artificiales / los conciertos.			

6 Escribe un párrafo sobre una fiesta de tu pueblo o ciudad. Usa la tabla de la actividad 5 para ayudarte. Debes escribir frases completas con más detalles si es posible.

Despegue

2.5b Cómo organizar una gran fiesta

★ **Organizar una celebración**
★ **Fechas y verbos impersonales**

A **B** **C** **D**

E **F** **G** **H**

1 Hay barbacoa mañana con Carmen. Va a hacer sol.

2 Hay que comprar comida para la fiesta: diez bocadillos diferentes, por ejemplo.

3 ¿Te apetece ir al cine el día catorce? Hay una película.

4 Conviene comprar refrescos del súper. ¿Vamos ahora que no llueve?

5 Hay fiesta de disfraces mañana. ¿Tienes ideas para la ropa? Llámame.

6 La fiesta es a las 4.30 del día veinte de agosto. Hay que ir en autobús.

7 La invitación es para el ocho de julio. En la cafetería si llueve.

8 Bastan dos entradas para el baile. Son caras.

 1 Lee los mensajes de teléfono y emparéjalos con los dibujos que correspondan.

Ejemplo: 1 H

 2 Vas a oír una conversación sobre la organización de una fiesta. Escucha con atención y selecciona la letra de la afirmación correcta.

Ejemplo: 1 B

1 A Sonia no necesita nada para el día 23.
 B Sonia explica que hay dos cumpleaños hoy.
 C Inés cumple 24 años hoy.

2 A Marcos cree que la fecha de los cumpleaños es el día 22.
 B Marcos quiere organizar una comida en un restaurante elegante.
 C Se menciona la posibilidad de celebrar los cumpleaños fuera de casa.

3 A Fina está preocupada por el tiempo.
 B Fina dice que siempre llueve en septiembre.
 C Rafa cree que es mejor dejar la celebración hasta más tarde.

4 A Rafa sugiere una barbacoa en casa de unos amigos.
 B Rafa dice que cuando hay una barbacoa siempre llueve.
 C Rafa cree que puede resolver el problema.

5 **A** Para la comida se necesitan comida y música.

    B Piensan que 12 botellas de bebida serán suficientes.

    C Deciden comprar lo que necesitan por la tarde.

6 **A** No necesitan a nadie más para hacer la compra.

    B Piensan ir juntos al supermercado.

    C Sonia no puede ayudarles.

3 Las fechas y los verbos impersonales. Consulta N21 en la sección de gramática. Escoge el verbo impersonal correcto y escribe las fechas en palabras.

Ejemplo: 1 hay / diez de agosto

    1 Si (*hay, hace*) .... problemas con la fiesta el día (*10/8*).........., llámame.

    2 (*Hay, Es necesario*) .... organizar la barbacoa para su cumpleaños — es el (*31/12*) ....

    3 Si (*llueve, hace*) .... frío durante la celebración del (*13/5*) ...., volvemos a casa.

    4 Si (*hay, llueve*) .... el domingo, organizamos la fiesta para el (*12/3*) ....

    5 No (*hay, hace*) .... que comprar nada para la barbacoa del día (*10/4*) .... ; está preparado ya.

    6 (*Llueve, Hay*) .... tiempo todavía porque los chicos no llegan hasta el (*19/9*) ....

    7 (*Hay, Hace*) .... un problema ese día: no vuelvo de América hasta el (*17/1*) ....

    8 Si .... (*hay, es necesario*) organizar una celebración, tiene que ser el (*11/6*) ....

4 **a** Trabaja con otra persona para realizar un juego de rol. La situación es la siguiente: "Estás en España y es tu cumpleaños. Tu amigo/a español(a) va a celebrar una fiesta para ti." Elegid los papeles — con el papel A inicias la conversación y con el papel B responses usando la tabla con ideas.

    1 A ¿Cuántos años cumples? B …

    2 A ¿Dónde te gustaría celebrar tu cumpleaños? B …

    3 A ¿Qué tipo de fiesta prefieres y por qué? B …

    4 A ¿Cómo celebraste tu cumpleaños el año pasado? ¿Qué te gustó más? B …

    5 A Después de la fiesta ¿dónde vamos a ir? B …

Cumplo / Voy a cumplir	15/16/17 años	mañana / pasado mañana / el martes		
Para una celebración prefiero	un sitio / un restaurante / una cafetería	bueno/a/ cerca	y	elegante / barato/a
Me encantan / Prefiero / Me gustan	las fiestas con mis amigos / las celebraciones con toda la familia	porque son interesantes		alegres
Hace un año	celebramos la fiesta	en una discoteca / con una fiesta de disfraces	lo mejor fue / me encantó	la música / el regalo
Después / Más tarde	vamos a / voy a	ir al centro / quedar	con los amigos para ir	al partido / al… / a la…

4 **b** Ahora cambiad de papeles y realizad el diálogo otra vez, sustituyendo otras palabras y expresiones de la tabla.

5 Escribe un correo a tu amigo/a para invitarlo/la a la fiesta de tu cumpleaños. Dile:

- cuándo empieza y dónde es la fiesta
- lo que hace falta para la fiesta
- qué tipo de fiesta va a ser (¿fiesta de disfraces? ¿con música?)
- dónde se celebra la fiesta si hace frío o llueve

Vuelo

2.5c ¿Qué pasó? ¿Cómo fue?

★ **Recordar un momento increíble del pasado**
★ **El pretérito indefinido (verbos irregulares)**

expo# Hace un año recibí una fabulosa invitación: participar en la fiesta de la Tomatina. ¡La foto es de cuando asistí a un espectáculo único! Hablé con varios jóvenes extranjeros y me di cuenta de las distancias que habían viajado para llegar a este pueblecito. Mi amigo me dijo que esto es normal. ¡Cuánta gente había!

coco# Tuvimos un problema con el tráfico porque hubo un atasco enorme en las afueras y como consecuencia ni nosotros ni muchas otras personas pudimos llegar a tiempo para ver el comienzo. Fue una pena y creo que las autoridades no hicieron lo suficiente para solucionar el problema.

tomi* Disfrutamos de la impresionante lluvia de tomates y cuando todos nos pusimos a tirar tomates era como una tremenda batalla vegetal. Al final me di cuenta de la cantidad de salsa de tomate — ¡como una piscina! Menos mal que hice caso a los consejos que me dieron y me protegí los ojos... pero no me hizo ningún daño y me encantó el ambiente.

sinodab A pesar de dos duchas, mi amiga siguió encontrando pepitas de tomate. Reconozco que la experiencia fue extraordinaria y que muchos lo pasaron bomba pero la verdad es que ella se sintió bastante incómoda ya que faltaban lugares para cambiarnos. Tuvo que llevar la ropa empapada hasta que llegamos al hotel.

1 Lee el foro y empareja los comentarios con las frases 1–6. Sobran dos comentarios.

Ejemplo: expo# 5

1 La alegría de esta fiesta solo tiene una pequeña desventaja para los vecinos: el ruido significa que, sin participar en la batalla de tomates, ellos terminan agotados también. Pero no se quejan y que ¡viva la fiesta!

2 Los aspectos negativos afectaron a bastantes jóvenes y el Ayuntamiento tendrá que hacer algo en el ámbito de la protección personal. Los robos ocasionaron varias quejas e incluso hubo dos denuncias en la comisaría.

3 El aspecto que desconcertó a muchos fue el problema de las instalaciones. Después de la fiesta la preocupación era dónde cambiarse. Uno se podía lavar en la calle pero realmente faltan unos vestuarios decentes.

4 Los problemas de irritación en los ojos de los participantes fueron leves. No afectaron para nada la experiencia que resultó ser tan animada. Todo el mundo disfruta de esta fiesta tan popular.

5 El elemento notable fue la cantidad de gente de distintas nacionalidades. Impresiona que viajaron de tan lejos para acudir a esta pequeña localidad. Se nota que no es una fiesta para gente mayor.

6 Las dificultades con la cantidad de personas que llegaron por carretera amargó la experiencia. La gente se quejó (y con razón), principalmente porque los embotellamientos provocaron unas grandes retenciones y largas esperas.

2 Vas a oír una conversación sobre el deporte. Escucha lo que dicen con atención. Elige las terminaciones correctas de la tabla y escribe las letras. ¡Atención! Hay terminaciones que no necesitas.

Ejemplo: 1 J

1 El clásico es
2 La rivalidad entre los clubes
3 La reacción de Marta al entrar en el estadio fue de
4 Al principio el equipo de Barcelona
5 El público local
6 La pérdida del Real Madrid provocó
7 El robo de la cartera de Marta
8 Para Marta el deporte le resultó

A una jugada del Real Madrid.
B demasiado tenso.
C fue un incidente sin importancia.
D sorpresa.
E tranquilo.
F tensión en el campo.
G se enfadó con el entrenador.
H reaccionó de forma violenta.
I empezó hace más de cien años.
J un encuentro entre dos famosos clubes de fútbol.
K tuvo una buena actuación.

3 Los verbos irregulares en el pretérito. Consulta N3 en la sección de gramática. En las frases siguientes, escoge la forma correcta del pretérito.

Ejemplo: 1 fueron

1 Los chicos (*ir*) .... al partido.
2 Anteayer (*hacer*) .... un tiempo ideal para el gran día.
3 Anoche nosotros (*tener*) .... la suerte de participar en la fiesta mayor.
4 (*Haber*) .... un embotellamiento en el centro ayer por la mañana.
5 Mis amigos (*saber*) .... el resultado ayer.
6 Yo no (*poder*).......... ir a la Tomatina por los exámenes.
7 Me (*decir*) .... mi amigo que es una fiesta famosa.
8 ¿Te (*poner*) .... la camiseta de Messi ayer para ir al fútbol?

4 Trabaja con tu compañero/a. Prepara estas preguntas sobre el deporte y otros eventos culturales.
1 ¿Qué tipo de encuentro o acontecimiento prefieres?
2 Describe un partido u otro encuentro cultural reciente (real o en la televisión).
3 ¿Cómo reaccionaste durante el partido o acontecimiento?
4 ¿Qué planes tienes para asistir a un concierto o partido en el futuro?
5 ¿Te gustaría asistir a otro tipo de encuentro ¿Por qué?

5 El fin de semana pasado recibiste una invitación para asistir a un espectáculo único (un partido importante o la fiesta más famosa de tu país). Parte de la invitación era una entrada privilegiada para ver toda la acción. Menciona:
- quién te invitó y por qué
- lo que ocurrió antes del espectáculo
- lo que pasó cuando empezó
- un problema que tuviste
- tus reacciones a la experiencia

Aquí está el principio. Continúa la historia. Debes escribir entre 130 y 140 palabras.
La semana pasada, recibí una invitación increíble...

2.6 Going on holiday

Embarque

2.6a Lo mejor de las vacaciones

★ **Hablar de los diferentes tipos de vacaciones**
★ **Comparativos básicos**

1 Raúl: ¿Lo mejor? explorar el Caribe — natural, relajante y tropical.

2 Marta: Me gusta hacer camping en un oasis y explorar.

3 Miriam: En verano me encanta hacer submarinismo y descubrir el mar.

4 José: Prefiero escuchar música y ver bailes emocionantes en una capital.

5 Gerardo: ¿Lo ideal para mí? Vacaciones de invierno: los deportes extremos son más emocionantes que ir a la playa.

6 Manuela: Practicar ciclismo — unas vacaciones perfectas con buen tiempo.

7 Conchita: Ir a un parque temático para ver las atracciones — divertido y barato.

8 Alejandro: Yo quiero descubrir la historia y vivir una aventura en las montañas.

A Argentina (Buenos Aires) – centro del tango y su historia; la capital musical
B Francia (París) – el mundo de Disney mucho menos caro que en América
C Australia – reservas marinas naturales, la costa del Pacífico
D Perú – increíbles montañas de los Andes y más historia india que en los libros
E Mallorca (España) – un clima ideal con condiciones perfectas para disfrutar de tu bici
F Andorra – montañas con nieve, deportes de invierno, emoción
G Costa Rica – tranquilidad, naturaleza tropical, temperaturas ideales
H Marruecos – desierto, (¡más calor que en la playa!) y tu mochila para una aventura

 1 Mira los intereses de los jóvenes y consulta la lista de destinos. Indica el destino que le corresponde a cada persona escribiendo la letra apropiada.

Ejemplo: 1 G

 2 Vas a oír la opinión de unos jóvenes sobre las vacaciones. Escribe la letra de la afirmación que es Verdad.

Ejemplo: 1 A

1 Julio prefiere…
   A las experiencias nuevas.
   B ir a la playa.

2 A Julio le gustan los deportes…
   A acuáticos.
   B extremos.

3 Merche quiere…
   A relajarse.
   B hacer deporte.

4 Merche prefiere…
   A estar cerca del mar.
   B estar en las montañas.

5 Pepe prefiere…
   A la cultura.
   B la playa.

6 Serena prefiere…
   A ayudar a la gente.
   B ir a un hotel.

7 Marcos dice que ir lejos…
   A es posible.
   B es muy caro.

8 Marcos quiere…
   A ganar dinero.
   B gastar dinero.

3 Las comparaciones. Consulta D1 en la sección de gramática. Para esta encuesta, incluye tus opiniones al escribir toda la oración.

Ejemplo: 1 Me gusta ir de camping más que visitar un hotel.

   1 Me gusta ir de camping (*más que / menos que*) .... visitar un hotel.
   2 Visitar un museo es (*menos interesante que / más interesante que*) .... tomar el sol en la playa.
   3 Los deportes extremos me gustan (*menos que / más que*) .... el fútbol.
   4 Para viajar, prefiero el avión porque es (*más práctico que / menos práctico que*) .... el autobús.
   5 Gasto (*más en viajes que / menos en viajes que*) .... en música.
   6 Descubrir un país nuevo es (*menos relajante que / más relajante que*) .... volver a un destino conocido.
   7 Me gusta viajar con amigos (*más que / menos que*) .... ir solo/a.
   8 Llegar es (*menos agradable que / más agradable que*) .... viajar.

4 El sonido "o" en español. Escucha esta frase y separa las palabras. Repite la frase tres veces, tradúcela a tu propia lengua y apréndela de memoria.

Enveranovisitolosososolosmonosenelzoo

5 Prepara unas respuestas detalladas a las siguientes preguntas. Usa la tabla a continuación para ayudarte en tus respuestas. Trabaja con tu compañero/a y haced turnos preguntando y respondiendo a las preguntas.
   1 ¿Te gusta más el mar que la montaña?
   2 ¿Qué tipo de vacaciones te gustan?
   3 ¿Te gusta más el deporte que la cultura?
   4 ¿Te gustan las vacaciones de verano o de invierno?

Prefiero Lo ideal son	las vacaciones de	mar / montaña verano / invierno hotel / camping deporte / cultura	porque	me gusta (n) prefiero me encanta(n)	el calor el sol la acción las experiencias nuevas
y es	más / menos	interesante tranquilo emocionante atractivo relajante		que	ir a un hotel hacer camping ir a la piscina

6 Prepara un póster sobre tus vacaciones ideales. Menciona tu destino especial y explica por qué te gusta esta clase de vacaciones.

Ejemplo: "A la montaña ¡es más emocionante que ir a la playa!"

Despegue

2.6b Informarse sobre las vacaciones

★ **Decidir adónde ir y qué hacer**
★ **Las preposiciones *por* y *para***

¡Hola Julio!

Ayer mencioné que, para tener más información para las vacaciones (Argentina y España), es posible llamar a la compañía que encontré. Mandé un correo y ellos me mandaron dos fotos con más información. Y ¿sabes lo mejor? ¡Son tres semanas en Argentina por solo 2.000 euros por persona!

El glaciar Perito Moreno, Argentina　　**Tapas**

Para mí, ir a Argentina va a ser una gran aventura y creo que hay tiempo para descubrir muchas cosas. Me encanta la idea de esquiar en el sur del país e ir de excursión por los glaciares. Dicen que el tiempo puede complicar las cosas y que para disfrutar de la experiencia es importante llevar la ropa correcta. Tengo casi un mes de vacaciones en diciembre, que es ideal para viajar allí porque es su verano.

El segundo viaje es a Madrid y es para probar las tapas. Lo voy a organizar para abril del año próximo. Como solo es un fin de semana, mi intención es llegar un viernes por la tarde, para saborear todas las tapas posibles — esto es lo más importante. Al día siguiente podemos descubrir la ciudad; como cuando fuimos a Berlín ¿te acuerdas? Lo pasamos bien ¿verdad? ¿Qué te parecen estas ideas? ¿Te interesa acompañarme?

Nos vemos mañana por la tarde y lo comentamos.

María

1　Lee el correo de María a su amigo Julio y contesta a las preguntas.

Ejemplo: 1 sus vacaciones
   1　¿Qué está organizando María?
   2　Además de las fotos, ¿qué información tiene María?
   3　¿Por qué quiere María ir a Argentina?
   4　Además de esquiar, ¿qué actividad quiere probar María?
   5　¿Por qué es importante llevar la ropa apropiada?
   6　¿Por qué piensa viajar a Argentina en noviembre y diciembre?
   7　¿Cuándo piensa viajar a Madrid?
   8　¿Cuál es el motivo principal de viajar a Madrid?

2　Vas a oír una conversación sobre la elección de unas vacaciones ideales. Juan (J), su mujer, Ana (A), y su hijo, Marcelo (M), entran en una agencia de viajes y hablan con la agente, Carmen (C). Escucha lo que dicen e indica quién dice qué.

Ejemplo: 1 J

La(s) persona(s) que…
1 llamó a la agencia de viajes.
2 cree que los cruceros no son interesantes.
3 cree que hay buenas actividades para los jóvenes en un crucero.
4 comenta que los cruceros son caros.

5 dice que ya probaron el turismo rural.
6 menciona que el turismo rural no funcionó.
7 menciona el precio de los deportes extremos.
8 están a favor de dos semanas en el Pirineo.

3 Las preposiciones *por* y *para*. Consulta P2 en la sección de gramática. Completa las frases con la preposición correcta (*por* o *para*).

Ejemplo: 1 por

1 Una excursión .... las montañas sería increíble.
2 Estas vacaciones son las mejores .... mí.
3 .... viajar a América del Norte es mejor ir en avión.
4 Prefiero cambiar las típicas vacaciones de sol y playa .... algo nuevo.
5 Los deportes son .... los jóvenes.
6 Siempre paso .... la agencia de viajes porque ayudan mucho.
7 Es la mejor oferta: dos días .... cien euros.
8 Es una idea fantástica .... los jóvenes y mayores.

4 a Trabaja con otra persona para realizar un juego de rol. La situación es la siguiente: "Un(a) amigo/a español(a) te llama por teléfono para hablar de las vacaciones." Elegid los papeles – con el papel A inicias la conversación y con el papel B respondes usando la tabla con ideas.

1 A ¿Cuándo empiezas las vacaciones este verano? B …
2 A ¿Tienes idea adónde te gustaría ir? B …
3 A ¿Qué vas a hacer allí? ¿No será muy aburrido? B …
4 A ¿Qué otras cosas hiciste el año pasado? B …
5 A ¿Prefieres ir de vacaciones con la familia o con los amigos? ¿Por qué? B …

Empiezan / Empiezo / Empezamos	las vacaciones	mañana / el lunes / hoy mismo		
Me gustaría ir / Tengo ganas de ir / Quiero ir	a la costa / al extranjero / de viaje en tren / a la playa			
Vamos a / La idea es / Quiero	practicar la vela porque es / ir a bucear pues es / ir de camping / hacer surf porque es	emocionante / atractivo / diferente	y	barato / nuevo / bonito
Hace un año	probamos / practicamos	el surf / la equitación / varios deportes	me gustó / me encantó	todo / la experiencia
Cuando voy de vacaciones	prefiero / me gusta más / lo mejor es	ir con los amigos / estar con la familia	así / de esta forma	tienes más libertad / me lo paso estupendamente

4 b Ahora cambiad de papeles y realizad el diálogo otra vez, sustituyendo otras palabras y expresiones de la tabla.

5 Escribe un correo a un(a) amigo/a. Convéncele/a de que te acompañe en tus próximas vacaciones. Menciona:
● dónde pasaste las últimas vacaciones
● el destino de las próximas vacaciones
● el tipo de vacaciones que estás planeando
● por qué crees que van a ser unas vacaciones ideales para los dos

vuelo

2.6c ¿El destino de siempre o vacaciones diferentes?

★ **Ponerse de acuerdo sobre el destino apropiado**
★ **El futuro**

Vacaciones para todos los gustos

1 Si no quieres volver al mismo sitio de siempre para tus vacaciones, nuestra oferta te interesará. Aprenderás a navegar y a bucear, y te explicaremos el ecosistema marino. ¡Fascinante!

2 ¿Harto del destino de siempre? ¿Buscas algo nuevo? Descubrirás la vida diaria de verdad. No en un hotel con las típicas vacaciones de playa, sino en un centro de refugiados. Vivirás y compartirás todo con ellos. Estarás colaborando en una labor humanitaria de gran importancia.

3 ¿Quieres saber más sobre los ordenadores, los móviles y las redes sociales? Nosotros te daremos todo lo que necesitas para convertirte en experto. ¡No te lo pierdas!

4 Te proponemos una experiencia radical. Estarás con alguien de tu edad de un país totalmente nuevo: irás a Argentina durante tres semanas — compartirás casa con un(a) joven de cultura diferente, que después volverá contigo y verá cómo vives tú.

5 Si ya estás planeando cómo encontrar experiencia laboral ¡esto es para ti! Te buscaremos los trabajos más relevantes, te informarás sobre tu carrera preferida y ¡ganarás dinero! Todo se organizará cerca de donde vives sin necesidad de viajar.

6 Si sueñas con algo distinto, nuestros cursillos son para cualquier persona interesada en la aventura. En un centro acreditado de gran profesionalidad que garantiza tu seguridad, probarás una serie de deportes extremos, con la ayuda de nuestros monitores expertos. Será una experiencia nueva.

A deportes extremos	**C** informática para todos	**E** experiencia laboral	**G** trabajo como voluntario
B motos y mecánica básica	**D** yoga para relajarse	**F** descubre el mar	**H** intercambio de país

1 Lee la información de la página web y escribe la letra del subtítulo que corresponde a los espacios. No necesitarás todas las letras.

Ejemplo: 1 F

2 a Vas a oír una conversación sobre las vacaciones. Escúchala con atención. Para cada pregunta hay dos afirmaciones correctas. Escribe las letras correctas.

Ejemplo: 1 C, …

  1 **A** Nieves irá a un cursillo de música para profesionales.
       B A Nieves no le interesa la idea de preparar un concierto.
       C Nieves no estaba muy segura de cómo le iría el taller.
       D Las referencias de los profesores son muy positivas.
       E El taller será bastante caro pero valdrá la pena.
  2 **A** El padre de Felipe y Begoña les propone un taller totalmente distinto.
       B El padre cree que ir en moto es peligroso.
       C Según el padre de Felipe y Begoña, llevar una moto implica saber de mecánica.
       D Felipe y Begoña aprenderán a ir en moto en este taller.
       E Felipe y Begoña creen que su padre no tiene razón con lo que dice del taller.

2 b Escucha la conversación otra vez y presta atención a la última sección (en que Nieves habla de sus planes para el mes de agosto). Contesta a las preguntas en español.

1 ¿Con quién irá Nieves a Mallorca?
2 ¿Qué va a hacer Nieves en Mallorca?
3 ¿Con quién entrenará?
4 ¿Por qué opina que la oferta es muy buena? (2)

3 El futuro. Consulta N6 en la sección de gramática. En las frases siguientes, escoge el infinitivo y después la forma correcta del futuro. Atención, porque hay más infinitivos que espacios.

viajar	*estar*	publicar	tomar	contar
comprar	correr	nadar	alojarse	trabajar

Ejemplo: 1 estaremos

  1 Nosotros .... con los amigos en las montañas este verano.
  2 Durante las próximas vacaciones yo me .... las cosas con calma.
  3 Ellos .... como voluntarios en vez de ir de vacaciones a la costa como siempre.
  4 Este verano yo .... en la piscina cada día.
  5 Mi hermano me .... si los cursillos de verano valen la pena.
  6 ¿Tú .... una semana en el mismo hotel de la costa?
  7 Este verano nosotros .... a una capital europea.
  8 Con suerte, la compañía pronto .... las ofertas de vuelos baratos.

4 Responde a estas preguntas con tu compañero/a. Haced turnos preguntando y respondiendo a las preguntas.
  1 ¿Adónde vas de vacaciones normalmente?
  2 ¿Dónde prefieres ir de vacaciones? ¿Por qué?
  3 ¿Fuiste al destino de siempre el año pasado?
  4 ¿Volverás al mismo sitio este año?
  5 ¿Es una buena idea volver siempre al mismo lugar para las vacaciones? ¿Por qué (no)?

5 Vas a tener la oportunidad de cambiar adónde vas de vacaciones. Escribe una carta a tu amigo/a para explicar el cambio. Debes escribir 130–140 palabras.
  • Describe qué hiciste durante las últimas vacaciones.
  • Menciona lo que más te decepcionó.
  • Explica la decisión de cambiar.
  • Menciona adónde irás y por qué.
  • Explica qué experiencias probarás en el futuro.

2.7 Family and friends abroad

Embarque

2.7a Con un poco de suerte... llegaré

★ **Intentar contactar con la familia en el extranjero**
★ **Los adjetivos de nacionalidad; los adverbios temporales**

A Yo me llamo Ana. Soy española pero ahora vivo con mi familia en Alemania.

B Soy Rubén. Mis padres son cubanos y llegaron a los Estados Unidos recientemente.

C Soy libanés y me llamo Mustafa. Hablo otros idiomas porque a menudo estoy en contacto con mis primos holandeses que viven en Amsterdam.

D Soy Judit. Mi tía es palestina y ya tiene el visado para ir a Inglaterra.

E Me llamo Ling; soy china. Voy a ir de viaje a Australia para ver a mis tíos pero antes necesito un visado.

F Soy Rolo. Unos chicos argentinos visitarán mañana; después uno del grupo viene a mi casa.

G A veces visito a mi abuela india (se llama Leila, como yo). Tiene problemas con algunas palabras inglesas y yo le ayudo.

H Mi nombre es Paula. Soy boliviana pero vivo en una casa francesa: siempre hablamos este idioma porque es la lengua materna de mi madre; ella es de origen canadiense, de Quebec.

1 Lee las descripciones. Escribe las letras de las respuestas correctas.

Ejemplo: 1 G

1 ¿Quién ayuda a su abuela?
2 ¿Quién tiene familia que va a ir a Inglaterra?
3 ¿Quién va a recibir una visita del extranjero?
4 ¿Quién tiene una madre del Canadá?
5 ¿Quién vive en Alemania?
6 ¿Quién prepara un viaje a Australia?
7 ¿Quién vive en Norteamérica?
8 ¿Quién tiene familia holandesa?

2 Vas a oír a unos jóvenes hablando de su familia. Elige las frases correctas y escribe las letras.

Ejemplo: 1 C

1 Malik quiere viajar…
  A a España.
  B a África.
  C a Inglaterra.

2 Ana piensa que ir a América va a ser…
  A fácil.
  B barato.
  C difícil.

3 Poli tiene problemas para visitar a su hermana porque…
  A no tiene papeles.
  B no le gusta Bélgica.
  C no tiene dinero.

4 El problema que menciona Ricardo es…
  A el idioma.
  B las vacaciones.
  C el tren.

5 Jes está preocupado porque…
  A no le gusta viajar.
  B el piso no es grande.
  C no puede vivir en un piso.

6 Para Aisha el viaje a Marruecos…
  A es un poco corto.
  B siempre es en avión.
  C es muy incómodo.

3 a Los adjetivos de nacionalidad. Consulta C2 en la sección de gramática. De las dos opciones a continuación, selecciona la correcta.

1 Todos mis amigos son (*españoles, españolas*).
2 Mi prima es (*catalán, catalana*) pero vive en Inglaterra.
3 Mis tíos tienen una casa en la costa de España, pero ellos son (*ingleses, inglesas*).
4 Hay un chico en clase que es de París y es (*francesa, francés*).
5 Mi hermana vive en Nueva Zelanda pero es (*australiano, australiana*).

6 Siempre vamos de vacaciones a Inglaterra pero también conocemos varias ciudades (*escocesas, escoceses*).
7 Mis padres son de origen (*holandeses, holandés*) pero viven en América.
8 Mi equipo nacional favorito es el (*argentino, argentina*) porque juega bien.

3 b Los adverbios temporales. Consulta K2 en la sección de gramática. Busca ejemplos de estos adverbios en la actividad 1. Escríbelos y tradúcelos a tu idioma.

Ejemplo: 1 ahora

4 Escucha la grabación y escribe la frase de forma correcta. Tradúcela a tu propio idioma.

Miguelunrefugiadodeorigengalésesungeniodelaguitarra

5 Usa estas preguntas para descubrir información de tus compañeros y apunta las respuestas. Utiliza la tabla de ideas a continuación.
1 ¿Cuántos países extranjeros conoces? ¿Cuáles son?
2 ¿Hay personas de otra nacionalidad en tu familia?
3 ¿Hablas más de un idioma?
4 ¿Viajas mucho al extranjero?
5 ¿Hay personas en tu familia que viven en el extranjero? ¿Quiénes son?

Conozco	varios / algunos / pocos / muchos	países como por ejemplo	Francia / España / Alemania / Australia / India / Estados Unidos	
Tengo compañeros	ingleses / americanos / libaneses / españoles / rusos / alemanes / chinos	y en casa me dicen que hablan	el español / el francés / el ruso / el alemán / el árabe	a menudo / diariamente / casi siempre / raramente
Tienen suerte pues van de viaje	a menudo / cada año / todos los veranos / durante las vacaciones		para / porque les gusta	relajar / ver a familia / explorar sitios / visitar a amigos
Nunca / Raramente / Pocas veces	voy al extranjero	pero creo que hay	cosas similares / muchas diferencias / pocas diferencias / cosas mejores	
Cuando Si		mi impresión es que la vida tiene		

6 Usa las oraciones de la actividad 5 y la tabla de ideas para escribir dos párrafos sobre los contactos de tus compañeros con el extranjero y menciona:
- si tienen familia en el extranjero
- su experiencia de la vida en otros países
- su experiencia de viajar
- los idiomas que hablan

Guarda tus respuestas para usar más tarde (en los exámenes, por ejemplo).

2.7b Nos mantenemos en contacto

Despegue

★ **Organizar contactos con la familia en el extranjero**
★ **Los pronombres demostrativos; distinguir entre *tú* y *usted***

1 a Vas a oír unas observaciones. Escucha lo que dicen y empareja los números con las letras.

Ejemplo: 1 A

A Habla de una visita a familia en el extranjero.
B Quiere una dirección.
C Necesita documentos oficiales.
D Contesta a un mensaje.

E Prepara un viaje en avión al extranjero.
F Organiza detalles para quedar con amigos.
G Busca información de alojamiento cerca.
H Pide información en varios idiomas.

1 b Escucha las observaciones otra vez. Decide si cada una es formal o informal y escribe las letras F (formal) o I (informal).

Ejemplo: 1 I

> Querida familia:
>
> Les escribo esto desde Buenos Aires, Argentina con un motivo – contactar con Vds. Nuestros abuelos se marcharon de España hace más de 100 años y desde entonces nunca nos escribimos. No sé si Vds. conocen este país pero es cierto que nosotros no hemos viajado a Europa.
>
> Pensamos que todo eso (me refiero a la falta de contacto) fue una pena y este es un buen momento para conocer un poco de la historia de nuestra familia original y escribirnos otra vez. Además, ¿quién sabe? De esto quizás salga algo positivo.
>
> Tenemos muy poca información de su familia: ¿cuántos hijos tienen? ¿en qué trabajan Vds.? ¿Cómo es su vida en España? El año pasado nosotros estábamos preocupados por la situación política de Argentina pero pensamos que aquello ya pasó. ¿Vds. han tenido problemas parecidos?
>
> Si Vds. desean continuar con todo esto, pueden ponerse en contacto con nosotros por carta, email o por teléfono.
>
> Un saludo de la familia argentina.

2 Lee la carta a la familia. Elige las frases correctas y escribe las letras.

Ejemplo: 1 B

1 En el pasado los abuelos de la familia argentina…
  A se marcharon de Argentina.
  B se fueron de Europa.
  C se escribieron desde América.

2 La familia argentina…
  A no conoce Europa.
  B no tiene información de su propio país.
  C es muy grande.

3 Los argentinos quieren saber más de…
  A la historia de su país.
  B la familia original.
  C las penas del pasado.

4 Los argentinos piensan que el contacto…
  A puede tener resultados positivos.
  B no resulta positivo.
  C es un momento histórico.

5 Los argentinos no tienen mucha información…
  A de la situación política.
  B del año pasado.
  C de la familia española.

6 La carta menciona un problema en Argentina:
  A la vida en general
  B el pasado
  C la política

3 Los pronombres demostrativos. Consulta E2 en la sección de gramática. De las opciones en el recuadro, selecciona el pronombre correcto.

esta	ese	aquello	eso	este
aquella	aquel	estos	estas	

1 Quiero comprar una camisa. Me gusta ………. que está al fondo del escaparate.

2 Mira al chico en la distancia, detrás de los otros… pues ………. es el primo americano.

3 Conoces a mi hija Natalia, ¿verdad? ………. es su hermano.

4 Vamos a comprar unos libros de aventura. ………. son los que no me gustan.

5 Nuestros primos viven en el extranjero y dicen que ………. es muy diferente a España.

6 ¡ ………. era broma!

7 De mis cuatro amigas que viven en Alemania, ………. dos son las que más inglés hablan.

8 La mejor cafetería de aquí cerca es ………. .

4 Trabaja con otra persona para realizar un juego de rol. La situación es la siguiente: "Tu amigo/a te invitó a pasar un fin de semana en su casa. Habláis por teléfono." Elegid los papeles – con el papel A inicias la conversación y con el papel B respondes usando la tabla con ideas.

  1 A ¡Qué ilusión hablar contigo! ¿Cuándo será mejor ir a tu casa? B …
  2 A ¿Cuál es la manera más fácil de ir? B …
  3 A ¿Hay mucho por hacer allí? ¿Hay piscina? ¡Ojalá! B …
  4 A La última vez que visité, ¿te acuerdas dónde y qué comimos? B …
  5 A ¿Qué otras cosas vamos a hacer el fin de semana? B …

Para venir a mi casa / Si vienes a casa	lo mejor es	mañana por la tarde / el próximo fin de semana / el día 2		
Es mejor venir / Es más fácil ir	en tren / en autobús			
Hay muchas actividades aquí / En casa hay de todo	podemos / se puede / una opción es	jugar al fútbol / nadar en la piscina / jugar al tenis	y	montar a caballo / dar un paseo
Hace un año	visitamos / probamos	un restaurante nuevo / la cafetería del centro	nos gustó / nos encantó	la cena / la comida
También el fin de semana	vamos a / hay la posibilidad de	visitar a unos amigos / ir de excursión / hacer escalada		descansar / tomarse un respiro / salir al cine / hacer una barbacoa

5 Recibes la carta del ejercicio 2. Contesta a la carta y menciona:
  ● tu reacción al recibir la carta
  ● si quieres mantener contacto con la familia argentina y por qué
  ● información sobre tu familia
  ● cómo piensas ponerte en contacto

vuelo

2.7c Preparando visitas

★ **Hablar sobre visitas a amigos y familia en el extranjero**
★ **El futuro (verbos irregulares); los adverbios de lugar**

La ilusión de viajar

Acabo de recibir una **1**.......... de mi tía, la que **2**.......... a
Marruecos con toda su familia y ahora vive arriba en un
barrio en las afueras de París. Me pregunta "¿Vendrás
aquí a visitarnos?" ¿Tendré que **3**.......... francés antes de
ir allá? ¿Me podrán entender en todas partes si hablo
inglés o español? ¿Serán muy diferentes las **4**.......... ?
Me imagino que cuando llegue lo sabré.

Ahora, lo primero que haré será **5**.......... los papeles que
voy a necesitar y cuando pueda, iré a la comisaría para
preguntar lo que **6**.......... . Después, en cuanto tenga un momento, saldré al centro
para ir a las tiendas cerca a ver si encuentro unos **7**.......... para llevar a mis primos
franceses/marroquíes. Seguro que tienen cosas buenas allí.

Habrá que buscar algo para mis tíos también. Les llamaré esta tarde y les diré que sí
que voy pero que quiero más información sobre el viaje: por ejemplo, si es más barato
ir en tren o autocar, si una vez que llegue a París tendré que coger un taxi y si ellos me
vendrán a **8**.......... en la estación.

En realidad, tengo muchas ganas de ir. El viaje será duro, probablemente, pero me
hará mucha ilusión ver cómo es la vida francesa... diferente de la vida de aquí en
España, seguro.

buscar	quizás	regalos	imagino
costumbres	*llamada*	necesito	llamaré
organizar	ganas	aprender	emigró

1 a Lee la entrada en el diario online. Escribe la palabra adecuada del recuadro
para rellenar los espacios. ¡Atención! Hay palabras que no necesitas.

Ejemplo: 1 llamada

1 b Busca las siguientes expresiones en el texto. Tradúcelas a tu idioma y añade
terminaciones diferentes.

Ejemplo: 1 Cuando llegue buscaré un hotel.

cuando llegue	cuando pueda	en cuanto tenga un momento	una vez que llegue

2 Vas a oír a dos jóvenes hablando sobre su familia. Para cada pregunta elige las dos frases correctas y escribe las letras.

Ejemplo: 1 A, …

   1 **A** Afram quiere saber si Jahmelia vendrá con ellos.
       B Ya está organizado el viaje de los primos de Afram.
       C La intención de Afram es ir a Holanda el jueves.
       D Afram quiere llegar a casa de sus primos el viernes.
       E Jahmelia podrá hablar con los primos el miércoles.

   2 **A** El padre de Jahmelia estará de acuerdo con el viaje.
       B Al padre de Jahmelia le preocupará la idea del viaje.
       C Jahmelia tendrá que viajar con su padre.
       D Jahmelia hará lo que pueda para persuadir a su padre.
       E Jahmelia explicará el problema a los primos de Afram.

3 **a** Los verbos irregulares del futuro. Consulta N6 en la sección de gramática. Escribe la forma correcta del verbo en el futuro.

Ejemplo: 1 saldremos

   1 Nosotros .... en el tren de la noche. (*salir*)
   2 Tú .... encontrarnos en la estación, en la parte de arriba. (*poder*)
   3 Dentro del piso nuevo .... mucho más sitio. (*haber*)
   4 Yo .... que rellenar la documentación que necesito. (tener)
   5 Mis amigas te .... dónde se encuentra la oficina que necesitas. (*decir*)
   6 ¿Vosotros .... la compra juntos esta tarde? (*hacer*)
   7 ¿ .... tus primos con nosotros esta vez? (*venir*)
   8 Yo .... a estudiar para sacar buenas notas. (*ponerse*)

3 **b** Consulta el ejercicio 1 para buscar los seis diferentes adverbios de lugar utilizados. Escríbelos y tradúcelos a tu idioma.

Ejemplo: arriba

4 Responde a las preguntas con tu compañero/a. Puedes inventar tus respuestas.
   1 ¿Cuándo viajas al extranjero normalmente?
   2 ¿Cómo viajas al extranjero?
   3 La última vez que fuiste al extranjero ¿con quién fuiste? ¿Qué fue lo que más te gustó?
   4 ¿Qué viajes tienes planeados en el futuro?
   5 ¿Cuáles fueron tus impresiones de los otros países que visitaste? En comparación con tu país ¿eran muy diferentes?

5 Estás preparando un viaje para visitar a unos familiares que viven en el extranjero. Explica cómo será la visita. Debes escribir entre 130 y 140 palabras. Menciona:
- cómo y cuándo llegarás
- a quién te gustará ver y por qué
- la última vez que viste a esta familia
- el regalo que les llevarás
- qué actividades te gustaría hacer con tus familiares y por qué

Vocabulario

2.1a Te presento a toda mi familia

adoptivo/a, adoptado/a adopted
atractivo/a attractive
el bebé baby
bonito/a pretty
compromedido/a engaged
el cumpleaños birthday
divorciado/a divorced
(estar) embarazada (to be) pregnant
la esposa wife
el esposo husband

feo/a ugly
los gemelos twins
genial fantastic
gordo/a fat
el/la hijo/a único/a only child
maleducado/a impolite
la mascota pet
el matrimonio marriage
los mellizos (unidentical) twins
nervioso/a nervous

el/la nieto/a grandson/granddaughter
el/la padrastro/a stepfather/stepmother
el pariente relative
el pasatiempo hobby
el/la primo/a cousin
el/la prometido/a fiancé/fiancée
quieto/a still, calm
rápido/a quick
rizado/a curly
el/la sobrino/a nephew/niece

2.1b Una foto de ti… en palabras

altísimo/a very tall
bajo/a short
corto/a short
(ser) criado/a (to be) raised
delgado/a thin, skinny

las gafas glasses
liso/a straight (hair)
(llevar) audífono/sonotone (to wear) a
  hearing aid
mayor old(er)

moreno/a brown
ondulado/a wavy
la piel skin
rubio/a fair (haired)
tranquilo/a calm, quiet

2.1c ¿Cómo es tu carácter?

aburrido/a boring
absurdo/a silly
animado/a lively
ansioso/a anxious
la ansiedad anxiety
cobarde cowardly
curioso/a curious
desordenado/a untidy
divertido/a fun
estúpido/a stupid

grueso/a thick
la estrella star
hablador(a) talkative
maleducado/a rude
el optimismo optimism
optimista optimistic
perezoso/a lazy
el pesimismo pessimism
pesimista pesimistic
popular popular

simpático/a nice
solitario/a lonely
soltero/a single
tacaño/a mean
tímido/a shy, timid
tonto/a silly
trabajador(a) hardworking
vago/a lazy

2.1d Las relaciones familiares

aguantar to put up with
antipático/a unpleasant
discutir to argue
echar de menos to miss
la edad age
gracioso/a funny

el/la hermano/a mayor/menor older/
  younger brother/sister
la infancia childhood
la juventud youth
llevarse bien/mal con to get on well with
llorar to cry
el/la menor smallest, youngest

la paga pocket money
portarse bien/mal to behave well/badly
salir juntos to go out together
el sexo sex
tener (algo) en común to have something
  in common
tener razón to be right

2.2a Los pasatiempos en casa

el ajedrez chess
el canto singing
casero/a homemade
cocinar to cook
el cómic comic
coser to sew
demasiado too, too much
el deporte sport

la guitarra guitar
el instrumento instrument
el juego de mesa board game
jugar to play
leer (un libro) to read (a book)
la moda fashion
el pasatiempo hobby
el piano piano

la práctica practice
practicar to practise
la receta recipe
la revista magazine
tocar to play (an instrument)

2.2b La rutina de todos los días

acostarse to go to bed
antes before
ayudar to help
cepillarse los dientes to brush your teeth
el cepillo (de dientes/del pelo) (tooth/hair) brush
el champú shampoo
el desodorante deodorant
el despertador alarm clock
despertarse to wake up
después afterwards, later, then
desvestirse to get undressed
ducharse to have a shower
el gel de baño shower gel

el jabón soap
junto/a joined (together)
lavarse to have a wash
levantarse to get up
llegar to arrive
el maquillaje make-up
maquillarse to put on make-up
mientras while
mientras tanto meanwhile, in the meantime
ocupado/a busy
parar(se) to stop
la pasta de dientes toothpaste
peinarse to comb/brush one's hair
el peine comb

ponerse to put clothes on
preparar to prepare
previo/a previous
pronto soon
quitarse to take off
relajarse to relax
solo/a alone
tarde late
temprano early
tener tiempo to have time
la toalla towel
vestirse to get dressed
volver to return, to come back

2.2c Las tareas domésticas

al aire libre outdoors
alrededor around
arreglar la casa to clean the house
arreglar el jardín to do the gardening
el césped lawn
cortar to cut
cultivar to grow
la finca country house, estate
fregar to scrub, to wash

hacer la colada to do the laundry
limpiar to clean
la media average
ordenar la casa to tidy up the house
pasar la aspiradora to hoover, to vacuum
perezoso/a lazy
planchar to iron
plantar flores/verduras to plant flowers/ vegetables

poner/quitar la mesa to set/clear the table
proteger to protect
el quehacer chore
quitar el polvo to dust
recoger to pick up, to tidy up
sacar la basura to take the rubbish out
la tarea task
trabajar to work

2.3a Disfrutando del tiempo libre fuera de casa

aburrido/a boring
el/la aficionado/a fan, supporter
afortunadamente fortunately
el atletismo athletics
el baloncesto basketball
estar cansado/a to be tired
competir to compete
el concierto concert
dedicar(se) a to concentrate on

divertirse to enjoy oneself
el entrenamiento training
entretenido/a fun
el/la fan/fanático/a fan, supporter
la medalla medal
normalmente normally
el partido match, game
pasarlo bien to have a good time
el pasatiempo hobby

la pesca fishing
pescar to fish
rápidamente quickly
realmente actually, really
sociable friendly
verdaderamente really
el yoga yoga

2.3b Pensando en los planes y las invitaciones

aceptar una invitación to accept an invitation
apetecer to fancy feel like doing something
el bocadillo sandwich
de acuerdo OK
económico/a cheap
la entrada ticket

Gracias, pero no puedo. Vamos a hacerlo otro día. Thank you, but I can't. Let's do it another day.
necesitar to need
organizar to organise
probar to try
pronto soon
quedar(se) to stay

¿qué tal si...? what if?
rechazar una invitación to turn down an invitation
reservar to book
sacar (entradas) to buy (tickets)
el sitio place
la vuelta return

2.3c Una semana maravillosa

en absoluto not at all
el ambiente atmosphere
a principios at the start (of the month)
la contaminación pollution
desaparecer to disappear
fascinar to fascinate
impresionante impressive
increíble incredible

inolvidable unforgettable
llamar la atención to call attention
la madrugada early morning
el nivel level
opinar to have an opinion
el paisaje landscape, scenery
el paraíso paradise
el regreso return

el retraso delay
retrasado/a delayed
sorprender to surprise
tardar to take time
tener ganas de to feel like (doing something)
tirar (de) to pull
viajar to travel

2.4a ¡Camarero, por favor!

a la plancha grilled
la aceituna olive
la albóndiga meatball
la barra loaf
el bocadillo sandwich
el bol bowl
los calamares squid
la copa cup
la cuenta bill

la gamba prawn
la gaseosa fizzy drink
la lata can, tin
pedir to ask for
el plato dish
el plato principal/el segundo plato main course
¡Que aproveche! Enjoy your meal!
la ración portion, serving

tener ganas de to feel like (doing something)
tener hambre to be hungry
tener sed to be thirsty
traer to bring
el trozo slice
el vaso glass

2.4b De cena en el restaurante

a buen precio cheap
el batido milkshake
el/la camarero/a waiter/waitress
claro/a light, clear
el/la cliente customer
la cosa thing
crudo/a raw
la década decade

enseguida straight away
la entrevista interview
la estrella star
el ingrediente ingredient
lento/a slow
el melón melon
el mundo world
nuevo/a new

la pera pear
el pimiento pepper
por supuesto of course
el sabor taste
la sopa soup
típico/a typical
único/a unique
usar to use

2.4c ¡Hoy comemos fuera!

abrir to open
aprobar to pass
el camión truck, lorry
la carta letter, menu
el/la cocinero/a chef, cook
de nuevo again

distinto/a different
especial special
estupendo/a fantastic
el éxito success
el gusto taste
el local property

el nivel level
la obra work
ofrecer to offer
según according to
la tortilla tortilla (Spanish omelette)
variado/a varied

2.5a ¿Cuándo es la celebración?

acompañar to accompany
la actividad activity
la arena sand
celebrar to celebrate
el cumpleaños birthday
el disfraz disguise

la diversión fun
durar to last
emocionante exciting, thrilling
famoso/a famous
la fecha date
el festival festival

la fiesta celebration, fiesta
los fuegos artificiales fireworks
increíble amazing
el problema problem
tradicional traditional

2.5b Cómo organizar una gran fiesta

al aire libre outside
apetecer to feel like (doing something)
el baile dance
la bebida drink
la comida food

convencido/a convinced
la fecha date
felicidades congratulations
la fiesta de disfraces fancy dress party
invitar to invite

organizar to organise, to arrange
pasarlo bien to have a good time
el refresco soft drink
el/la vegetariano/a vegetarian

2.5c ¿Qué pasó? ¿Cómo fue?

anteayer the day before yesterday
el/la aficionado/a supporter
el ambiente atmosphere
asistir to attend
conocido/a well-known
darse cuenta to realise
disfrutar to enjoy

el encuentro meeting
la entrada ticket
el equipo team
el espectáculo spectacle, event
el estadio stadium
la irritación irritation
irritado/a irritated

irritar(se) to irritate
pasarlo bomba to have a good time
el público spectators
la sorpresa surprise
superior better, more effective

2.6a Lo mejor de las vacaciones

agradable pleasant, nice
barato/a cheap
cálido/a warm
caro/a expensive
Centroamérica Central America
la cima top, summit
la ciudad city
la colina hill
conocido/a famous

los deportes extremos extreme sports
descubrir to discover
el destino destination
disfrutar to enjoy
divertido/a fun
el elefante elephant
emocionante exciting, thrilling
hacer camping to go camping
el invierno winter

el león lion
la montaña mountains
la mosca fly
el tigre tiger
tomar el sol to sunbathe
tranquilo/a calm, quiet
el verano summer

2.6b Informarse sobre las vacaciones

la agencia de viajes travel agency
la Antártida Antarctic
el Ártico Arctic
Australasia Australasia
la aventura adventure
comentar to comment
el crucero cruise

descubrir to discover
disfrutar to enjoy
el embarcadero quay
el ferry ferry
ir de excursión to go hiking
el muelle quay
Oceanía Oceania

la oferta offer
el precio price
probar to try
saborear to taste
surfear to surf
el turismo rural rural tourism
viajar to travel

2.6c ¿El destino de siempre o vacaciones diferentes?

alojarse to stay (in accommodation)
aprender to learn
asqueroso/a disgusting
cambiar to change
colaborar to work with, to collaborate

compartir to share
el cursillo (short) course
el destino destination
estar harto/a to be fed up
el lujo luxury

la oferta offer
probar to try
radical major, total
la ventaja advantage

2.7a Con un poco de suerte… llegaré

ahora now
a menudo often
ayudar to help
la cita date, meeting
diariamente daily, every day
encantado/a de conocerte nice to meet you

el extranjero abroad
genial great
el idioma language
incómodo/a uncomfortable
ir de viaje to travel, to go travelling
la lengua materna mother tongue
necesitar to need

pronto soon
raramente/rara vez rarely
recientemente recently
el/la refugiado/a refugee
siempre always
el visado visa

2.7b Nos mantenemos en contacto

el apellido surname
desde since
la dirección address
el folleto leaflet
gratis free
intentar to try
¡ojalá! I wish

los papeles documents
parar(se) to stop
parecido/a similar
pedir to ask for
las penas troubles
preocupado/a worried
¡Qué bien! How nice!

¡Qué ilusión! Fantastic!
¡Qué lástima! What a pity!
quizás maybe
tomarse un respiro to take a break/breath
el vuelo flight

2.7c Preparando visitas

las afueras outskirts
aprender learn
el ayuntamiento town hall
el barrio area, neighbourhood
la comisaría police station
contar to tell, to say
contar mentiras to tell lies
la costumbre custom

cuanto antes as soon as possible
duro/a hard, tough
emigrar to emigrate
en realidad actually
el esfuerzo effort
esperar to wait (for)
hacer(le) ilusión to make (somebody) excited

llevarse (bien) con to get on (well) with
el piso flat, apartment
pobre poor
ponerse a (hacer algo) to begin to do something
el regalo present
una vez que (llegue) once (I arrive)

¿Sabías que...?

País

Argentina tiene frontera con Chile, Bolivia, Brasil, Paraguay y Uruguay. Tiene unos 40 millones de habitantes y la capital es Buenos Aires. El español es la única lengua oficial, pero con algunas diferencias con el español peninsular (en el español hablado en Argentina, el *vos* se usa como equivalente a *tú*). Hay unos 25 idiomas indígenas (unas 200.000 personas hablan guaraní, sobre todo en Corrientes y Misiones en el norte del país). Argentina es un país de inmigración: los italianos, los alemanes, los ingleses y los árabes tienen comunidades grandes aquí. Incluso hay una comunidad de inmigrantes del País de Gales que conserva su lengua. Vive en la región de Patagonia.

La moneda del país es el peso.

La bandera tiene tres rayas horizontales: la del centro es blanca y las otras dos son de color azul celeste. En el centro de la bandera hay un dibujo de un sol.

Argentina es el segundo país (en tamaño) de América del Sur y tiene la montaña más alta del Hemisferio Sur, que se llama Aconcagua.

Capital

Buenos Aires es la capital más visitada por turistas en América del Sur. Un baile, el tango, se inventó en Buenos Aires y es famoso en todo el mundo. Es un baile de grandes pasiones y mucha energía. La Boca es un barrio originalmente muy pobre, de Buenos Aires, famoso por sus impresionantes edificios de colores.

En la capital, una de las plazas más famosas se llama Plaza de Mayo. En esta plaza se organizaron protestas contra el gobierno durante la época de los "desaparecidos".

Política

- El Presidente Mauricio Macri ganó las elecciones en 2015.
- Un conflicto político que terminó en guerra ocurrió en 1982 en las Malvinas (en inglés Falklands), unas islas en el Atlántico Sur.

Clima

El clima del país es muy variado, con extremos de calor y frío, además de zonas templadas y de mucha lluvia. Perito Moreno es el nombre de un glaciar en el sur del país.

1 Lee la información sobre Argentina y, después de dibujar la tabla, escribe la información que falta.

Número de países con frontera con Argentina	5
Población en millones de personas	
Nombre de la lengua oficial	
Número de personas que hablan guaraní	
Año en que Mauricio Macri ganó las elecciones	
Nombre de una plaza famosa de la capital	

2 Hay muchos argentinos famosos (y ¡no todos son futbolistas!... aunque aquí encontrarás a dos). ¿Sabes quiénes son estas personas? En las descripciones hay pistas para ayudarte...

1 Lionel "Leo" Messi

2 Jorge Mario Bergoglio

3 Eva Perón

4 Diego Maradona

5 Ernesto "Che" Guevara

A Futbolista argentino, delantero, votado mejor jugador del siglo en el año 2000. Famoso por la expresión ("la mano de Dios") usada para describir uno de sus goles.

B Actriz, casada con un presidente de la República Argentina, convertida en personalidad política y recordada más tarde en las producciones musicales y en una canción en especial cantada por Madonna en una película de 1996.

C Futbolista argentino que juega en España desde los trece años. Votado "FIFA Ballon d'Or" (mejor jugador) cinco veces (cuatro años consecutivos). Delantero que al final de la temporada 2015-2016 fue el primero en anotar 300 goles en La Liga (española).

D Líder de la iglesia católica en Argentina durante 10 años, elegido Papa (con el nombre de Francisco) en el año 2013.

E Revolucionario que luchó al lado de Fidel Castro en Cuba.

3 Lee el texto sobre Iguazú y la calificación de los visitantes. Decide si tienen una opinión positiva (P), negativa (N) o positiva y negativa (P+N) del destino turístico.

Iguazú, destino turístico

Este es el nombre de las cataratas más extensas del país (y de América del Sur, porque no sólo se ven desde Argentina). El río desciende entre Brasil y Argentina hasta llegar a este punto: aquí las aguas caen desde unos 80 metros de forma abrupta y producen un espectáculo único.

Las famosas cataratas: ¡espectáculo garantizado!

- Pasear por la selva, descubrir la naturaleza tropical, visitar la increíble caída de agua en La Garganta del Diablo: todo esto está incluido en la visita. Además se puede andar por el puente sobre las aguas, justo cuando empiezan a caer. ¡Vistas inolvidables!

- Para vivir la emoción al pie de las cataratas, lo mejor es subir a una lancha para llegar hasta donde cae el agua. Hay salidas regulares y la emoción dura media hora. ¡Atención porque nos mojaremos!

- Para precios, preguntar en la recepción de su hotel.

Calificación de los visitantes

Toro3 "Tenía crema protectora pero me picaron los mosquitos y me mojé completamente."

missp4 "Una sensación increíble. Hay que tener cuidado con los insectos e ir con mochila impermeable pero el espectáculo vale la pena."

dot1 "Vista maravillosa desde una lancha, mirando hacia arriba, con el ruido inmenso de la caída de agua, tres arco iris en el cielo y agua por todas partes."

Vuelo

Revista

Cataluña ¿Centro de innovación o destino turístico?

Un día en la vida de Laura, estudiante de Barcelona

En la capital hay varias universidades con estudiantes de todo el mundo. Actualmente Laura está a punto de terminar la carrera de Fotografía y Creación Digital y explica cómo es un día para ella.

"Últimamente he intentado documentar en 3D los edificios emblemáticos de Barcelona, y ayer fue un día típico para mí. Salí temprano porque para hacer un buen trabajo en el Barrio Gótico, con sus estrechas calles medievales llenas de sombra, necesito una luz dispersa con matices, sin demasiados contrastes. Sé que esta zona se llena de turistas hacia el mediodía, así que evité las Ramblas, la avenida más popular. Decidí entrar en una iglesia (Santa María del Mar), que con sus delgadas columnas era perfecta. Saqué ocho fotografías, desde planos generales del entorno hasta imágenes detalladas de las piedras, y estuve un par de horas, pues se necesita paciencia para lograr un buen resultado.

Casa Batlló: fachada

Si quiero imágenes con mucho color, me paro en una de las casas de Gaudí, el famoso arquitecto que trabajó aquí a principios del siglo pasado. La Casa Batlló es un buen ejemplo: la fachada está llena del azul del mar y la textura de los detalles de la cola del dragón es espectacular. También me encanta trabajar en el Park Güell, con el famoso 'trencadís'* de Gaudí y sus líneas que nunca son rectas.

Volví a casa y escogí las mejores fotografías (las que tenían una buena exposición y una gama de colores interesante), que me ayudarán a crear un modelo 3D del edificio. Para complementar, con la ayuda de programas específicos, crearé una superficie 3D, donde colocaré la maqueta del edificio, acompañada de las imágenes reales.

La parte más interesante del proyecto vendrá cuando trabaje en la Sagrada Familia, el templo inacabado de Gaudí, precisamente porque todavía está en construcción y cambia cada día.

"Trencadís" del Park Güell

Este proyecto es un encargo de la Diputación de Turismo: promueven el turismo de calidad, la historia y el arte. Si hago un buen trabajo y en la Diputación están contentos, me pagarán muy bien."

* "trencadís": término para describir los azulejos rotos y vueltos a componer en mosaicos irregulares

1 Lee el artículo sobre Laura, la fotógrafa, y escribe apuntes en español sobre: su carrera, su proyecto, el Barrio Gótico, las Ramblas, la Sagrada Familia y el "trencadís".

2 Barcelona es la capital de Cataluña, pero ¿cuánto sabes de esta ciudad? En la información sobre la capital (página 107) faltan cifras… Intenta descubrirlas… Tendrás que deducirlas usando un poco de lógica… o adivinando…

| 750.000 | 37 | 71.000 | 3,2 millones | 1,5 millones | 764 |

Originalmente Barcelona creció porque era un puerto importante del mar Mediterráneo; su papel comercial continúa, pero ahora también es uno de los primeros destinos mediterráneos para cruceros. En 2015 llegaron **(1)** (el equivalente de más de dos cruceros por día durante todo el año) y en parte esta cifra explica el gran número de turistas estadounidenses en la capital catalana, **(2)** (solo superado por los 800.000 ingleses). Su aeropuerto, también a orillas del mar, recibió a más de **(3)** millones de pasajeros este mismo año. La razón de estos movimientos masivos es el turismo y la estadística lo demuestra: **(4)** de personas visitaron el estadio del Fútbol Club Barcelona y un poco más del doble entraron en la Sagrada Familia **(5)**, el templo inacabado de Gaudí. La mayoría de los turistas se queda una noche (como mínimo) en la capital, que tiene unas **(6)** plazas hoteleras.

Blanes, Costa Brava

Para los que quieren sol y playa, la Costa Brava empieza a 70 kilómetros al norte de la ciudad, exactamente en Blanes, primer pueblo de esta costa rocosa.

¿Cataluña o Catalunya?

No parece muy importante esta distinción, pero el idioma forma parte de la lucha por la independencia.

Tú ¿qué opinas?

- Cataluña ¿debe ser un país independiente?
- ¿El catalán debería ser el idioma principal en los colegios?

El tema genera controversia: aquí cuatro personas dan su opinión.

pato#	Esta nación tiene cultura e historia propias. Durante la dictadura de Franco incluso se prohibió el catalán en público y nunca volveremos a esta situación de los años después de la Guerra Civil. El uso del catalán en los institutos es esencial para Catalunya.
real3	Tenemos derecho a la independencia y queremos controlar nuestra economía. Tenemos industria y ambición comercial. No dependemos de Madrid.
ind1a	El separatismo es un desastre para el estado español. Solo podemos ser fuertes trabajando juntos. Además sería anticonstitucional.
moncho	Hay muchas comunidades autónomas en España, y funcionan. Creo que los separatistas exageran, aunque entiendo que el Estado español no quiere perder a Cataluña.

Rincón del examen B1

Estrategias para preparar un tarea escrita corta

1 a Lee la tarea y trabaja con tu compañero/a para familiarizarte con el contenido.

Hoy empiezas tu segunda semana en un colegio nuevo. Escribes en tu blog. Menciona:

Mi colegio nuevo

● ¿Qué actividades vas a hacer hoy?

● ¿Cómo son tus nuevos compañeros de clase?

● ¿Qué piensas de la comida en tu colegio?

● ¿Cuáles son las clases que más te gustan, y por qué?

Debes escribir 80–90 palabras en español.

1 b Lee la lista de estrategias y decide a cuál de estas cuatro categorías pertenecen:

A Útil para la fase de preparación, pero no durante el examen

B Antes de empezar la tarea

C Mientras escribes

D Al revisar tu trabajo

Estrategias

1 Contesta a todas las preguntas de la tarea.
2 Lee las instrucciones con cuidado.
3 Contesta a las preguntas en el orden en que aparecen.
4 Investiga si una de las preguntas tiene dos partes (en este caso es la última).
5 Escribe todas las palabras útiles que se te ocurran sobre la tarea.
6 Usa un párrafo nuevo para cada pregunta.
7 Busca palabras nuevas útiles en un diccionario, apúntalas y apréndelas.
8 Organiza las palabras que tienes calculando que puedes usar 20 para cada pregunta; así quedan 10, por ejemplo para la pregunta que tiene dos partes.
9 Intenta no pasar de las 90 palabras.
10 Escribe frases completas, asegurándote de que has enlazado las más cortas con una conjunción.
11 Decide qué tiempos verbales vas a necesitar.
12 Céntrate en los verbos (concordancia).
13 Asegúrate que tienes la forma correcta para los adjetivos.
14 ¿Tienes un par de construcciones negativas? Asegúrate.
15 Cuando das una opinión ¿está justificada?
16 Asegúrate de que no hay faltas tontas.

Posibles versiones

2 Lee las dos versiones de la misma tarea. Inmediatamente da tu opinión: ¿cuál te parece mejor? A continuación usa la lista del ejercicio 1b para comparar las versiones apuntando cuántos consejos **no** se usan en la versión inferior.

Primera versión

Hoy empieza la segunda semana en el colegio nuevo. Llego a casa a las cinco. En mi familia hay tres personas. Mi pasatiempo favorito es el fútbol. Tengo un compañero de clase nuevo: se llama Marcos y es su cumpleaños hoy. Es un día normal en el instituto y no es posible celebrar su cumpleaños. No me gustan los días normales, me gustan los domingos, pero no hay instituto el domingo.

Segunda versión

Esta tarde empezamos con el fútbol: me encanta. Tenemos partido contra otro instituto.

Conozco a varias personas ya: son unos chicos simpáticos que viven cerca. Hay una chica nueva también — es muy inteligente.

Comemos bastante bien en mi colegio porque hay una cafetería y la selección es buena. Mi plato favorito es la ensalada, sin embargo preparan una pasta muy rica.

Las clases de inglés son mis favoritas porque el profesor sabe mucho. La historia es interesante porque es útil y me gustan las investigaciones que hacemos sobre momentos importantes.

Te toca a ti...

3 a Trabaja con tu compañero/a. Leed la tarea siguiente y usad la lista de consejos para pensar cómo se podría mejorar la respuesta.

3 b Trabajad por separado para producir vuestras propias respuestas.

3 c Analiza la respuesta de tu compañero/a y trabajad juntos/as para escribir una respuesta todavía mejor.

Un fin de semana ideal

- ¿Cómo es tu rutina normal un sábado por la tarde?

- ¿Por qué es especial este fin de semana?

- ¿Con quién pasas el tiempo?

- ¿Qué actividad te gustaría más hacer? Explica por qué.

Escribe 80–90 palabras en español.

vuelo

Rincón del examen B2

Cómo lucir en el juego de roles

Para hacer bien el juego de roles, mucho depende de aplicar correctamente las estrategias necesarias. Éstas son:

> 1 Comprender plenamente las preguntas.
> 2 Dar información correcta y exacta.
> 3 Demostrar el uso de la entonación y el registro lingüístico correctos.
> 4 Contestar con espontaneidad.

A Comprender plenamente las preguntas

1 a Empareja los interrogativos de la lista A con las contestaciones de la lista B. Haz una lista de los interrogativos. Apúntalos y memorízalos.

Ejemplo: A1 y B2

Lista A	**Lista B**
1 ¿Cómo…	1 El sábado quiero ir al cine.
2 ¿Qué…?	2 Podemos coger al autobús.
3 ¿Adónde…?	3 Nos encontraremos delante del ayuntamiento.
4 ¿Por qué…?	4 Después iremos a comer comida china.
5 ¿Dónde…?	5 Porque es muy sabrosa.

1 b Ahora inventa preguntas enteras que corresponden con las contestaciones de la lista B y practica el juego de rol que has inventado con otra persona.

Ejemplo: ¿Qué quieres hacer el sábado?

B Dar información correcta y exacta

2 a Mira este juego de roles. Para ganar dos puntos las contestaciones tienen que incluir toda la información sugerida. Las contestaciones de la lista B ganan solo un punto de los dos puntos posibles. Esto es porque la información o no es exacta o no es correcta o no es completa. Trabaja con otra persona para perfeccionar las contestaciones. Luego practica el juego de roles para recibir dos puntos cada vez.

Vas al centro comercial. Yo soy tu amigo/a y voy contigo.

1 A ¿A qué hora abre el centro?
  B Nueve.
2 A ¿Qué cosas necesitas comprar?
  B Un libro.
3 A Podemos comer allí. ¿Qué te gustaría comer y beber?
  B Como una hamburguesa.
4 A La última vez que fuiste al centro comercial, ¿cuándo fue? y ¿qué compraste?
  B Compré ropa.
5 A ¿Qué prefieres hacer después? ¿Por qué?
  B Quisiera ir al museo.

2 b Añade los dos interrogativos adicionales que aparecen aquí a la lista que ya tienes.

C Demostrar el uso de la entonación y el registro lingüístico correctos

3 a Escucha las ocho grabaciones y apunta exactamente lo que oyes. Para cada una decide, según la entonación, si es pregunta (P) o afirmación (A). Hay cuatro preguntas y cuatro afirmaciones.

Ejemplo: ¿Vas a ver esta película conmigo? (P)

3 b Escucha otra vez y decide si cada una de las cuatro preguntas es formal (F) o informal (I).

Ejemplo: ¿Vas a ver esta película conmigo? (I)

3 c Trabaja con otra persona. Tomad turnos para hacer y contestar las cuatro preguntas, inventando vuestras propias contestaciones.

D Contestar con espontaneidad

Estrategias

Tendrás que contestar preguntas que has oído, pero no las has visto ni preparado de antemano. No es tan difícil porque tienes bastante información que puedes usar para ayudarte.

1 Conoces la situación (por ejemplo: una tienda).
2 Conoces tu papel (por ejemplo: un cliente).
3 Sabes si tienes que usar *tú* o *usted* (porque habrás escuchado la forma que utiliza tu profesor, y habrás visto las pistas en la tarjeta del juego de roles).

4 Practicando el juego de roles. Trabaja con dos otras personas. Decidid quién es el número 1, el número 2 y el número 3. Mira el juego de rol que te corresponda. Cada persona inventa y apunta las preguntas para su juego de roles. Recuerda que deben ser plausibles. Las preguntas corresponden al rol A.

Juego de roles 1

Vas a ir a la bolera con tu amigo/a español(a).

A   El/La amigo/a

B   Tú mismo/a

A empieza el juego de roles.

Juego de roles 2

Estás en el instituto de tu amigo/a español(a) y hablas con su profesor(a).

A   El/La profesor(a)

B   Tú mismo/a

A empieza el juego de roles.

Juego de roles 3

Estás en la casa de tu amigo/a español(a) con su hermano/a y habláis sobre las tareas domésticas.

A   El/La hermano/a

B   Tú mismo/a

A empieza el juego de roles.

Home town and geographical surroundings

3.1

3.1a ¿Qué hay donde yo vivo?

Embarque

★ **Decir qué edificios y servicios hay en una localidad y dónde están**
★ **Preposiciones de lugar (2) (*entre*, *en*, *cerca de*, *lejos de*, etc.)**

1 a Observa este mapa de Segovia. Lee las siguientes frases e indica el símbolo (A–H) que se corresponde con cada frase. ¡Atención! Hay más frases que símbolos.

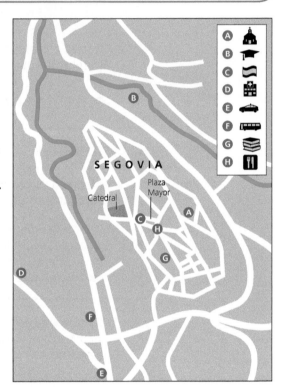

Ejemplo: 1 G

1 Mi librería favorita está al lado de la calle principal.
2 El hospital no está en el centro.
3 El museo más visitado está enfrente de su tienda.
4 Mi madre trabaja en el Ayuntamiento.
5 El primo de Juan vive detrás de la catedral.
6 Puedes ver mi casa desde la estación de autobuses.
7 La comisaría está detrás de un parque.
8 Vivo entre la iglesia y el supermercado.
9 Tu hermano estudia en la universidad junto al río, ¿verdad?
10 Hay un restaurante estupendo delante de la Plaza Mayor.

1 b Cuando termines, dibuja los edificios para las dos frases extra.

2 Escucha a cuatro personas que hablan del lugar donde viven. Indica quién dice qué: Juan (J), Azucena (A), Boris (B) o Virginia (V).

Ejemplo: 1 B

1 Voy andando a la biblioteca o al mercado.
2 Hay una iglesia, un colegio y el ayuntamiento.
3 No hay muchas actividades para los adolescentes.
4 Vivo junto a una plaza muy bonita.
5 De vez en cuando, voy a la playa.
6 Hay museos, cafés y un cine cerca de mi casa.
7 Es precioso y está en las montañas, junto a un lago.
8 Vivimos en una casa típica de la región, junto al río.

3 a Consulta P2 en la sección de gramática. Ahora busca siete ejemplos de preposiciones en el texto del ejercicio 1a.

3 b Mira el plano. Escoge la opción correcta y escribe las frases completas.

Ejemplo: 1 al lado del

1 El mercado está *en el / al lado del* parque.

2 La comisaría no está *lejos de / delante de* la librería.

3 El Ayuntamiento está *enfrente de / en* la librería.

4 La librería está *entre / por* el parque y el Ayuntamiento.

5 Hay un instituto *detrás del / encima del* colegio.

6 El río pasa *por / desde* esta localidad.

7 El parque está *a la derecha del / a la izquierda del* mercado.

8 Hay una calle *sobre / entre* el colegio y el instituto.

4 a Palabras con acento o sílaba tónica en la penúltima sílaba. Escucha esta frase y separa las palabras. Repite la frase tres veces, tradúcela a tu propia lengua y apréndela de memoria.

Lacárcelestádelantedeunparquecercadelmercado

4 b Lee la frase en alto y díctala a tu compañero/a para que la escriba. Después tu compañero/a te la dicta a ti. ¿Quién tiene menos fallos?

5 a Practica este juego de rol con un(a) compañero/a de clase. Leed la conversación en alto. Haced turnos preguntando y respondiendo a las preguntas.

1 A Buenos días. ¿Cómo te llamas?

   B Me llamo <u>Alejandro</u>.

2 A ¿Dónde vives?

   B Vivo en <u>Villanueva de la Serena</u>.

3 A ¿Y dónde está?

   B Es <u>un pueblo de Badajoz</u>.

4 A ¿Qué edificios y servicios hay donde vives?

   B Hay de todo. Por ejemplo, <u>una estación de autobuses, una piscina, unabiblioteca, un estadio…</u>

5 A ¡Qué bien! Muchas gracias.

   B De nada. Otro día me cuentas dónde vives tú.

5 b Habla con tu compañero/a. Describe qué hay donde tú vives adaptando las palabras de la actividad 5a.

6 Prepara un póster sobre el lugar donde vives. Usa la información de la actividad 5 y preposiciones de lugar.

Despegue

3.1b ¿Vives en el campo o en la ciudad?

★ **Describir localidades urbanas y rurales, y dar tu opinión sobre ellas**
★ **El participio y el pretérito perfecto**

Fermoselle (Zamora)

De Madrid a Fermoselle

Querido Andrés:

Es mi primer día en tu pueblo. ¿Sabes lo que me ha sorprendido? Que Fermoselle tiene dos ríos y está muy cerca de Portugal. ¡Es 1.......... muy pintoresca!

Ya sabes que a mí no me gusta el tráfico y la polución de Madrid. Estoy cerca de todo, pero casi no hay 2.......... . Han cortado muchos árboles en 3.......... de mi casa, así que es un placer pasear por el campo aquí.

Me gusta mucho la parte antigua. Un amigo y yo hemos subido hasta 4.......... . Desde allí hay 5.......... muy bonita del río Duero y además hay 6.......... muy agradable. Luego yo he probado los productos típicos tradicionales: aceitunas, quesos y vinos, con mi familia. ¡Muy baratos, por cierto!

Me parece que Fermoselle está un poco 7.......... y es bastante rural, pero es 8.......... muy amable. Bueno, esta mañana me he levantado pronto y estoy bastante cansado del viaje, así que me despido.

Un fuerte abrazo:

Alejandro

1 a Lee la tarjeta postal y escribe la palabra adecuada del recuadro para rellenar los espacios. ¡Atención! Hay palabras que no necesitas.

animada	*una región*	el castillo	una vista	zonas verdes
un pueblo	los alrededores	un parque	aislado	sucia

Ejemplo: 1 una región

1 b Lee otra vez la tarjeta postal. Señala si las afirmaciones son verdaderas (V) o falsas (F). Si son falsas, escribe una frase en español para corregirlas. ¡Atención! Hay cinco afirmaciones que son verdaderas y tres afirmaciones que son falsas.

Ejemplo: 1 V

1 Alejandro ha llegado hoy a Fermoselle.
2 A Alejandro le parece una región muy pintoresca.
3 Alejandro dice que en Madrid hay pocos parques.
4 Alejandro prefiere pasear en Madrid, y no en Fermoselle.
5 En Madrid no hay mucho que hacer.
6 Alejandro ha estado con un amigo en el castillo y en el parque.
7 Alejandro ha encontrado los precios de los productos típicos muy caros.
8 A Alejandro le encanta Fermoselle, pero le parece bastante rural.

2 Vas a oír a Antonia hablar sobre los lugares adónde va, en la ciudad y en el campo. Escoge los lugares (1–5) que corresponden con las declaraciones de Antonia (A–F). ¡Atención! No necesitarás todas las declaraciones.

Parque Güell (Barcelona)

Ejemplo: 1 C

1 la biblioteca
2 el pueblo de Mura
3 el parque natural
4 las calles históricas
5 la costa

A Me encanta el castillo medieval cerca de allí.
B Hay muchos visitantes de otros lugares.
C No hay en ese lugar.
D Hay mucha basura aquí.
E Voy allí para hacer ejercicio.
F Contribuye al placer general de vivir aquí.

3 a Consulta N9 en la sección de gramática. Usa el pretérito perfecto para completar las frases.

Ejemplo: 1 ha decidido

1 Antonia (*decidir*) .... esta mañana que va a vivir en Barcelona.
2 Ellos (*explicar*) .... todas las ventajas de una gran ciudad.
3 A Pedro y Juan el polideportivo les (*parecer*) .... pequeño.
4 ¿Vosotros siempre (*preferir*) .... vivir cerca de la playa?
5 Todos, incluido yo, (*encontrar*) .... el museo muy interesante.
6 Samantha nunca (*tener*) .... casa en el pueblo.
7 A mí me (*encantar*) .... ir de compras contigo en Buenos Aires.
8 Aquí siempre (*haber*) .... mucha basura en las zonas verdes.

3 b Ahora busca cuatro ejemplos del pretérito perfecto en el texto del ejercicio 1. Escríbelos y tradúcelos a tu idioma.

Ejemplo: ha sorprendido

4 a Pregunta y responde a las siguientes preguntas con un/a compañero/a de clase.
1 ¿Vives en el campo o en la ciudad?
2 ¿Cuánto tiempo has vivido ahí?
3 Háblame de lo que hiciste ayer en el lugar donde vives.
4 ¿Vas a vivir en el mismo sitio el año que viene? ¿Por qué?
5 En tu opinión, ¿es importante vivir en el lugar que uno quiere? ¿Por qué (no)?

4 b Escribe las preguntas y respuestas de la actividad 4a. Repásalas hasta que estén perfectas para que así te sirvan para la preparación del examen. Tradúcelas a tu propio idioma y apréndelas.

5 Imagina que visitas un pueblo o una ciudad que no conoces. Explica:
• dónde has ido
• cómo es ese lugar
• qué opinas de ese lugar

vuelo

3.1c Pros y contras de cada lugar

★ **Describir las ventajas y desventajas de vivir en lugares diferentes**
★ **Estructuras más complejas para comparar**

Caballos en vez de coches

La entrada de esta semana la dedico a comparar las ventajas y desventajas de vivir en una gran ciudad o en el campo. Creo que ya os conté que toda mi familia se ha trasladado de Ciudad de México a Benito Juárez, un pequeño pueblo de la sierra de Oaxaca. No me importa que sea pequeño...

Al principio, yo estaba demasiado preocupada con la noticia para pensar que podía haber algo bueno en trasladarnos. Ahora pienso que Ciudad de México no es tan bonito como esta localidad y que es mucho más ruidoso. Sin embargo, allí podía ir al cine, a la discoteca y utilizar el metro por toda la ciudad. No tengo bicicleta ni aquí ni allí, pero eso es igual.

Aquí no tengo la compañía de mis amigos de siempre, pero hoy, por ejemplo, puedo hacer mi deporte favorito: montar a caballo. Aprenderé a montar más rápido que antes. Tenemos una fuente en una roca con un agua mucho más pura que en la ciudad. Una gran ventaja. Como todos vamos a coger agua, es ideal para hacer amigos. En el futuro va a ser difícil encontrar un trabajo en este pueblo, pues está bastante aislado.

Y el precio de las viviendas ahora no importa, porque... ¡es muy pronto para comprarme una casa!

Chica montando a caballo

1 a Lee la entrada del blog. ¿Qué dice la bloguera sobre vivir en el campo o la ciudad? Contesta a las preguntas en español.

Ejemplo: 1 de las ventajas y desventajas de vivir en la ciudad o en el campo

    1 ¿De qué trata la entrada de esta semana?
    2 ¿Qué es y dónde se encuentra Benito Juárez?
    3 ¿Qué dice la bloguera sobre el tamaño del pueblo?
    4 ¿Cómo se sentía antes del traslado?
    5 ¿Qué opina de Ciudad de México en comparación con el pueblo? (2)
    6 ¿Qué cosas podía hacer en Ciudad de México? (3)
    7 ¿Qué cree que aprenderá más rápido en el pueblo?
    8 ¿Qué es lo que la bloguera no planea hacer todavía?

1 b Haz una lista de vocabulario con las palabras útiles del texto. Tradúcelas a tu idioma y apréndelas. Añade más palabras útiles de la sección de vocabulario.

2 Vas a oír a cuatro jóvenes hablar sobre su lugar ideal para vivir. Indica quién dice qué: Ismael (I), Alba (A), Eduardo (E) o Julia (J).

Ejemplo: 1 J

1 La única desventaja es que no hay polideportivo.
2 Me gusta vivir en la ciudad, pero con espacios verdes propios.
3 La ventaja de vivir en un barco es que es divertido invitar a mis amigos.
4 Puedo relajarme y tener buenas vistas.
5 La pena es que las tiendas van a estar lejos.
6 Me encanta comer mis propias verduras.
7 El problema es que no siempre es posible tener conexión a Internet.
8 La ventaja es que aquí tengo una vida tranquila y económica.

3 a Consulta D1–D3 en la sección de gramática. Completa las frases con una expresión comparativa del recuadro. ¡Atención! No necesitarás todas las expresiones.

demasiadas	tanto como	más barato que	tan lejos como
tan peligroso como	*lo bastante*	más	
demasiado	tan aventurero	lo suficiente como	

Ejemplo: 1 lo bastante

1 No soy .... valiente como para vivir solo en una ciudad grande.
2 Son .... jóvenes para vivir solos en un apartamento.
3 Magda no va al campo .... su hermana.
4 Vivir en un barco es .... como hacer camping.
5 Prefiero vivir en un apartamento, porque es .... un chalet.
6 Me gustan mis compañeros de piso .... para quedarme aquí.
7 No me gusta vivir en ciudades grandes, porque son .... incómodas que las pequeñas.
8 Hay gente que encuentra el campo .... las ciudades.

3 b Ahora busca cuatro ejemplos de estructuras comparativas en el texto del ejercicio 1.

Ejemplo: demasiado preocupada ... para

4 Escribe un breve artículo (130–140 palabras) en español para tu revista escolar sobre lo que piensas del campo y la ciudad.
- ¿Cómo es el lugar donde vives normalmente?
- Explica si prefieres vivir en el campo o en la ciudad.
- ¿Cuál es tu opinión de los lugares con playa?
- Describe las ventajas e inconvenientes del último lugar donde estuviste.
- Escribe sobre una vez que tuviste problemas por estar en el campo o en la ciudad.

5 a Trabaja con otra persona para realizar un juego de rol. Estáis en el tren y vais camino de Segovia. Debes elegir el papel A (Pasajero 1, que hace las preguntas) o el papel B (Pasajero 2, que responde a las preguntas). Responde a todas las preguntas.
1 A Perdona, ¿a qué hora llega el tren a Segovia? B ...
2 A ¿Por qué vas a Segovia? B ...
3 A Me encanta visitar pueblos y estar en la naturaleza. ¿A ti? ¿Por qué (no)? B ...
4 A ¿En qué otros pueblos y ciudades has estado? ¿Qué hiciste allí? B ...
5 A ¿Qué planes tienes cuando llegues a Segovia? B ...

5 b Ahora cambiad de papeles y realizad el diálogo otra vez.

Embarque

3.2 Shopping

3.2a ¿Qué venden aquí?

★ Decir qué artículos se venden en cada tienda y cuánto cuestan
★ Utilizar números por encima de 100 y adjetivos demostrativos

El centro comercial

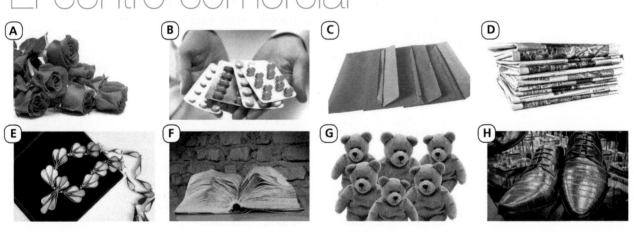

farmacia	correos	quiosco de	juguetería	librería
joyería	floristería	prensa	zapatería	

1 Mira las imágenes. Escribe la letra del artículo (A–H) y el nombre de la tienda que se corresponde con cada frase (1–8).

Ejemplo: 1 E – joyería

1 En esta tienda compré este collar para mi madre.
2 En esa tienda venden periódicos de varios países.
3 Aquellas rosas son las más bonitas de esta tienda.
4 ¡Uy! Este libro está roto; voy a la tienda a cambiarlo.
5 Mira, estos medicamentos también son caros en mi país.
6 Perdón, ¿cuánto cuestan esos ositos?
7 Por favor, envía aquellas cartas hoy por la tarde.
8 Me encantan aquellos zapatos de esa tienda.

2 Vas a oír unos diálogos en ocho tiendas. En el recuadro hay ocho precios. Escribe el artículo que se menciona y el precio correcto para completar las frases.

Ejemplo: 1 collar 1.200

1 Este .... cuesta .... dólares.
2 Estas .... cuestan .... dólares.
3 Este .... cuesta .... dólares.
4 Estos .... cuestan .... dólares.

5 Enviar estas .... cuesta .... dólares.
6 Este .... alemán cuesta .... dólares.
7 Aquellos .... cuestan .... dólares.
8 Este .... de recetas cuesta .... dólares.

14	47	327	*1.200*
99	53	180	23

3 a Los adjetivos demostrativos. Consulta E1 en la sección de gramática. Completa las frases con los adjetivos demostrativos correctos.

Ejemplo: 1 Esta
 1 *Este / Esta* farmacia tiene las medicinas que necesito.
 2 Pedro quiere comprar *estos / estas* flores para su madre.
 3 Voy a llevar *esa / ese* carta a Correos.
 4 *Aquella / Aquello* juguetería es la mejor del barrio.
 5 Todos los zapatos de tacón de mamá son de *este / esta* zapatería.
 6 *Estos / Estas* periódicos en ruso son muy complicados para mí.
 7 Por favor, cómprame las tiritas en *ese / esa* farmacia.
 8 Me encantan *esos / esas* chocolates negros del supermercado.

3 b Los números por encima de 100. Consulta S1 en la sección de gramática. Trabaja con tu compañero/a. Uno/a escribe seis números mayores de 100 y el/la otro/a los dice en español. Luego os turnáis.

4 a Palabras con acento o sílaba tónica en la antepenúltima sílaba. Escucha esta frase y separa las palabras. Repite la frase tres veces, tradúcela a tu propia lengua y apréndela de memoria.

Álvaro,cómpramealgoeconómicocontutarjetadecrédito

4 b Lee la frase en alto y díctala a tu compañero/a para que la escriba. Después tu compañero/a te la dicta a ti. ¿Quién tiene menos fallos?

5 a Trabaja con otra persona para realizar un juego de rol. Debes elegir el papel A (el/la dependiente/a) o el papel B (el/la cliente).
Estás en la farmacia y quieres comprar unas aspirinas.

1 A Buenos días, ¿qué desea?
 B <u>Quiero comprar estas aspirinas</u>, por favor.
2 A Muy bien. ¿Algo más?
 B Sí, quiero <u>esta crema solar</u>. ¿Cuánto cuesta?
3 A Son <u>19</u> dólares.
 B ¿Tiene <u>paracetamol</u>?

4 A Sí. ¿Cuántos quieres?
 B <u>Dos cajas</u>, por favor.
5 A Aquí tiene. Adiós.
 B Hasta luego, gracias.

5 b Ahora cambiad de papeles y realizad el diálogo otra vez, sustituyendo las palabras marcadas por las de la lista a continuación.

Estás en...	Quiero comprar / mandar...	Son...
una joyería	un collar, una pulsera, dos anillos	52 / 43 / 94 $
Correos	una carta, un paquete	3 / 9 $
una floristería	doce rosas, diez flores	17 / 20 $
un quiosco de periódicos	un periódico, tres revistas	3 / 7 $
una juguetería	dos camiones, una muñeca	12 / 33 $
una papelería	cuatro cuadernos, un estuche, un lápiz, una regla	16 / 2 / 3 $
una zapatería	un par de zapatos, unas botas, unas zapatillas deportivas	57 / 93 / 26 $

6 Escribe sobre diez artículos que hayas comprado en los últimos seis meses. ¿Dónde los compraste y cuánto te costaron? Incluye artículos demostrativos.

Ejemplo: Compré estas botas en una zapatería de mi barrio. Me costaron cincuenta dólares.

Despegue

3.2b Quisiera tres cuartos de queso manchego

★ **Hablar de comprar comida en pequeños comercios y supermercados**
★ **Utilizar expresiones de cantidad y *Quisiera***

Hola, Sonia. ¿Qué tal todo?

Hoy he ido al supermercado del nuevo centro comercial. "Quisiera un kilo de albaricoques", le he dicho al dependiente. Cuando le he preguntado: "¿Cuánto es?", me ha dicho: "Son 9€. ¿Algo más?". Me ha parecido muy caro, así que te recomiendo los mercadillos y las tiendas de nuestro barrio. Son mucho más baratos y el ambiente es más animado.

Esta noche celebramos el cumpleaños de mi hermano. Además de una barra de pan y una docena de pasteles, quería comprar una lechuga, un kilo de tomates, medio kilo de cebollas y una lata de aceitunas para la ensalada. También necesitaba tres cuartos de queso y la mitad de un pescado grande.

¡Ya tengo todo lo que necesito!

Un beso:

Maite

1 Lee el correo de Maite. Elige la letra correcta para completar las afirmaciones.

Ejemplo: 1 B

1 En el nuevo centro comercial hay…
   A un mercadillo.
   B una frutería.
   C un supermercado.
2 Maite quería comprar allí…
   A fruta.
   B carne.
   C pescado.
3 Maite opina sobre…
   A la calidad.
   B los precios.
   C el dependiente.

4 Maite prefiere el ambiente en…
   A el supermercado.
   B los mercadillos y las tiendas del barrio.
   C el centro comercial.
5 Hoy es el cumpleaños de…
   A un compañero de trabajo.
   B un amigo.
   C un miembro de la familia.
6 Maite ha comprado los ingredientes para hacer…
   A una ensalada.
   B un pescado.
   C una tarta.

2 Vas a oír a varias personas en distintas tiendas. Fíjate en qué compran, dónde y a qué precio. Contesta a las preguntas.

Ejemplo: 1 en la pescadería

1 ¿Dónde se encuentra la clienta?
2 ¿Qué pide la clienta 1? ¿Cuánto le cuesta? (2)
3 ¿Cuánto cuesta un kilo de plátanos?
4 ¿Cuánto paga la clienta 2?

5 ¿Dónde compra el cliente 3?
6 ¿Qué desea el cliente 3? (2)
7 ¿Qué compra la clienta 4? (2)
8 ¿Cuánto paga en total la clienta 4?

3 Expresiones de cantidad. Consulta S3 y S5 en la sección de gramática. Usa expresiones de cantidad para completar las frases. Luego elige dos frases, tradúcelas a tu idioma y léeselas al resto de la clase.

Ejemplo: 1 media

1 Quisiera (½) .... docena de huevos, por favor.
2 ¿Me pone (¼).......... kilo de aquellas zanahorias?
3 Necesitamos la (½) .... de esa barra de pan, porque hoy no estamos todos.
4 ¡Uy! Es mucho. Póngame solamente .... (½) paquete de café.
5 No, no quiero esa tarta entera. Quisiera .... (¾), por favor.
6 Mi hermano Juan quiere llevarse un .... (⅓) de la tarta.
7 Hugo quiere comprar una .... (12 unidades) de huevos.
8 Es suficiente. Quisiera solamente .... (⅔) de ese trozo de carne.

4 a Trabaja con otra persona para realizar un juego de rol. Estáis en un supermercado de un centro comercial. Debes elegir el papel A (dependiente) o el papel B (cliente). Responde a todas las preguntas.

1 A Buenos días. ¿Me puede dar medio kilo de jamón cocido? B …
2 A ¿Qué fruta me recomienda? B …
3 A ¿Y cuál es el precio de este queso? ¿A Ud. le gusta? ¿Por qué (no)? B …
4 A ¿Ha estado ya en otras tiendas del centro? ¿Compró algo? B …
5 A En su opinión, ¿son mejores los centros comerciales o las tiendas de barrio? ¿Por qué? B …

4 b Ahora cambiad de papeles y realizad el diálogo otra vez, sustituyendo otras palabras y expresiones de la tabla.

Sí, claro. Aquí tiene.		¿Lo quiere en lonchas?		
Lo siento. Se ha terminado.		¿Le puedo ofrecer otra cosa?		
Para refrescarse	puede llevarse / le recomiendo	sandía o melón.		
Para hacer una macedonia		las fresas, las frambuesas, las manzanas y las naranjas de zumo.		
Este queso cuesta / El precio es	X€	el kilo / la pieza / el paquete.		
Me encanta pues / Me gusta porque	es	(muy) bueno/sabroso / de muy buena calidad.		
Hace unos días / El lunes/fin de semana pasado	fui a / estuve en	la librería	y	compré	algunos libros/revistas.
		la frutería		solamente miré	sus productos.
Me parece que / Creo que / Pienso que / En mi opinión	los centros comerciales	son	práctico/as para ir al cine después / cómodos si (vas con niños/coche) / todas iguales / más agradables/animados.	
	las tiendas de barrio	tienen	productos más especializados / de mejor calidad.	

5 Un(a) amigo/a va a ir contigo a una fiesta. Escríbele una nota (80–90 palabras) con la información necesaria respondiendo a estas preguntas.
- ¿Qué se celebra?
- ¿Qué vas a llevar?
- ¿Qué puede comprar tu amigo/a para la fiesta y por qué?
- ¿Qué tiendas le recomendarías para comprar cada cosa y por qué?

Despegue

3.2c Le vamos a regalar una maleta

★ **Comprar regalos y definir objetos (forma, tamaño y material)**
★ **Pronombres de objeto indirecto**

Hola, Andrés.

El próximo domingo es el cumpleaños de mi madre. Toda la familia está un poco nerviosa. Cumple 50 años y no sabemos qué regalarle. A mí me da igual, la verdad; puede ser algo que le gusta mucho o un recuerdo especial de ese día.

Mi padre me dijo que ella quiere un collar muy largo de cristal. Sin embargo, mis hermanos y yo queremos comprar algo menos típicamente femenino. Carlos, mi hermano mayor, nos habló de una cartera de cuero preciosa, a muy buen precio. La vio en una tienda nueva. Sin embargo, mi hermano Alberto opina que ya tiene demasiadas carteras y monederos. ¡Qué pena! Me parecía un buen regalo.

Entonces yo me acordé de algo importante: a mi madre le encanta viajar y tiene una maleta enorme de plástico, bastante fea y vieja. Además, no es nada práctica porque no tiene ruedas, bolsillos ni espacio para los documentos y pendientes, por ejemplo. "¿Y si le regalamos una maleta de piel, elegante y moderna, de tamaño mediano? ¿Qué os parece?" pregunté.

Les pareció muy buena idea, así que vamos a comprarle eso. Luego decidimos que llenaríamos la maleta con 50 papeles de colores de todas las formas (redondas, cuadradas, triangulares) con una historia de cada uno de sus 50 años. ¡Creo que le va encantar!

Bueno, ya te contaré cómo va todo el domingo.

Un beso,

Martina

1 a Lee el correo que Martina escribe a su amigo Andrés. Completa las frases con la información correcta.

Ejemplo: 1 regalo

1 La familia está algo alterada, porque aún no tienen un .... para la madre.
2 Martina cree que el regalo debe ser un .... de su **50 cumpleaños**.
3 Todos los .... querían un regalo tanto para mujeres como para hombres.
4 El regalo que proponía Carlos está hecho de ....
5 Alberto no está de acuerdo en regalarle una ....
6 La .... de Martina disfruta mucho cuando está de viaje.
7 .... sugiere regalar a su madre una maleta mediana.
8 La maleta va a contener .... historias sobre la vida de su madre.

1 b Haz una lista de vocabulario con las palabras útiles del texto relacionadas con tipos de materiales y regalos. Tradúcelas a tu idioma y apréndelas.

2 Vas a oír a dos amigos, Fernando e Irene, que hablan sobre posibles regalos para su amiga Emilia. Escucha con atención y elige la respuesta correcta para cada una de las preguntas.

Ejemplo: 1 B

1 Irene ha llamado a Fernando para…
  A explicarle cómo ir a su casa.
  B preguntarle qué quiere Emilia para su cumpleaños.
  C contarle lo que ha comprado.

2 Irene ha visto varias cosas como…
  A unos pendientes de oro.
  B un collar muy largo.
  C unas gafas de sol.

3 Fernando ha mirado…
  A un cinturón de piel.
  B un anillo de plata.
  C una cartera de plástico.

4 Fernando sabe que a Emilia…
  A no le gustan las barbacoas.
  B le regalan siempre cosas de cerámica.
  C le encanta cocinar.

5 Irene ha visto unas cajas…
  A circulares de metal.
  B cuadradas de cristal.
  C triangulares de madera.

6 Fernando e Irene van a regalar a Emilia…
  A un álbum de fotos.
  B un curso de cocina y un plato de cerámica.
  C un juego de café.

3 a Pronombres de objeto indirecto. Consulta M3 en la sección de gramática. Usa el pronombre apropiado para completar las frases.

Ejemplo: 1 me

1 ¡Susana! Da……… el móvil ahora mismo. (*a mí*)

2 Raúl, si ……… dices la verdad, tu madre estará contenta. (*a ella*)

3 ¿ ……… puedo pedir un favor, Blanca? (*a ti*)

4 Cuando veo a Pedro, siempre ……… doy un abrazo. (*a él*)

5 Para su boda ……… vamos a regalar un vuelo a Tenerife. (*a ellos*)

6 A mí ……… gusta mucho hacer regalos. (*yo*)

7 Ahora mismo ……… estoy escribiendo un correo sobre la fiesta. (*a vosotros*)

8 Siempre ……… pregunta cómo está la familia. (*a nosotros*)

3 b Ahora busca al menos cinco ejemplos de pronombres indirectos en el texto del ejercicio 1. Escríbelos y tradúcelos a tu idioma.

4 Pregunta y responde a las siguientes preguntas con un(a) compañero/a de clase.
  1 ¿Qué tipo de regalos te gustan más?
  2 ¿Qué regalos compras con más frecuencia?
  3 Háblame del último regalo que compraste.
  4 ¿Vas a comprar un regalo pronto? ¿Por qué (no)?
  5 En tu opinión, ¿es importante que a la persona le guste el regalo? ¿Por qué (no)?

5 Estás mirando un catálogo. Elige una persona del recuadro y decide qué le vas a comprar. Envía un correo a otro/a amigo/a para explicarle cuál es el regalo y el tamaño, material y forma del objeto (ver tabla).

Ana – le gusta mucho leer   Mario – le encanta hacer deporte   Beatriz – le fascina cocinar
Luis – le encanta la ropa   Alejandro – le gusta viajar

Tamaño	Material	Forma
bajo / corto	algodón	círculo, redondo
grande / enorme	cuero, (la) piel	cuadrado, cuadrado
largo	cristal	triángulo, triangular
mediano	lana	
pequeño / minúsculo	madera	
	metal	
	oro	
	papel	
	plástico	
	plata	

vuelo

3.2d ¡Uy! Voy a devolver este vestido...

★ **Hablar sobre comprar ropa, dar tu opinión, devolver una prenda**
★ **El pretérito indefinido (verbos irregulares) (2) y las interjecciones**

La semana pasada fui con una amiga a varias tiendas del centro de Barcelona. ¡Uf! Lo malo es que tuvimos que ir muy temprano, porque siempre hay mucha gente.

Yo siempre he querido algo deportivo, pero moderno. Entramos en una tienda de deportes que tiene ropa de muy buena calidad. Compré una chaqueta y un impermeable. ¡Ah! Y unas gafas de sol que me parecen maravillosas. ¿Siempre quisisteis estar a la moda? Pues, en mi opinión, esta tienda ofrece lo último para vuestro armario, aunque sé que no tuvo nada de éxito en otras épocas…

Luego estuvimos en muchas otras tiendas. Mi amiga se compró un traje de baño muy bonito. Cuando llegamos a casa, se lo probó otra vez. Vimos un agujero y era la talla incorrecta: la dependienta le puso en la bolsa la talla grande en vez de la mediana. Devolvimos el bañador al día siguiente. La dependienta no fue nada simpática. Preguntó muy seria: "¿Qué desea?". Mi amiga le dijo: "Tengo un problema. Necesito cambiar este bañador, porque tiene un agujero y además no es mi talla." Se lo cambió, pero no se disculpó. Al salir, mi amiga me dijo: "¡Ay, yo a esta tienda no vuelvo!"

1 Lee la entrada del blog de Elvira. Señala si las afirmaciones son verdaderas (V) o falsas (F). Si son falsas, escribe una frase en español para corregirlas. ¡Atención! Hay cinco afirmaciones que son verdaderas y tres afirmaciones que son falsas.

Ejemplo: 1 V

    1 La semana pasada Elvira fue de compras con una amiga.
    2 Las tiendas de Barcelona nunca están vacías.
    3 Elvira y su amiga entraron en una tienda de decoración.
    4 Elvira compró un impermeable, una chaqueta y unas gafas de sol.
    5 Elvira piensa que la tienda donde compró las cosas no es muy actual.
    6 La amiga de Elvira compró un bañador en otra tienda.
    7 Al llegar a casa, la amiga de Elvira guardó el bañador.
    8 La amiga de Elvira devolvió el bañador porque la talla era incorrecta.

2 a Escucha esta conversación en una tienda de ropa. Indica quién dice qué: la dependienta (D), Guillermo (G) o Laura (L).

Ejemplo: 1 L

    1 Mire, queremos cambiar estos pantalones que compramos el lunes, porque están sucios.
    2 No lo vimos hasta que llegamos a casa.
    3 Cerca del botón también está sucio.
    4 Debe de ser un problema general con esa serie.
    5 ¿Qué le pasa al vestido?
    6 Mire, tiene un agujero en el bolsillo.
    7 No es normal (tener tantos problemas con ropa nueva).
    8 Lo más urgente es elegir otros pantalones.

2 b Escucha de nuevo y escribe las ocho interjecciones que se utilizan. Encuentra el equivalente en tu idioma.

3 El pretérito indefinido. Consulta I2 y N3 en la sección de gramática. Usa el pasado simple de los verbos para completar las frases.

decir	estar	*ver*	dar
ir	traer	hacer	tener

Ejemplo: 1 vi

1 ¡Anda! Tu blusa es igual que la que .... yo ayer en el mercadillo.
2 Ellos nos .... que a sus hijos nos les gusta la ropa a rayas.
3 Gerti me .... unos calcetines, pero no eran de mi tamaño.
4 ¡Vaya! ¿Tú también .... que usar la ropa de tus hermanos mayores?
5 Como la camiseta estaba sucia, la dependienta me .... una de otro color.
6 ¿A ti ellos te .... descuento? Yo también quiero una rebaja...
7 Nosotros .... ayer de compras a Amberes con unos amigos.
8 ¡Madre mía! ¿Y tú .... toda la tarde esperando por ese bolso?

4 a Practica este juego de rol con un compañero de clase. Haced turnos preguntando y respondiendo a las preguntas. A = cliente/a, B = dependiente/a.

1 A Buenos días.
  B [Saluda y pregunta qué quiere.]
2 A Quisiera <u>devolver estos zapatos</u>.
  B [Pregunta cuál es el problema.]
3 A Son <u>demasiado grandes</u>. No son <u>mi talla</u>.
  B [Pregunta cuándo los ha comprado.]
4 A Los compré <u>hace tres semanas</u>.
  B [Pregunta con qué sistema pagó.]
5 A <u>Con tarjeta de crédito</u>.
  B Perfecto. ¿Tiene el recibo?
6 A Sí, aquí tiene.
  B [Usa una interjección y explica que <u>solo se puede devolver en 15 días</u>.]
7 A ¡Caramba! Y yo los necesito para esta noche. ¿Qué solución me puede dar?
  B [Di que puede comprar otros <u>por la mitad de precio</u>.]
  A ¡Vaya, hombre! Bueno, voy a mirar … Mire, quiero estos marrones, por favor.

4 b Practica de nuevo el juego de rol cambiando las palabras subrayadas del ejercicio 4a.

5 Continúa la historia. Asegúrate de que utilizas tres verbos irregulares en el pretérito indefinido.

El otro día compré unos pantalones elegantes por Internet para la fiesta de fin de curso. Cuando llegó el paquete la mañana de la fiesta, vi que había un error...

Embarque

3.3a Voy a hacer unas gestiones al banco

★ **Hablar sobre cuestiones de dinero**
★ **Pronombres indefinidos**

A

B

C

D

E

F

1 a Mira las imágenes y lee las siguientes frases. Escribe las letras (A–F) que se corresponden con las frases (1–8). ¡Atención! Hay más frases que dibujos.

Ejemplo: 1 D

   1 ¿Puedo pagar con tarjeta de crédito?
   2 ¿Tienes billetes? Sí, tengo muchos.
   3 ¿Cuánto dinero ha ahorrado Sara? Tiene bastante.
   4 No tengo caja fuerte para guardar las cosas de valor, pero voy a comprar una.
   5 Mi madre ha abierto una cuenta en el banco.
   6 ¿Hay cajeros automáticos aquí? Sí, hay alguno.
   7 ¿Quieres monedas de un dólar? Tengo demasiadas.
   8 Tiene que firmar este documento, por favor.

1 b Cuando termines, traduce las dos frases extra a tu propio idioma.

2 a Escucha a dos personas que conversan en un banco. Indica quién dice qué: Hugo (H) o Almudena (A).

Ejemplo: 1 H

   1 Buenas tardes, ¿en qué puedo ayudarle?
   2 Quisiera sacer dinero.
   3 No me funciona la tarjeta.
   4 Vaya a la ventanilla, por favor.
   5 ¿Cuánto dinero quiere cambiar?
   6 ¿Quiere billetes o monedas?
   7 ¿Dónde hay un cajero automático, por favor?
   8 Creo que se me ha olvidado el número secreto.

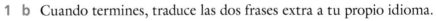

2 b Haz una lista con el vocabulario útil del ejercicio 2a, tradúcela a tu idioma y apréndela. Añade más palabras útiles de la sección del vocabulario.

3 a Los pronombres indefinidos. Consulta F2 en la sección de gramática. Escoge la palabra correcta del recuadro y escribe las frases completas.

demasiados	algo	todos	otro
ninguna	una	alguien	tantas

Ejemplo: 1 ninguna

1 Voy a abrir una cuenta, porque no tengo ....
2 Tenemos que cancelar las tarjetas. En realidad, solamente necesitamos ....
3 En tu barrio hay pocos cajeros automáticos. Aquí hay ....
4 Sus tíos tienen muchas cajas fuertes. ¿Sabes por qué tienen ....?
5 No, Alan no tiene créditos en este banco. Ya los ha pagado ....
6 Creo que el banco está vacío. ¿Tú ves a ....?
7 Este cajero automático no funciona. ¿Dónde hay ....?
8 Creí que no me quedaba dinero para el supermercado, pero tengo ....

3 b Ahora busca cinco ejemplos de pronombres indefinidos en el texto del ejercicio 1.

4 a Palabras con acento en la última sílaba. Escucha esta frase y separa las palabras. Repite la frase tres veces, tradúcela a tu propia lengua y apréndela de memoria.

Tomásverálaseñalenelcajónyreconoceráalladrón

4 b Lee la frase en alto y díctala a tu compañero/a para que la escriba. Después tu compañero/a te la dicta a ti. ¿Quién tiene menos fallos?

5 a Trabaja con otra persona para realizar un juego de rol. Debes elegir el papel A (el/la cliente/a) o el papel B (el/la cajero/a).

1 B Buenos días.
A Buenos días. ¿En qué puedo ayudarle?
2 B Quisiera <u>cambiar dinero</u>.
A ¿Cuánto quiere <u>cambiar</u>?
3 B Quisiera <u>cambiar 100 dólares</u>.
A <u>¿A qué moneda lo quiere cambiar?</u>
4 B <u>A libras esterlinas</u>, por favor.
A ¿Lo quiere todo en <u>billetes</u>?
5 B <u>Sí, excepto 10 libras en monedas.</u>
A Aquí tiene.
B Perfecto. Muchas gracias.

5 b Ahora cambiad de papeles y realizad el diálogo otra vez, sustituyendo las palabras y expresiones marcadas por las de la lista a continuación.

monedas	De la cuenta corriente
sacar dinero	¿De qué cuenta lo quiere sacar?
No, quisiera todo en billetes.	sacar 200 dólares
sacar	

Despegue

3.3b En una cafetería con wifi

> ★ **Ir a una oficina postal, y usar el teléfono e Internet**
> ★ *Ser* y *estar* **(1)**

¿Qué medio de comunicación prefieres?

Leonor
No soy muy moderna; no me gusta la tecnología. Me gusta mucho escribir y enviar cartas por correo. Aunque es necesario comprar sellos y sobres y tener la dirección, es emocionante encontrarte una carta en el buzón. Puede ser aburrido hacer cola en la oficina de Correos, pero no lo es para mí, porque... ¡me pongo a hablar con la gente!

Jaime
Cada vez se usan menos las cabinas telefónicas, pero yo creo que son todavía muy necesarias. Además, el móvil no siempre funciona. Estas vacaciones quería llamar por el móvil a un amigo desde la playa y no había cobertura. Al final tuve que llamar desde un teléfono público en una cafetería. El problema es que a veces hay ruido y no se oye muy bien. La guía telefónica está en una mesita, pero la verdad es que casi nadie la mira. Yo estoy acostumbrado a usar la agenda de mi teléfono móvil y es muy práctico; también guardo ahí algunas notas.

Eduardo
Hoy en día estamos conectados siempre. Comunicarse con la familia y los amigos es muy fácil y práctico. En casa mi ordenador está en mi dormitorio. Puedo estar en contacto con mis amigos y no es necesario estar en el colegio para estudiar. A veces uso Internet para navegar o hacer compras cuando estoy en una cafetería con wifi. El problema es que estamos obsesionados con Internet. Los jóvenes están más aislados, porque Internet es el centro de su vida. ¿Y tú? ¿Eres adicto a Internet?

1 Lee las opiniones y responde a las preguntas.

Ejemplo: 1 escribir y enviar cartas por correo

    1 ¿Qué prefiere Leonor para comunicarse?
    2 ¿Qué desventajas tiene utilizar Correos? (2)
    3 ¿Cómo se entretiene Leonor mientras espera en la cola de Correos?
    4 ¿Qué opina Jaime de las cabinas telefónicas?
    5 ¿Qué dificultad hay cuando se llama desde un lugar público?
    6 ¿Qué hay disponible que muy pocas personas utilizan?
    7 ¿Qué tiene Eduardo en su habitación?
    8 ¿Para qué utiliza Eduardo Internet en los cafés cibernéticos? (2)

2 Vas a oír a tres jóvenes hablar de tres formas de comunicación. Señala si las afirmaciones son verdaderas (V) o falsas (F). Si son falsas, escribe una frase en español para corregirlas. ¡Atención! Hay cinco afirmaciones que son verdaderas y tres afirmaciones que son falsas.

Ejemplo: 1 F Julieta está en Correos para enviar un paquete a su hermano.

1 Julieta está en Correos para enviar una carta a su hermano.
2 Julieta también tiene que comprar sobres y sellos.
3 Su hermano va a estar preocupado al ver un paquete en su buzón.
4 Cuando Romeo llama y hay ruido, cuelga.
5 La primera vez que Romeo ha llamado a su madre, el teléfono estaba ocupado.
6 Ainhoa y Berta están en un cibercafé.
7 Ainhoa y su amiga no tienen la contraseña y no pueden conectarse.
8 Sus padres piensan que están obsesionadas con Internet.

3 *Ser y estar.* Consulta N18 en la sección de gramática. Usa el verbo apropiado (*ser* o *estar*) para completar las frases.

Ejemplo: 1 está

1 La oficina de Correos .... enfrente del cibercafé.
2 Si .... domingo, tengo que llamar a Jonathan.
3 La guía telefónica .... encima de la mesa blanca.
4 Paco .... camarero y trabaja por las noches en un cibercafé.
5 El cartero .... andaluz y es muy simpático.
6 Podéis colgar si .... aburridos de esperar.
7 ¿ .... nervioso porque no te funciona Internet?
8 .... las siete y no hemos recibido tu paquete.

4 a Trabaja con otra persona para realizar un juego de rol. Entras en Correos para enviar un paquete. Debes elegir el papel A (dependiente) o el papel B (cliente). Responde a todas las preguntas.

1 A Buenos días, ¿podría enviar este paquete, que es frágil, a Francia? B …
2 A ¿Se puede mandar rápidamente? Es urgente… B …
3 A ¿Qué método es más barato? B …
4 A ¿Y los que envió Ud. así llegaron sin problemas? B …
5 A ¿Qué método utilizaría para enviar otro paquete mañana a Austria? B …

4 b Ahora cambiad de papeles y realizad el diálogo otra vez.

5 Un(a) amigo/a va a escribir una carta, pero tú prefieres mandar un correo electrónico. Escribe un correo (80–90 palabras) respondiendo a estas preguntas.

Cómo comunicarse
● ¿Por qué prefieres utilizar Internet?
● ¿Por qué no quieres escribir una carta?
● ¿Qué desventajas tiene el correo electrónico?
● ¿Para qué crees que se utilizará Internet en el futuro?

vuelo

3.3c ¡He perdido mi cámara!

★ **Comunicar situaciones en las que se ha perdido un objeto**
★ **Pronombres de objeto directo**

Estimados/as empleados/as de Air Europa:

Les escribo porque sospecho que me he dejado mi saco de dormir en el avión. Ayer por la tarde viajé de París a Madrid y lo puse en la parte superior, donde va el equipaje de mano. Al salir, creo que no lo **1**.......... . Estoy muy preocupado.

¿Cómo es? Se lo describo. Es un **2**.......... azul, ligero y de muy buena calidad. Fue un regalo especial y viajo siempre con él, así que tengo muchísimo interés en recuperarlo. Lo he buscado por todas partes. He llamado al teléfono de Atención al Cliente del aeropuerto, pero hasta ahora nadie lo ha encontrado.

¿Saben si alguien lo ha visto o lo va a **3**..........? En todo caso, no les quiero molestar más. Por favor, avísenme en cuanto tengan noticias, o envíenmelo a mi domicilio (Calle Augusto, 23 - 43070 Tarragona).

Les agradezco su ayuda.

Un saludo

Roberto Menéndez

Buenas tardes,

Tan solo quería agradecerles el servicio de su Oficina de Objetos Perdidos.

Ayer por la mañana me dejé mi **4**.......... en el tren. Era una cámara nueva y estaba en una bolsa a rayas. Ambas cosas tienen mucho valor para mí, porque soy fotógrafa profesional. Siempre las llevo conmigo...

Cuando perdí mi cámara, pensé: "Si alguien la encuentra, le daré una **5**.......... ." Fui a la **6**.......... de la Renfe, donde pregunté: "¿Les han **7**.......... una cámara en una bolsa de rayas?" Uno de sus empleados buscó en un armario y me mostró satisfecho mi cámara. Lo miré muy sorprendida, pues no me lo esperaba.

Les aseguro que me sentí muy aliviada y más tranquila. Hasta llamé a mi jefe para decirle que la había **8**.......... y que estaba contentísima.

Muchas gracias por el servicio que ofrecen.

Un saludo

Azucena Marshall

---

1 Lee la carta y el correo electrónico y escribe la palabra o expresión adecuada para rellenar los espacios. ¡Atención! Hay algunas que no necesitas.

Ejemplo: 1 cogí

entregado	guantes	cámara fotográfica
comprado	devolver	recompensa
encontrado	Oficina de Objetos Perdidos	mochila
saco de dormir	*cogí*	

2 Vas a oír a Ruth hablar con un empleado de la Oficina de Objetos Perdidos. Para cada pregunta, indica las dos respuestas correctas.

1 A Ruth perdió algo importante ayer.
 B El empleado quiere saber las características del objeto.
 C Una persona llevó el teléfono móvil a la Oficina de Objetos Perdidos.
 D Ruth se siente tranquila.
 E Hay clientes que recuperan sus posesiones.

2 A Ruth se encuentra en la Oficina de RENFE.
 B Ruth ha perdido un abrigo.
 C El empleado reconoce a Ruth.
 D El objeto era un regalo valioso para Ruth.
 E Ruth no manifiesta alegría al encontrarlo.

Oficina de Objetos Perdidos

3 a Los pronombres de objeto directo. Consulta M2 en la sección de gramática. Completa los huecos con el pronombre de objeto directo correcto (*lo, la, los, las*).

Ejemplo: 1 la

1 A ¿Has encontrado la cámara?
 B Sí, ... he encontrado.
2 A ¿Has perdido tu paraguas?
 B Sí, ... he perdido.
3 A ¿Has recomendado ya la página web?
 B Sí, ya .... he recomendado.
4 A ¿Sabes dónde has dejado el monedero?
 B No sé dónde .... he dejado.
5 A ¿Tiene mucho valor tu anillo?
 B Sí, ... tiene.

6 A ¿Te compraste los guantes en el aeropuerto?
 B Sí, ... compré allí.
7 A ¿Diste las gracias a la Oficina de Objetos Perdidos?
 B Sí, se .... di.
8 A ¿Enviaron los documentos a tu domicilio?
 B Sí, ... enviaron.

3 b Ahora busca tres ejemplos de pronombres de objeto directo en el texto del ejercicio 1. Indica a qué se refiere cada pronombre.

4 Trabaja con otra persona para realizar un juego de rol. La semana pasada perdiste algo muy importante. Debes elegir el papel A (persona que perdió el objeto) o el papel B (persona que pregunta sobre el incidente). Responde a todas las preguntas. Ahora cambiad de papeles y realizad el diálogo otra vez.

 1 A Hola, ¿qué es lo último que has perdido? B …
 2 A ¿Cuándo y cómo lo perdiste? B …
 3 A ¿Cómo era? B …
 4 A ¿Qué hiciste y cómo te sentiste? ¿Lo recuperaste? B …
 5 A ¿Qué precauciones vas a tomar para no volver a perder las cosas? B …

5 Describe una ocasión en la que perdiste algo muy importante para ti y lo que pasó.

Embarque

3.4a Yo cuido del medio ambiente... ¿y tú?

★ **Hablar sobre qué haces para cuidar del medio ambiente**
★ **Las conjunciones**

1 a Lee las siguientes frases. Escribe las letras de los dibujos que se corresponden con las frases. ¡Atención! Hay un dibujo que no necesitas.

Ejemplo: 1 B

   1 En casa, separamos la basura.
   2 Reciclo las botellas de plástico o de vidrio.
   3 Elisa usa el transporte público en la ciudad porque es ecológico.
   4 Tomo una ducha en lugar de un baño.
   5 Mis padres compran productos orgánicos en el supermercado.
   6 Soy activista en un grupo ecologista de mi región porque me gusta protestar. ¡Debemos hacer algo!
   7 Reciclo las latas usadas de comida y bebida y las pilas.
   8 Apago las luces cuando no las uso; es útil e importante.

1 b Vuelve a leer las frases 1–8 y haz una lista con el vocabulario nuevo.

2 Vas a oír a varios jóvenes hablando sobre diferentes maneras de cuidar el medio ambiente. Empareja a cada persona que habla con un dibujo del ejercicio 1.

Ejemplo: 1 F

3 Las conjunciones. Consulta Q en la sección de gramática. Completa las frases con la conjunción correcta.

Ejemplo: 1 y

   1 Macarena recicla dos tipos de botellas: las de vidrio .... plástico.
   2 Nosotros podemos protestar .... no hacer nada.
   3 Luis tiene que estudiar dos asignaturas: matemáticas .... inglés.
   4 Los estudiantes van a clase a pie .... no contamina.
   5 Esteban va a vivir en Madrid durante siete .... ocho meses.
   6 Me gustaría ser miembro de un grupo ecologista .... quiero proteger a los animales en extinción.
   7 Mis ciudades favoritas son Sevilla .... Lisboa.
   8 Ana no come carne .... es vegetariana.

e	y	porque	porque
porque	o	u	y

4 a El sonido "ll" en español. Escucha esta frase y separa las palabras. Repite la frase tres veces, tradúcela a tu propia lengua y apréndela de memoria.

LauravallevalasbotellasbrillantesalcontenedorenllanllanuraconsuamigoLuisMurillo

4 b Lee la frase en alto y díctala a tu compañero/a para que la escriba. Después tu compañero/a te la dicta a ti. ¿Quién tiene menos fallos?

5 Haz una entrevista con un(a) compañero/a de clase y anota sus respuestas. Utiliza la tabla para ayudarte.

   1 ¿Reciclas en casa?
   2 ¿Qué reciclas exactamente? ¿Y qué no reciclas? ¿Por qué?
   3 ¿Eres o te gustaría ser miembro de un grupo ecologista? ¿Por qué?
   4 ¿Qué (no) haces hoy en día que no es muy ecológico?

Personalmente, reciclo	todos los días / a veces / de vez en cuando / raras veces
Generalmente, (no) reciclo	botellas / latas / papel / pilas
Soy / Me gustaría ser miembro de un grupo ecologista porque	es importante proteger el medio ambiente / debemos hacer algo / me gusta protestar a favor de la protección de animales que pueden desaparecer
No soy / No me gustaría ser miembro porque	es una pérdida de tiempo / no me gusta protestar / no estoy de acuerdo con sus métodos
Afortunadamente siempre	apago las luces / la tele tomo un baño en lugar de una ducha
Desafortunadamente nunca	gasto dinero en productos orgánicos / reciclo

6 Escribe un párrafo sobre el medio ambiente y lo que haces y no haces para protegerlo. Usa el diálogo adaptado de la conversación anterior. Añade más información si puedes.

Despegue

3.4b Los parques nacionales en los países hispanos y su importancia

★ **Hablar sobre los parques nacionales y su importancia**
★ **Los adjetivos indefinidos**

Los parques nacionales y Doñana

Flamencos en una marisma en Doñana

España es uno de los países europeos con más espacios naturales protegidos; cuenta con 15 parques nacionales. El primero fue declarado en 1918: el parque nacional de Los Picos de Europa. España tiene mucha diversidad, con una naturaleza y animales muy diferentes de norte a sur, que es muy importante conservar.

Doñana es uno de los parques nacionales más grandes y variados. Ocupa 108.000 hectáreas en total y contiene especies en peligro de extinción, como el lince ibérico y el águila imperial. Su naturaleza es espectacular: hay marismas, playas, bosque, montaña y valles. Es muy popular y anualmente recibe 400.000 visitas de personas de todo el mundo.

En Doñana viven unos tipos de caballos típicamente españoles y salvajes que también están en peligro de desaparición; pero gracias al programa de conservación del parque, los animales viven en libertad y tranquilos. Si visitas Doñana, también se pueden ver flamencos y muchos tipos de peces y reptiles únicos.

1 a Lee el folleto sobre Doñana y para cada pregunta, escoge la opción correcta: A, B o C.

Ejemplo: 1 C

1 España cuenta con…
  A 50 parques nacionales.
  B muy pocos espacios naturales protegidos.
  C más de diez parques nacionales.
2 El parque nacional de Los Picos de Europa…
  A fue inaugurado en el siglo diecinueve.
  B fue el primer parque nacional europeo.
  C fue declarado antes de 1920.
3 España tiene mucha diversidad natural…
  A solo en el norte del país.
  B en todo el país.
  C que no se debe conservar.

4 El parque nacional de Doñana…
  A contiene unas especies de animales muy raras.
  B recibe 4.000.000 visitantes cada año.
  C ocupa 1800 hectáreas en total.
5 Lo bueno de Doñana es que…
  A muchos caballos están en peligro de extinción.
  B parece ideal para los animales que viven allí.
  C el programa de conservación ha terminado.
6 También en Doñana…
  A hay solo un reptil.
  B hay una diversidad de peces.
  C se puede bailar flamenco.

1 b Lee las afirmaciones otra vez. Haz una lista de vocabulario con las palabras útiles del texto, tradúcelas a tu propio idioma y apréndelas de memoria.

2 Vas a oír a cuatro jóvenes que hablan de sus viajes a parques nacionales en América Central y del Sur. Completa la tabla con la información necesaria.

Persona	Dónde	Cuándo	Cuánto tiempo	Opinión y por qué
Dionisio	*Ejemplo: Parque Nacional Galápagos*			
Carmela				
Mariano				
Sabrina				

3 Los adjetivos indefinidos. Consulta F1 en la sección de gramática y completa las frases con el adjetivo indefinido de la lista.

Ejemplo: 1 algunas

1 En México vi .... águilas en las montañas.
2 Hay .... visitas escolares en julio.
3 Voy a beber .... bebida de chocolate.
4 ¿Jaime, ¿tienes .... bolígrafo negro?
5 ¿Qué .... animales están en peligro de extinción?
6 Según .... gente, las vacaciones son para descansar.
7 Con tanto desempleo, hay .... oportunidades de trabajo en mi ciudad.
8 Tengo .... mis libros en el coche.

pocas	todos	cualquier	varias
otros	mucha	*algunas*	algún

4 Una visita al parque nacional. Escribe un párrafo de unas 80–90 palabras sobre tu experiencia en un parque nacional. Si nunca has estado, puedes imaginar cómo sería una visita. Menciona:
- dónde está el parque exactamente
- cómo es el parque
- cuándo fuiste y qué viste allí
- si quieres volver y por qué (no)

5 Haz una encuesta en clase y pregunta al menos a tres compañeros/as sobre su visita a un parque nacional. Si nunca has visitado un parque nacional, puedes imaginar la visita. Usa estas preguntas en tu encuesta:
1 ¿Cómo se llama el parque? ¿En qué país está?
2 ¿Cuándo y con quién fuiste? ¿Cuánto tiempo pasaste allí?
3 ¿Qué viste allí?
4 ¿Qué opinas del parque?

Vuelo

3.4c Nuestro planeta en peligro

★ **Hablar sobre los problemas medioambientales, sus consecuencias y soluciones**
★ **Los pronombres de relativo (1)**

1 Vas a oír a tres personas que hablan del problema ambiental más importante para cada uno. Escucha con atención y escoge la opción correcta en cada caso.

Ejemplo: 1 C

1 Según Emiliano, el calentamiento global...
  A puede bajar el nivel del agua en el mar.
  B es una consecuencia de inundaciones terribles.
  C es un problema serio.
  D no existe en este momento.

2 ¿Qué solución sugiere Emiliano?
  A Compartir más los coches.
  B Contaminar solo la atmósfera.
  C Apenas usar el transporte público.
  D Bajar la emisión de gas a la atmósfera.

3 Según Silvia, ¿por qué son tan importantes los árboles?
  A Las industrias podrían terminar con ellos.
  B Viven y respiran.
  C Evitan la deforestación.
  D Sin ellos, no habrá vida en el planeta.

4 Según Silvia, ¿cómo se puede educar a muchas personas sobre los efectos de la deforestación?
  A Cuidando más del Amazonas.
  B Teniendo más información en la tele, los periódicos, Internet, etc.
  C Prohibiendo muchas industrias.
  D Terminando con los bosques.

5 Según Carlos, ¿por qué está en peligro de extinción el oso panda?
  A Su hábitat se ha reducido considerablemente.
  B El número de osos en total está en peligro.
  C Porque está muy triste actualmente.
  D A causa de su representación de China.

6 Según Carlos, ¿por qué es importante ser miembro de un grupo ecologista?
  A para protestar.
  B para tomar acción directa.
  C para salvar a todos los osos.
  D para no extinguirse.

G **2** Los pronombres de relativo (1). Consulta J en la sección de gramática. Mira las respuestas a estas preguntas y escoge el pronombre correcto.

Ejemplo: 1 el que

  1 ¿Tienes un bolígrafo verde? No, *el que / la que* tengo es rojo.
  2 ¿Reciclas la basura orgánica? *La que / El que* reciclo no es orgánica. Reciclo plástico y pilas.
  3 ¿Entiendes todo? No, *lo que / las que* no entiendo es el problema de matemáticas.
  4 ¿Llevas todos los calcetines en la mochila? No, *las que / los que* llevo son los calcetines de deporte.
  5 ¿Son españolas esas chicas? ¿Cuáles? ¿*Los que / Las que* están en la playa?
  6 ¿Tu tío vive en Huelva? Mi tío, *quien / lo que* era escritor, vive en Cádiz.
  7 ¿Son esos chicos tus amigos? *El que / Los que* están jugando al rugby son mis amigos.
  8 ¿Te gustan los nuevos profesores del insti? Los profesores *las que / que* enseñan literatura me gustan.

Madrid tiene un nuevo protocolo de tráfico contra la contaminación

El ayuntamiento de Madrid tiene un plan nuevo para controlar el tráfico en la capital y **1** .... de dióxido de nitrógeno, que son tan dañinos. En este plan, lo más importante es incentivar el uso de **2** .... en los coches, y también los vehículos menos contaminantes como los coches eléctricos, híbridos y de gas, que nunca serán sancionados por circular en el centro de la ciudad.

Entre las medidas para reducir las emisiones contaminantes de los coches, **3** .... la velocidad a 70 kilómetros por hora en la ciudad, se prohíbe el aparcamiento de más de media hora en las calles del centro y **4** .... el sistema de bicicletas por toda la ciudad. BICIMAD es un servicio con más de 2.000 bicicletas que están distribuidas por toda la ciudad en 164 estaciones. Tiene mucho éxito y a los madrileños les encanta usar la bici para ir a trabajar o simplemente **5** ....

Un carril-bici en el centro de Madrid

la ciudad. El problema es que no hay suficientes calles adecuadas para que los ciclistas no estén en peligro con el resto de los coches. Con este nuevo plan de tráfico, Madrid quiere adecuar más de 64 calles y avenidas en la capital para que las bicis tengan un espacio individual sin afectar al tráfico, o en algunas calles, eliminar los coches **6** ....

Otra medida con mucha controversia son las restricciones de tráfico. Si el nivel de contaminación es **7** .... en la ciudad más de dos días continuos, lo que es habitual, habrá una restricción del número de coches en los barrios más importantes, que tendrán menos humos como consecuencia. La alcaldesa de Madrid, Manuela Carmena, quien es muy ecologista, ha afirmado que casi todos los madrileños **8** .... con convicción estas restricciones.

3 Lee esta noticia sobre el tráfico en la capital de España. Indica la letra correcta para cada palabra o expresión que falta.

Ejemplo: 1 D

A por completo	**C** muy elevado	**E** se aumenta	**G** alta ocupación
B se limita	**D** *reducir las emisiones*	**F** aceptarían	**H** pasear por

4 Prepara unas respuestas detalladas a las siguientes preguntas sobre el medio ambiente. Trabaja con tu compañero/a. Haced turnos preguntando y respondiendo a las preguntas.
1 ¿Cuáles son los problemas medioambientales en tu país?
2 ¿Qué efectos de estos problemas puedes observar?
3 ¿Qué has hecho tú para combatir estos problemas?
4 En el futuro, ¿cuál será el mayor problema global con el medio ambiente?
5 ¿Qué solución puedes sugerir?

5 Escribe dos párrafos. En el primero, habla de los problemas ambientales más importantes y sus consecuencias. En el segundo, habla de las soluciones a estos problemas, a nivel personal y global.

3.5 Weather

Embarque

3.5a ¿Qué tiempo hace?

★ **Entender y usar las expresiones meteorológicas**
★ **Los puntos cardinales**

1 Lee las siguientes frases sobre el tiempo y luego mira el mapa. Decide si las afirmaciones 1–8 son verdaderas (V) o falsas (F).

Ejemplo: 1 V

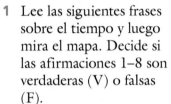

Hoy, el tiempo será muy diferente por todas partes de España.

1 En el norte, hace frío y graniza. ¡Atención!

2 En el sur hace calor: temperaturas muy altas, más de treinta grados.

3 En el centro del país, hace sol y viento.

4 En el este, está muy nublado.

5 En el oeste, llueve… ¡viene agua!

6 En el noreste nieva.

7 En el suroeste hay tormenta.

8 En el sureste hay niebla muy intensa ¡Mala visibilidad!

2 a Vas a oír diferentes frases sobre el tiempo en algunas partes del mundo. Escucha con atención y completa las frases con la palabra necesaria.

Ejemplo: 1 calor

1 El centro de Portugal: hace mucho ....

2 En el este de México: temperaturas ....

3 En Barcelona: hace mal tiempo. Hay tormenta y ....

4 No usen el coche en Los Ángeles porque hay ....

5 Hace mucho .... en el sureste de Nicaragua.

6 Mallorca: hace .... y hace ....

7 Temperaturas de .... grados en Buenos Aires.

8 Hoy .... en el noroeste de Colombia.

2 b Haz una lista con todo el vocabulario nuevo que has encontrado hasta ahora.

3 Los puntos cardinales. Consulta T5 en la sección de gramática y luego reescribe los anagramas en las frases siguientes para formar puntos cardinales.

Ejemplo: 1 norte

1 En el ~~roent~~ de Inglaterra llueve mucho.
2 En el ~~tese~~ de Francia hace viento.
3 En el ~~urs~~ de Escocia hace frío.
4 En el ~~ronesteo~~ de Grecia hace calor.
5 En el ~~rustese~~ de Alemania hay niebla.
6 En el ~~teseo~~ de Italia está nublado.
7 En el ~~nroeest~~ de Egipto hace mucho sol.
8 En el ~~sruseteo~~ de Irlanda graniza.

4 a El sonido de la "r" suave y la "rr" fuerte en español. Escucha esta frase y separa las palabras. Repite la frase tres veces, tradúcela a tu propia lengua y apréndela de memoria.

ElrabodemiperroLuceroesmarrónycortoynosemuevecuandocorrelamaratónenCaracas

4 b Lee la frase en alto y díctala a tu compañero/a para que la escriba. Después tu compañero/a te la dicta a ti. ¿Quién tiene menos fallos?

5 Responde a las preguntas con un(a) compañero/a de clase y usa la tabla para ayudarte. Puedes inventar las respuestas.

1 ¿Qué tiempo hace hoy en el norte del país?
2 ¿Cómo es el tiempo en el sur?
3 ¿Qué tiempo hace hoy en el este? ¿Y en el oeste?
4 ¿Hace buen tiempo en el centro?
5 ¿Cómo es el tiempo hoy en el este?

En el norte / sur / este / oeste / noreste / noreste / sureste / suroeste del país	hace (mucho) sol / hace calor / hace frío / hace buen tiempo / hace mal tiempo / hace viento
	hay niebla / hay tormenta / hay cielos despejados / hay temperaturas bajas / altas
	está nublado
	graniza llueve nieva

6 Escribe tres frases sobre el tiempo en tu país hoy o en cualquier país de tu elección. Usa la tabla y tus respuestas de la actividad 5 para ayudarte.

Despegue

3.5b El pronóstico de hoy

★ **Entender boletines meteorológicos más extensos**
★ **Las expresiones impersonales sobre el tiempo**

1 a Lee el boletín meteorológico de Argentina para el día de hoy y contesta a las preguntas. ¡No uses el mapa del ejercicio 1b!

Ejemplo: 1 18 grados

1 ¿Cuál es la temperatura en el norte de Argentina hoy?
2 ¿Qué tipo de viento hay en la costa?
3 ¿Por qué es peligroso cerca de la ciudad de Salta? (2)
4 ¿Qué tipo de precipitación hay en el centro?
5 ¿Qué podría ocurrir a causa de las tormentas en Buenos Aires? (2)
6 ¿Quiénes están interesados en el tiempo en el sur de Argentina?
7 ¿Cuál es la temperatura máxima en el sur de Argentina hoy?
8 ¿Dónde hace viento y nieva?

El tiempo nacional

Hoy en Argentina las diferencias entre norte y sur serán más que evidentes. Hoy en el norte hace buen tiempo, hace un sol espléndido y las temperaturas se esperan bastante altas, en torno a los 18 grados durante el día. En la costa hay brisas ligeras, pero atención cerca de la ciudad de Salta, porque durante la noche habrá vientos fuertes que pueden ser peligrosos.

En el centro, hoy está nublado con precipitaciones en forma de lluvia débil. En la capital, Buenos Aires, hay tormentas con riesgo de inundación en los barrios cerca del río de la Plata. Es muy importante mencionar, para los amantes del esquí, que las temperaturas en el sur serán muy bajas, con mínimas de menos 12 grados y máximas de menos 3. En la ciudad de Ushuaia hace viento y nieva.

1 b El tiempo del mapa de Argentina no se corresponde con el boletín. ¿Qué diferencias hay? Haz una lista con las diferencias que observas en…
● Buenos Aires
● el norte de Argentina
● el sur del país y la ciudad de Ushuaia

Ejemplo: No hay tormentas en Buenos Aires.

2 a Vas a oír a cuatro jóvenes que hablan del clima donde viven. Lee las siguientes frases y decide si tienen una opinión positiva (P), negativa (N) o positiva y negativa (P+N).

Ejemplo: 1 N

La opinión de…
1 Gema sobre la nieve.
2 Gema cuando hay cielos despejados.
3 Alberto sobre el calor en su ciudad.
4 Alberto cuando hace viento.
5 Sira sobre vivir cerca de la costa.
6 Sira cuando hay tormentas de arena.
7 Néstor sobre el clima donde vive.
8 Néstor sobre el tiempo en primavera y verano.

2 b Añade a tu lista de vocabulario sobre el tiempo palabras y expresiones nuevas y las cuatro estaciones.

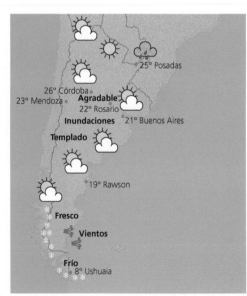

3 Las expresiones impersonales sobre el tiempo. Consulta N21 en la sección de gramática y completa las frases con una de las opciones.

Ejemplo: 1 hace

1 En Chile hoy *hace / es* muy buen tiempo.
2 Me gusta mucho cuando *llueva / llueve* en Pamplona.
3 En los valles de Asturias en invierno *hay / tiene* niebla.
4 ¡Qué frío! Ahora no *nieve / nieva* pero en la tele dicen que empieza a las nueve.
5 ¡Mira qué nubes tan oscuras! *Hace / Hay* tormenta.
6 Cuando *hace / hay* fresco me gusta salir a tomar un helado.
7 Ahora no *granizo / graniza* y podemos ir al supermercado.
8 Siempre *está / es* nublado en la costa de Colombia.

4 Escribe un párrafo sobre el tiempo en tu región. Usa la tabla para ayudarte en tus respuestas e intenta añadir más información. Describe:

- el tiempo en tu región en general
- el tiempo que te gusta más y por qué
- el tiempo que no te gusta y por qué

Por lo general, en mi región	hace (mucho) frío		es muy agradable
Con respecto al tiempo, me gusta cuando	hace calor	porque	puedo ir a la playa
	hace sol		es precioso
	hace viento		es ideal para pasear / ir de paseo con mi perro
No obstante, no me gusta cuando	hace fresco		es difícil andar por la calle
	está nublado		es peligroso
	hay niebla		no es posible salir de casa
	hay tormenta		no puedo jugar en el jardín
	hay brisas ligeras		
	hay cielos despejados		
	nieva		
	llueve (a cántaros)		
	graniza		

5 Trabaja con otra persona para realizar un juego de rol. La situación es la siguiente: "Estás hablando por teléfono con tu amigo/a español(a) sobre el tiempo donde vives." Elegid los papeles – con el papel A (el/la amigo/a español(a)) inicias la conversación y con el papel B respondes.

1 A ¿Qué tiempo hace hoy donde vives? B …
2 A ¿Qué tipo de tiempo te gusta más? B …
3 A Háblame de las actividades que haces cuando hace buen tiempo. B …
4 A ¿Qué tiempo hizo el diciembre pasado? B …
5 A ¿Cuál es el pronóstico para mañana? B …

Vuelo

3.5c El clima nos afecta y nos cambia

★ **Describir los efectos del clima en ciudades y regiones hispanohablantes**
★ **El imperfecto**

España y el cambio climático

En España hay numerosos problemas con el cambio climático que afectan a muchas ciudades, ecosistemas y territorios.

En primer lugar, en el norte del país el cambio climático amenaza a animales como el oso, que se alimenta directamente de peces en los ríos. El agua de los ríos está cada vez más sucia y los peces están intoxicados, lo que afecta al oso, que ya está en peligro de extinción. Hace 100 años había dos veces más osos que ahora.

En segundo lugar, el este de España, sobre todo la región de Valencia, sufre numerosas lluvias en un periodo muy corto de tiempo, a finales de agosto, que se llama "la gota fría". Este fenómeno causa muchos daños en las ciudades y el campo, pero

La amenaza del cambio climático

el resto del año no llueve lo suficiente. Durante el siglo pasado, Valencia disfrutaba de un clima mediterráneo con lluvias, periodos soleados, frío y calor. Hoy en día no hay tantos contrastes.

En tercer lugar, el sur de España es la parte del país que más sufre los efectos de la falta de lluvia. En la ciudad de Córdoba, por ejemplo, tienen unos catorce días de lluvia, de media, al año. Hace tres décadas la ciudad tenía suficiente agua en sus reservas para cinco años, pero hoy en día apenas tiene para tres meses.

Finalmente, el centro de España, en especial la ciudad de Albacete, sufre problemas de vientos huracanados. Anteriormente Albacete era una ciudad tranquila, pero hoy en día, como consecuencia del cambio climático, en la ciudad ha habido varios accidentes con árboles que se han partido en las calles y parques.

1 a Lee la noticia sobre el cambio climático en España y completa las frases con las terminaciones correctas según el sentido del texto.

Ejemplo: 1 E

1 En el norte de España	**A** durante la mayor parte del año.
2 La cantidad de osos	**B** llueve dos semanas al año.
3 La gota fría	**C** tiene consecuencias negativas.
4 En Valencia no llueve	**D** no es tan tranquilo como era.
5 En Córdoba	**E** ciertas especies podrían desaparecer.
6 Dentro de tres meses Córdoba	**F** varios árboles se han caído en Albacete.
7 Hoy en día el clima de Albacete	**G** ha bajado un 50%.
8 A causa de los vientos fuertes	**H** no tendrá agua en sus reservas.

2 Vas a oír a tres personas que hablan de cómo el clima afecta a donde viven ahora y donde vivían en el pasado. Escucha con atención y marca las seis opciones correctas según lo que oyes.

Ejemplo: 1 C

1 ¿Cómo describe Filomeno el clima de su ciudad cuando era pequeño?
   A Había temperaturas bajas y lluvia.
   B Era muy variable.
   C Hacía bastante calor y no llovía mucho.
   D Era muy similar al clima de España.

2 En su opinión, ¿cuál es una consecuencia del cambio climático en Lanzarote?
   A Hay menos tormentas.
   B Es extremadamente estable.
   C Las carreteras son más peligrosas.
   D Las temperaturas en la costa no cambian.

3 Según Casandra, ¿por qué es especial Almería?
   A Siempre hace calor.
   B Está en el sur de España.
   C No hay mucha gente allí.
   D Tiene el único desierto de Europa.

4 ¿Por qué piensa que hay una crisis ahora en Almería?
   A No hay suficiente agua.
   B Llueve demasiado.
   C Las sequías son cada vez más raras.
   D Hace mucho calor.

5 Según Kiko, ¿qué problema hay en Cancún?
   A Las playas son enormes y muy largas.
   B Hace muy buen tiempo.
   C Hoy en día no hay tanta naturaleza.
   D Los hoteles son malos.

6 En su opinión, ¿por qué hay turistas que no quieren ir a Cancún?
   A Porque el campo no es muy interesante.
   B No es un lugar muy seguro a causa de los vientos fuertes.
   C Es demasiado tranquilo y verde.
   D Las construcciones son peligrosas.

3 El imperfecto. Consulta N4 en la sección de gramática y completa las frases con el verbo apropiado de la lista en su forma correcta.

Ejemplo: 1 jugaba

1 Manuel .... al tenis en el jardín.
2 Los pájaros .... alrededor de la ciudad.
3 ¿Tú .... pasteles de chocolate cuando .... pequeño?
4 Valentina y Javier .... por el océano Índico juntos.
5 Nosotras todas las mañanas .... muy temprano.
6 Cádiz .... un puente muy viejo. Ahora tiene dos.
7 Yo .... al colegio a pie cuando .... en Ciudad Real.
8 En Benidorm .... todas las noches de abril.

| levantarse | comer | llover | tener | navegar |
| vivir | *jugar* | volar | ser | ir |

4 Escribe unas 130–140 palabras sobre una región de tu elección, preferiblemente de un país hispanohablante. Menciona:
   - el clima en la región hoy en día
   - el clima hace 100 años ¿Era muy diferente o no?
   - cómo ha afectado el clima al medio ambiente
   - cómo afecta el clima a la vida de las personas en esa región
   - si está región estará en peligro o no en el futuro. Explica tu respuesta.

5 Trabaja con tu compañero/a. Haced turnos preguntando y respondiendo a las preguntas.
   1 ¿Cómo es el clima dónde vives tú?
   2 ¿Cómo afecta el clima a las personas en tu región?
   3 ¿Ha cambiado mucho el clima dónde vives en los últimos cien años? Explica.
   4 En tu opinión, ¿cómo cambiará el clima en tu región en las próximas décadas?
   5 Describe tu clima ideal y justifica tu respuesta.

3.6 Finding the way

Embarque

3.6a ¿Por dónde se va a...?

> ★ **Dar direcciones simples en la ciudad y preguntar por dónde se va**
> ★ **El uso de *tú* y *usted*; the imperative**

 1 Vas a oír a diferentes personas preguntando cómo llegar a los lugares. Mira el dibujo y decide qué lugar (A–H) se indica en cada caso (1–8). Empieza por la X.

Ejemplo: 1 H

 2 Mira el dibujo del ejercicio 1 y completa las siguientes frases con el lugar correcto. Empieza por la X.

Ejemplo: 1 teatro

   1 El .... está entre el supermercado y el estadio.
   2 La .... está enfrente de la cafetería.
   3 El .... está al lado del museo y enfrente de la estación de autobuses.
   4 Señor López, para ir al .... siga todo recto y tome la primera a la derecha. Está a mano izquierda, enfrente del cine.
   5 Señorita Viceira, para ir a la .... tome la primera a la derecha, luego la primera a la izquierda, y finalmente la primera a la derecha. Está a mano derecha.
   6 ¿El ....? Muy fácil, está aquí mismo, muy cerca, a mano derecha.
   7 A ver… la .... no está lejos. Usted, tome la primera a la izquierda, pase la estación de autobuses y tuerza a la izquierda.
   8 Señora Martín, el .... está cerca de aquí. Tome la primera a la derecha, y siga todo recto. Pase el parque y el cine. ¡Es amarillo y muy grande!

3 a El uso de *tú* y *usted*. Consulta M1 en la sección de gramática. Decide si las siguientes frases son formales (F) o informales (I).

Ejemplo: 1 F

1 Señora López, ¿Va a comer en el salón?
2 Perdona, ¿sabes dónde está el cine?
3 Mamá, ¿dónde tienes los lápices de colores?
4 Buenos días, señor Sánchez. ¿Desea beber algo?
5 ¿Dónde van a tomar el desayuno los señores?
6 Sigue todo recto y continúa por la avenida.
7 Doctor Martínez, ¿qué recomienda para un dolor de estómago?
8 ¿Vosotros queréis ir a Tenerife en barco?

3 b Elige una frase formal y otra informal y tradúcelas a tu idioma. Después, compara tus dos frases con las de otros/as compañeros/as en clase.

4 a El sonido de la "s" en mitad de una palabra en español. Escucha esta frase y separa las palabras. Repite la frase tres veces, tradúcela a tu propia lengua y apréndela de memoria.

DesdequevivoenMaspalomasveolamismacascadadeaguafrescacercadelapastelería

4 b Lee la frase en alto y díctala a tu compañero/a para que la escriba. Después tu compañero/a te la dicta a ti. ¿Quién tiene menos fallos?

5 Mira el mapa del ejercicio 1 y pregunta a un(a) compañero/a por dónde se va a cinco lugares diferentes. Haced turnos preguntando y respondiendo a las preguntas. Mira los ejemplos para ayudarte. Incluye frases formales e informales.

Informal
● Hola, ¿por dónde se va al supermercado?
● Sigue todo recto por la avenida y toma la segunda a la izquierda. Está a mano derecha.

Formal
● Señor, ¿dónde está el teatro?
● Muy fácil, siga todo recto y tuerza a la derecha.

6 Piensa en tu ciudad o el barrio donde vives. Escribe direcciones simples a tres lugares interesantes. Usa la tabla para ayudarte.

Para ir	al supermercado al banco al estadio al cine al parque al instituto al teatro	sigue todo recto y luego…	está a mano izquierda / derecha
	a la cafetería a la farmacia a la comisaría a la estación de autobuses a la estación de bomberos	toma la primera / segunda / tercera a la izquierda / derecha	

Despegue

3.6b Una excursión a Caracas

★ **Usar direcciones más concretas sobre cómo llegar a lugares en la ciudad**
★ **Las preposiciones antes del infinitivo; los números ordinales**

Preguntamos a Raúl, experto en Caracas

Ana	Hola Raúl, estamos un poco perdidos en Caracas, ¿Nos ayudas, por favor?
Raúl	Sí, claro, Ana, conozco la ciudad como la palma de mi mano, aunque nací en España.
Ana	Explícanos qué hacer para llegar al Mercado de Chacao.
Raúl	Está un poco lejos de aquí, pero es posible ir a pie sin cansarse mucho. Seguid todo recto y tomad la cuarta calle a la derecha. Luego tomad la primera a la izquierda. Está a la derecha del hospital. Este mercado tiene muchas flores de colores y fruta fresca. Es muy representativo de la ciudad.

Vista de Caracas, capital de Venezuela

Ana	¡Fenomenal! También nos gustaría visitar la Plaza Bolívar. ¿Dónde está?
Raúl	Desde aquí es facilísimo. Simplemente tomad la segunda a la derecha y caminad durante tres o cuatro minutos. Pasad por los semáforos y está al final de la calle, en la esquina. Tiene una estatua impresionante de Simón Bolívar a caballo. Es mi favorita en la ciudad y debéis parar a verla.
Ana	¡Ah! Y también nos gustaría ir al Cubo Negro. ¿Qué es y dónde está?
Raúl	El Cubo Negro es la zona de negocios y oficinas, pero también hay tiendas, una galería de arte y restaurantes. Desde aquí está muy lejos, es mejor ir en autobús. Está a la izquierda, en la sexta calle llamada Orinoco, cerca de la iglesia de Santa Teresa.
Ana	¡Gracias, Raúl!

1 Lee la conversación con Raúl sobre Caracas, y contesta a las preguntas.

Ejemplo: 1 Caracas

1 ¿En qué ciudad está Ana?
2 ¿Cómo se puede ir al Mercado de Chacao?
3 ¿Qué edificio está al lado del mercado?
4 ¿Qué tipo de comida menciona Raúl?
5 ¿Qué hay en la Plaza Bolívar?

6 ¿Cómo puedes llegar más rápido al Cubo Negro?
7 ¿Cómo se llama la sexta calle?
8 ¿Qué edificio está cerca del Cubo Negro?

2 Vas a oír a una turista y un empleado de una oficina de turismo hablando sobre cómo llegar a diferentes sitios en Caracas. Escoge los lugares (1–5) que corresponden con las declaraciones (A–F). ¡Atención! No necesitarás todas las declaraciones.

Ejemplo: 1 D

1 floristería
2 teatro
3 tienda de música
4 centro comercial
5 la parada del metro

A tienes que cruzar el río
B es mi lugar favorito
C está cerca de la rotonda
D es necesario caminar mucho para llegar aquí
E el edificio es muy moderno
F está en la tercera avenida

3 a Las preposiciones antes del infinitivo. Consulta P1 en la sección de gramática y completa las frases con una preposición del recuadro.

Ejemplo: 1 de

1 Voy a visitar Caracas antes .... viajar a China por **segunda** vez.
2 Raúl nos enseñó la capital de Venezuela después .... hablar sobre sus monumentos.
3 Voy a intentar cantar la canción .... leer la letra.
4 Aún tenemos mucho .... hacer. Queremos subir a la **décima** planta del edificio.
5 Mireia no quiere ir .... jugar al béisbol más porque es la **quinta** vez que juega hoy.
6 Ella salió del restaurante .... decir adiós a su madre.
7 Tengo dos entradas .... ver la **cuarta** parte de la Guerra de las Galaxias en el cine.
8 Voy .... leer este libro por **novena** vez antes .... empezar uno nuevo.

por	para	*de*	a	de	de	sin	a	para

3 b Vuelve a leer las frases anteriores y decide a qué número cardinal hace referencia cada ordinal en negrita.

Ejemplo: 1 segunda – dos

4 a Trabaja con otra persona para realizar un juego de rol. La situación es la siguiente: "Quieres ir a la costa, pero estás perdido/a y necesitas ayuda." Elegid los papeles – con el papel A (la persona que está perdida) inicias la conversación y con el papel B (el/la paseante) respondes usando la tabla con ideas.

1 A Buenos días. ¿Dónde está la estación de autobuses por favor? B …
2 A ¿Por dónde se va a la costa desde allí? B …
3 A ¿Usted ha ido a esta costa alguna vez? ¿Le gustó? B …
4 A ¿Podría recomendarme un restaurante allí? B …
5 A ¿Por qué recomienda este restaurante en especial? B …

La estación de autobuses está	cerca / lejos / enfrente / al lado de… / al final de la calle / a… minutos andando / a… metros/kilómetros
Para ir a la costa…	coge el autobús número… / toma la primera/segunda/tercera calle a la derecha/izquierda / sigue todo recto / gira en la rotonda / pasa por los semáforos / cruza la plaza/avenida
Fui a la costa	hace un mes/año / el verano pasado y me encantó / me gustó / fue fenomenal/estupendo/divertido
Recomiendo un restaurante / Usted podría ir a un restaurante	chino / de comida rápida / español / italiano / mexicano
Lo recomiendo / Me gusta porque…	es barato / limpio / guay la comida es deliciosa / sabrosa tiene un buen ambiente

4 b Ahora, cambiad de papeles y realizad el diálogo otra vez, sustituyendo otras palabras y expresiones de la tabla.

5 Escribe las direcciones para llegar a tres lugares diferentes desde tu casa. Intenta incluir las siguientes palabras al menos una vez. Dibuja tu propio mapa.

cruza	gira	esquina	cerca	allí

Vuelo

3.6c ¡De ruta y sin descanso!

★ **Planear una ruta en la ciudad con direcciones complejas**
★ **Las distancias y las aproximaciones numéricas**

Un paseo por Valdepeñas

Valdepeñas, un pueblo vinícola en el centro de España

Ruta A

Para visitar este famoso pueblo en el centro de España, partiremos siempre desde la céntrica Plaza de España. Desde allí, recomendamos visitar el convento de los Trinitarios. Para ir, no es complicado: cruza el paso de peatones a la derecha y sigue todo recto. Luego espera en los semáforos cerca de la rotonda y cruza al otro lado de la calle.

También recomendamos visitar el museo del vino. Valdepeñas es famoso por su producción de vino y es importante conocer este museo. Para llegar, toma la cuarta calle a la derecha y cruza el puente sobre el río Jabalón. Después, a mano izquierda toma la segunda calle a la derecha. Está a unos cinco minutos a pie desde allí.

Finalmente, para conocer la gastronomía local recomendamos la Fonda de Alberto, un restaurante típico manchego. Para ir, simplemente gira a mano derecha y continúa hacia delante por la avenida principal. Está al final, cerca de un parque infantil. Desde allí se puede visitar también la iglesia del Lucero, a unos dos kilómetros andando.

Ruta B

Esta ruta alternativa es la mejor opción para conocer realmente este pueblo manchego. En verano la calle principal está decorada con paraguas de colores y es muy fotogénica. Nuestro punto central será la Plaza de Europa. Desde allí, toma la tercera a la izquierda y camina unos cinco minutos todo recto. Después, gira a la izquierda y hay una zona peatonal muy bonita.

También debes visitar el parque Cervantes, con muchas fuentes y estatuas bonitas. Está a unos tres kilómetros. Cruza la calle en los semáforos y baja por el paso subterráneo, que es muy seguro aun por la noche. Después, toma la salida que pone dirección norte y sigue todo recto hasta la esquina. Allí verás el parque.

1 a Lee la información sobre dos rutas diferentes para explorar Valdepeñas y contesta las preguntas.

Ejemplo: 1 la Plaza de España
1 ¿Cuál es el punto de partida de la ruta A?
2 Para ir al convento de los Trinitarios, ¿qué dos cosas hay que hacer antes de esperar en los semáforos? (2)
3 ¿Por qué es recomendable visitar el museo de vino?
4 ¿Qué se puede hacer para probar la comida típica de Valdepeñas?
5 ¿Por qué se recomienda la ruta B?
6 ¿Por qué es diferente en verano, la calle principal?
7 ¿Cómo sabemos que no es posible ir en coche por todas las partes de la ciudad?
8 ¿Por qué se recomienda visitar el parque Cervantes? (2)

1 b Lee la información otra vez. Haz una lista de vocabulario con las palabras útiles del texto, tradúcelas a tu propio idioma y apréndelas de memoria.

2 Vas a oír a cuatro jóvenes que planean un viaje. Escúchalos con atención y explica qué significa cada número.

Ejemplo: 1 7 = el número de línea de autobús para ir al Palacio de Cultura

1	7	5	72
2	2,5	6	98
3	62	7	1991
4	23	8	500

3 Distancias y aproximaciones numéricas. Consulta S3 en la sección de gramática y reescribe las siguientes frases en orden lógico.

Ejemplo: 1 A cinco kilómetros de Madrid hay un lago.
1 Madrid hay un lago A kilómetros cinco de.
2 está a El minutos de aquí mercado unos veinte.
3 a treinta del La kilómetros montaña está centro.
4 setecientos con agua fresca metros hay una fuente A unos.
5 a media hora la aldea llegaremos en Creo que.
6 Tuerce derecha y a la comisaría unos cien metros a la está.
7 metros una pastelería más o A cuatrocientos menos hay.
8 está minutos en coche a unos quince El aeropuerto.

4 Describe una ruta en una ciudad de tu elección a tus compañeros/as de clase. Prepara notas e incluye:
1 tres o cuatro sitios de interés
2 las direcciones para llegar a los sitios
3 las distancias o el tiempo que se tarda en llegar a los sitios
4 opiniones personales o recomendaciones

5 Basándote en tus notas para la actividad anterior, ahora escribe y diseña un folleto turístico sobre tu ruta en la ciudad.

3.7 Travel and transport

Embarque

3.7a ¿Cuál prefieres, el tren, el metro o el autobús?

★ **Hablar del transporte público**
★ **Preposiciones**

 1 a Vas a oír a ocho personas hablar sobre el modo de transporte que usan para ir a diferentes lugares. Escucha y empareja el modo de transporte que usan y el lugar adonde van.

Ejemplo: 1 en coche, el restaurante

> **Los modos de transporte**
>
> | en tren | en tranvía | en avión |
> | en coche | en metro | andando |
> | en autobús | en bicicleta | |

> **Los lugares**
>
> | el instituto | el campo | el supermercado |
> | el cine | las montañas | el restaurante |
> | la playa | el centro comercial | |

1 b Haz una lista del vocabulario y aprende la lista.

Alberto: Voy al colegio en autobús porque es rápido.

Noelia: Mi problema es que el metro está muy lejos y tengo que ir andando hasta mi casa.

Raúl: Me encanta volar. Los aviones son el transporte perfecto si quieres ir al extranjero.

Raquel: Utilizo mucho el metro en la ciudad. Aquí en Bilbao hay una línea que va hacia la costa.

Santi: Me gusta la bicicleta porque es rápida y no contamina. En mi ciudad tenemos vías especiales para ciclistas.

Laura: Los trenes en España son muy buenos. Es posible viajar desde Madrid hasta Valencia en menos de dos horas.

2 Lee lo que dicen estas personas. Escribe V (Verdad) F (Falso) o N (No se menciona) para cada frase.

Ejemplo: 1 V

1 Alberto utiliza el transporte público.
2 Alberto solo viaja en tren.
3 Noelia va a casa directamente en metro.
4 A Raúl le gusta ir a Francia.
5 Raquel puede ir a la playa en metro.

6 Santi participa en competiciones de ciclismo.
7 La ciudad de Santi es muy buena para los ciclistas.
8 Laura piensa que los trenes son lentos.

3 a Las preposiciones. Consulta P2 en la sección de gramática. En las frases siguientes, elige la preposición correcta y escribe la frase completa.

Ejemplo: 1 a

1 Voy *a / en* casa en coche.
2 Viajo a Italia *hasta / en* avión.
3 ¿Hay autobuses en dirección *hacia / en* el centro?
4 Yo prefiero viajar *a / en* tren.

5 Tienes que viajar en esta línea de metro *en / hasta* el final.
6 ¿Vas andando *a / en* tu instituto?
7 ¿Vas en autobús *a / en* Málaga?
8 Sevilla está *en / hasta* el sur de España.

3 b Ahora cuenta los ejemplos de preposiciones en el texto del ejercicio 2.

Ejemplo: a 2

4 Prepara contestaciones a las siguientes preguntas. Usa la tabla a continuación para ayudarte en tus respuestas e intenta añadir más información. Haced turnos preguntando y respondiendo a las preguntas con diferentes compañeros/as de tu clase.

1 ¿Cómo viajas al instituto?
2 ¿Prefieres viajar en autobús o en coche? ¿Por qué?
3 Cuando vas de vacaciones, ¿cómo viajas normalmente?
4 ¿Qué piensas del transporte público en tu zona?
5 ¿Cuál es tu opinión de viajar en avión?

Normalmente A veces	tomo viajo en	(el) tren (el) metro	porque ya que	es más barato. es más conveniente. es más rápido.
Prefiero Me gusta más	viajar en tomar ir en	(el) coche (el) autobús (la) bicicleta (el) avión		
En mi opinión Me gusta / no me gusta	utilizar viajar en ir en			es muy lento. es un poco caro. es bastante incómodo.

5 a El sonido de la "c" y la "z" en español. Escucha esta frase y separa las palabras. Repite la frase tres veces, tradúcela a tu propia lengua y apréndela de memoria.

Cadadíaviajocincokilómetrosalzoodondetrabajoyalasonceycuartotomocaféyunamanzana

5 b Lee la frase en alto y díctala a tu compañero/a para que la escriba. Después tu compañero/a te la dicta a ti. ¿Quién tiene menos fallos?

3.7b ¿A pie, en autobús o cómo?

Despegue

★ **Expresar y justificar opiniones sobre diferentes modos de transporte**
★ **Los pronombres preposicionales**

Para mí el transporte público es esencial. Tengo 15 años y todavía no tengo permiso de conducir. Dependo mucho de **los autobuses**, **los trenes** y **el metro** para viajar.

En el autobús, por ejemplo, **un billete de ida** cuesta solo un dólar, y **un billete de ida y vuelta** un dólar con 50. Los billetes son válidos para toda la ciudad.

Tengo bicicleta y me gusta mucho para los viajes cortos, por ejemplo para visitar a mis amigos. Desafortunadamente, donde yo vivo **hay bastante tráfico** y algunos conductores de camiones son un poco locos en mi opinión. Parece que soy invisible para ellos. Si no voy muy lejos pues, **voy andando**, que es buen ejercicio también.

En mi familia somos todos muy diferentes. Mi madre no anda nunca. Para ella **el coche es más conveniente** porque es profesora y siempre tiene muchas bolsas con libros.

Mi padre prefiere el autobús. Para él es muy práctico cuando hay mucho tráfico en la hora punta. Hay **una parada** cerca de su oficina.

1 a Lee lo que Pedro escribe en su blog y traduce a tu propio idioma las palabras o expresiones marcadas.

Ejemplo: los autobuses = ?

1 b Lee este resumen del texto y escribe la palabra o expresión adecuada del recuadro para llenar los espacios. ¡Atención! Hay palabras que no necesitas.

Ejemplo: 1 coche

Pedro no tiene **1**.........., así que viaja mucho en **2**.......... . Un **3**.......... solo cuesta un dólar, pero un billete de **4**.......... es más económico. También monta en **5**.........., pero piensa que esto puede ser **6**.......... a causa del tráfico. Si no va muy lejos va **7**.......... . Los padres de Pedro tienen **8**.......... bastante diferentes sobre el transporte.

andando	bicicleta	caro	*coche*	ideas	peligroso
autobús	billete de ida	casas	ida y vuelta	parada	perfecto

2 Vas a oír una entrevista con Marta, que habla sobre el transporte. Empareja los distintos aspectos del transporte (1–5) con lo que dice Marta. (A–F).

Ejemplo: 1 C

Transporte
1 los jóvenes
2 el coste
3 la bicicleta
4 mal tiempo
5 medio ambiente

Lo que dice Marta
A Hay mucho peligro.
B Hay diferencias de opinión dentro de la familia.
C Ayuda con las actividades extraescolares.
D Es lo mismo para los adultos.
E Varía según el modo de transporte.
F Su padre le lleva en coche.

3 a Los pronombres preposicionales. Consulta M5 en la sección de gramática y completa las frases siguientes con el pronombre apropiado.

mí	él, ella	vosotros/as
ti	nosotros/as	ellos, ellas

Ejemplo: 1 = mí

1 No me gustan los autobuses. Para .... son muy lentos.
2 Prefiero viajar en tren. Para .... es mucho más cómodo.
3 A mi padre le gusta viajar en coche. Dice que para ....es lo mejor.
4 Mi hermana usa mucho la bicicleta. Para ....es mejor porque es muy ecológico.
5 Paco y yo damos muchos paseos. Para ....andar es muy relajante después de un día estresante.
6 Mis colegas de clase ya tienen moto. Para ....es perfecto porque son independientes, pero yo tengo miedo del tráfico.
7 Para ....el tranvía es lo mejor para moverme por la ciudad. Yo lo utilizo todos los días.
8 Tú y Yolanda vais mucho al cine. ¿Para ....es el pasatiempo preferido?

3 b Hay cuatro ejemplos de pronombres preposicionales en el texto del ejercicio 1. Búscalos y apúntalos.

4 Responde a estas preguntas con tu compañero/a. Haced turnos para hacer y responder a las preguntas.
1 ¿Usas mucho el transporte público?
2 ¿Cuánto cuestan los viajes típicamente?
3 ¿Qué viajes hiciste recientemente con el transporte público?
4 ¿Qué planes tienes para el fin de semana? ¿Cómo viajarás?
5 ¿Cuál es tu modo de transporte público preferido? ¿Por qué?

5 Escribe un artículo para tu revista escolar con el título "Yo y el transporte". Menciona:
- cómo viajas normalmente
- tu opinión sobre el transporte público donde tú vives
- los puntos de vista de tu familia
- detalles de un viaje que hiciste recientemente en transporte público

Vuelo

3.7c Desplazarse por la ciudad no es siempre fácil

★ **Describir una ruta por la ciudad**
★ **Los negativos; los pronombres preposicionales irregulares**

A SONSOLES Para celebrar la boda de mi amiga, Lucía, el marzo próximo, yo quería regalarle algo especial. Así que cogí el autobús para ir a un gran centro comercial que hay en las afueras.

B NACHO Nadie sabe lo difícil que es para mí llegar al insti en estos días. Por causa de la huelga de metro tengo que ir a pie, llevando todos los libros de texto conmigo, para no llegar tarde.

C MARIMAR ¡Ay qué mañana! A las ocho cogí el tranvía para ir a mi cita con el especialista, pero paramos a medio camino. Y claro nadie sabe nada, ni la causa ni si vamos pronto.

D JUAN La semana que viene es Semana Santa. Este año tengo el honor de participar. Con unos compañeros llevaremos una estatua por una ruta de la ciudad, pasando por todas las calles importantes.

1 Pedimos que nuestros pacientes lleguen con puntualidad a la hora indicada. Tu tratamiento depende de esto. Cómo llegar: en coche no olvides que hay que girar a la izquierda inmediatamente después de la catedral. Para las opciones de transporte público consulta nuestra página web. Siempre estamos contigo.

2 Actualmente hay muchos problemas con el metro. Las obras para mejorar el servicio no terminarán hasta enero próximo, dice la compañía. Añaden que el viajero debe prepararse para viajes más largos y más complicados y recomiendan que lleve una botella de agua siempre consigo durante estos meses de calor.

3 Aquí encontrarás toda clase de mercancías: desde libros de texto hasta ese algo para las ocasiones especiales. Cómo llegar: la línea 3 del metro llega prácticamente a nuestras puertas, además hay muchos autobuses. Si vienes andando, estamos al final del Paseo del Museo, delante del puente.

4 Cada marzo celebramos nuestra fiesta. Vagando por nuestras calles encontrarás puestos vendiendo cosas de regalo, libros y mucho más. Ven con el tranvía, en metro, a pie o con el autobús. Deja el coche en casa (las plazas de aparcamiento son escasas) pero trae toda la familia contigo.

5 Las actuales dificultades de transporte nunca son una razón para llegar tarde a las aulas. Ven andando si vives cerca, o coge la bici. No olvides los autobuses. La línea 7 sale de la estación de trenes, pasa por la Calle Mayor y luego la Calle San Antonio.

6 Saliendo de la Capilla Real a las 22.00 horas la procesión, a luz de vela, pasará por la Avenida de Argentina, la Calle del Sol y llegará a Plaza de Santa Ana a medianoche. El ayuntamiento facilitará servicio de autobuses hasta las 04.00 para poder volver a casa.

1 Cuatro personas describen su viaje a una parte de la ciudad. Lee los detalles de los viajes (A–D) y las descripciones de partes de la ciudad (1–6). ¿Dónde ha ido cada persona? Para cada descripción de viaje, escribe el número correcto (1–6). Lee con cuidado, porque hay frases para distraerte. Sobran dos descripciones.

Ejemplo: A 3

2 a Vas a oír hablar a cuatro personas sobre viajes a diferentes lugares urbanos. Copia la siguiente tabla en tu cuaderno, y rellena un detalle para cada casilla en español.

	Un lugar visitado	Un detalle de la ruta	Una dificultad	Una solución
1	*Ejemplo:* Museo de las Ciencias Naturales			
2				
3				
4				

2 b Cada persona dice varias cosas posibles para rellenar cada casilla de la tabla. Escucha más veces para añadir más detalles.

3 a Los negativos. Lee con cuidado O en la sección de gramática. Cambia cada una de las afirmaciones positivas a una afirmación negativa usando un negativo de la lista.

Ejemplo: Yo nunca trabajo los domingos. / Yo no trabajo nunca los domingos.

1 Yo siempre trabajo los domingos.
2 Alguien me podrá ayudar.
3 Hay la posibilidad de viajar en transporte público.
4 Yo también lo entiendo.
5 Pedro, ¿tienes algo para comer en el frigorífico?
6 Allí normalmente hace sol por la mañana.
7 Todo el mundo sabe que lo mejor es ir en tren.
8 Hay metro y sistema de tranvía en mi ciudad.

ninguna	ni… ni	nada
nunca ×2	tampoco	nadie ×2

3 b Ahora estudia la sección de gramática M5 sobre los pronombres preposicionales irregulares (*conmigo, contigo, consigo*). Busca todos los ejemplos en el texto del ejercicio 1 y traduce las frases donde aparecen a tu propio idioma.

4 Trabaja con otra persona para realizar un juego de rol. La situación es la siguiente: "Estás trabajando en la oficina de turismo de una ciudad española. Un cliente pide direcciones a un lugar de la ciudad." Elegid los papeles – con el papel A inicias la conversación y con el papel B respondes usando la tabla con ideas.

1 A Dime, ¿cuál es el lugar más interesante de la ciudad? B …
2 A ¿Por dónde se va para llegar allí. B …
3 A ¿Qué opciones hay para llegar por transporte público? B …
4 A La última vez que usted estaba allí, ¿qué hizo? B …
5 A ¿Qué me recomienda usted para mañana, y ¿por qué? B …

5 Escribe sobre una dificultad que has tenido recientemente para llegar a un lugar a tiempo. Si quieres, puedes mencionar:
- por qué tuviste el problema y qué pasó
- tu ruta y quién estaba contigo
- lo que querías ver o hacer allí
- algún aspecto que nunca olvidarás o nadie creería

Vocabulario

3.1a ¿Qué hay donde yo vivo?

el ascensor life
al lado de next to
el ayuntamiento town hall
la catedral cathedral
la comisaría police station
delante de in front of
detrás de behind
enfrente de opposite
entre between

la estación de autobuses/servicio bus/ service station
el estanco tobacconist
hay there is/are
el hospital hospital
la iglesia church
junto a next to
la librería bookshop
el mercado market
la montaña mountain

el museo museum
la peluquería hairdresser/hair salon
la playa beach
la plaza (mayor) main square
el polideportivo sports centre
el pueblo village
el río river
el teatro theatre
la universidad university
el/la vendedor(a) (shop) seller

3.1b ¿Vives en el campo o en la ciudad?

agradable nice, pleasant
aislado/a isolated
los alrededores surrounding area
ancho/a wide
antiguo/a old
barato/a cheap

la basura rubbish
caro/a expensive
el castillo castle
encontrar to find
interesante interesting
la plaza square

profundo/a deep
el pueblo village
la región region
típico/a typical

3.1c Pros y contras de cada lugar

la bicicleta bicycle
la ciudad city
demasiado/a too (+ adjective)
hacer deporte to do sport
más/menos... que more/less... than

la naturaleza nature
la playa beach
el pueblo village, town
tan... como as... as
tranquilo/a quiet

trasladarse to move
la tienda shop, store
el tren train
la verduras vegetables
vivir to live

3.2a ¿Qué venden aquí?

el banco bank
la cartera wallet
comprar to buy
Correos (m) Post Office
costar to cost
el cuaderno notebook
el/la dependiente/a shop assistant
en rebajas on sale
el escaparate shop window
escoger to choose

la farmacia chemist's, pharmacy
la floristería flower shop
hacer falta to need
hasta luego see you later
hasta mañana see you tomorrow
la joyería jeweller's
la juguetería toy shop
el kiosco de periódicos newsstand
el monedero purse
la papelería stationery shop

el puesto stall
la pulsera bracelet
la rebaja price reduction
el regalo present
la revista magazine
la tarjeta de crédito credit card
la tirita plaster
vender to sell
la zapatería shoe shop

3.2b Quisiera tres cuartos de queso manchego

la aceituna olive
el albaricoque apricot
animado/a lively
el barrio neighbourhood
la carne meat
celebrar to celebrate
la frambuesa raspberry

la gamba prawn
el huevo egg
el jamón cocido ham
el kilogramo kilogram
la lechuga lettuce
el pescado fish
el pollo chicken

poner to serve
el queso cheese
recomendar to recommend
la tarta cake
la zanahoria carrot

3.2c Le vamos a regalar una maleta

abrazar to hug
el abrazo hug
acordarse remember
el anillo ring
besar to kiss
la cartera wallet
el collar necklace
comprar to buy

el cuero leather
cumplir to turn (age)
enorme enormous
la maleta suitcase
mediano/a medium-sized
el monedero purse
la piel leather
el plástico plastic

la plata silver
plateado/a silver
querer to want
el recuerdo memento/souvenir
redondo/a round
regalar to give a present
triangular triangular

3.2d ¡Uy! Voy a devolver este vestido…

a rayas striped
el agujero hole
el armario wardrobe
la blusa blouse
el bolsillo pocket
el bolso handbag
la bufanda scarf
cambiar to change
la camisa shirt
cómodo/a comfortable
la corbata tie

devolver to return, to take back
  (to a shop)
disculparse to apologise
el error error, mistake
la falda skirt
favorito/a favourite
ofrecer to offer
pasado/a de moda out of fashion
el pantalón trousers
poner una queja to complain
la queja complaint

el recibo receipt
suelto/a loose
el suéter pullover
la sudadera sweater
la talla size
el tamaño size
la tela material
te queda bien it fits you, it suits you
traer to bring
el vestido dress
el zapato shoe

3.3a Voy a hacer unas gestiones al banco

abrir una cuenta to open an account
¿a cuánto está? how much is it?
ahorrar to save
ayudar to help
el billete note
la caja fuerte safe
el cajero automático cashpoint

el cambio change
la cuenta (corriente) (current) account
desear to wish
firmar to sign
gastar to spend
hacer gestiones to do paperwork
meter to put in

la moneda (extranjera) (foreign) currency
sacar dinero to take out money
la tarjeta de débito/crédito debit/credit
  card
la ventanilla counter
la vuelta change

3.3b En una cafetería con wifi

el buzón post box
la carta letter
la contraseña password
emocionante exciting, thrilling
enviar to send

escribir to write
la guía telefónica phone book
hacer cola to queue
llamar to call
navegar por Internet to surf the internet

oír to hear
el paquete parcel
preferir to prefer
recibir to receive
el sello stamp

3.3c ¡He perdido mi cámara!

aliviado/a relieved
buscar to look for
dejarse to leave behind
devolver to return
el guante glove

llevar to carry
la mochila rucksack, backpack
olvidar(se) to forget
el paraguas umbrella
perder to lose

la recompensa reward
sentir(se) to feel
sorprendido/a surprised
sospechar to suspect

3.4a Yo cuido del medio ambiente… ¿y tú?

el/la activista activist
apagar to turn off
bañarse to have a bath
la basura rubbish
la botella bottle
contaminar to pollute
el contenedor container
desaparecer to disappear

la ducha shower
ecologista ecological
gastar to waste
la lata can, tin
la luz light
el miembro member
orgánico/a organic
la pila battery

el plástico plastic
reciclar to recycle
separar to separate
la separación separation
(re)usar/(re)utilizar to (re)use
el (re)uso/la (re)utilización (re)use
el vidrio glass

3.4b Los parques nacionales en España y su importancia

anualmente yearly, every year
aislado/a isolated
allí there
el bosque forest
el caballo horse
conservar to conserve
contener to contain
el color colour
declarar to declare
la especie species
el hielo ice

impresionante impressive
la isla island
la libertad freedom
la naturaleza nature
ocupar to occupy
pasar to spend, to happen, to take place
el peligro danger
peligroso/a dangerous
la planta plant
la playa beach
proteger to protect

recibir to receive
la roca rock
salvaje wild
el sitio site, place
todo el mundo everyone
tranquilizar to calm down
tranquilo/a calm, quiet
tropical tropical
el valle valley

3.4c Nuestro planeta en peligro

el alcalde/la alcaldesa mayor
aparcar to park
el árbol tree
el calentamiento global global warming
el cambio climático climate change
cierto/a certain, true
el clima climate
la contaminación pollution
contaminar to pollute

dañino/a harmful
la emisión emission
la energía energy
la inundación flood
la medida measure
el medio ambiente environment
el nivel level
prohibir to prohibit
protestar to protest

la rama branch
los recursos naturales natural resources
reducir to reduce, to decrease
renovable renewable
la reserva natural (natural) reserve
respirar to breathe
respirar hondo to take deep breaths
el tráfico traffic

3.5a ¿Qué tiempo hace?

el centro centre
el cielo despejado clear sky
el este east
el frío cold
el grado degree
granizar to hail
llover to rain

la niebla fog
el noreste northeast
el noroeste northwest
el norte north
nublado/a cloudy
el oeste west
el sol sun

el sur south
el sureste southeast
el suroeste southwest
la temperatura temperature
el tiempo weather
la tormenta storm
el viento wind

3.5b El pronóstico de hoy

alto/a high
andar to walk
la arena sand
bajo/a low
brisa breeze
el clima climate
débil weak
fuerte strong

el invierno winter
ligero/a light
la lluvia rain
máximo/a maximum
menos less
mínimo/a minimum
el otoño autumn
pasear to stroll

peligroso/a dangerous
precioso/a beautiful
la precipitación rain
la primavera spring
el riesgo risk
el verano summer

3.5c El clima nos afecta y nos cambia

alojarse to stay
caluroso/a hot
el desierto desert
el espacio space
insuficiente not enough

la isla island
la línea line
la lluvia rain
permitir to allow, to let
poco/a not enough

el puente bridge
el río river
la sequía drought
suficiente enough
turístico/a touristic

3.6a ¿Por dónde se va a...?

aquí here
la avenida avenue
el banco bank
la cafetería coffee shop
la calle street, road
el cine cinema
la comisaría police station
la derecha right

donde where
enfrente in front of, opposite
el estadio stadium
estar to be
la farmacia pharmacy
ir to go
la izquierda left
luego then, next

el parque park
primero/a first
recto/a straight
seguir to follow, to continue
segundo/a second
el supermercado supermarket
tercero/a third

3.6b Una excursión a Caracas

caminar to walk
complicado/a complicated
conocer to know
la dirección direction, address
esperar to wait, to hope
la esquina corner

la estatua statue
girar to turn
las indicaciones directions
llevar to carry, to wear
el metro metro (underground)
el negocio business

nuevo/a new
la parada stop
perderse to get lost
la rotonda roundabout
el semáforo traffic lights
la zona area

3.6c ¡De ruta y sin descanso!

coger to take
construir to construct, to build
desde from
girar to turn
hacia to, towards

hasta until
partir to leave
el punto (de partida) point (of departure)
la salida exit
sobre about

subterráneo/a underground
valer (la pena) to be worth it
el viaje trip, journey

3.7a ¿Cuál prefieres, el tren, el metro o el autobús?

andando walking
el andén platform
a pie on foot
el autobús bus
el avión (aero/air)plane
barato/a cheap
la bicicleta bicycle/bike
el billete (de ida/de ida y vuelta) (return/ one way) ticket

blando/a soft
el coche car
cómodo/a comfortable
contaminar to pollute
difícil difficult, hard
fácil easy
el metro underground
porque because
preferir to prefer

rápido/a fast, quick
soler to be accustomed to, to tend to
tomar to take
el tranvía tram
el tren train
viajar to travel
ya que because

3.7b ¿A pie, en autobús o cómo?

acabar de to have just
andar to walk
bajar(se) de to get off (bus/train)
el/la conductor(a) driver
costar to cost
depender to depend
esperar to wait (for)
la hora punta rush hour

llevar to take, to carry
el metro underground railway, subway
la parada (bus/tram) stop
el paseo walk
el permiso de conducir driving licence
el precio price
próximo/a next
recientemente recently

salir to leave, to depart
tardar to take (time)
el tráfico traffic
transportar to carry
usar to use
utilizar to use
viajar to travel

3.7c Desplazarse por la ciudad no es siempre fácil

actual current, present
las afueras outskirts, suburbs
a medio camino half-way
añadir to add
la cita appointment, date
coger el autobús to catch the bus

desviarse to take a different route
estar desierto to be deserted
facilitar to provide
el lugar place
las mercancías goods, merchandise, things to buy

las plazas de aparcamiento parking places
con puntualidad punctually, on-time
la razón reason
el tranvía tram
vagar to wander

Viajeros en Cuba

Leamos las experiencias recientes de unos jóvenes viajeros a Cuba…

Rebeca Díaz

Cuando visité Cuba hace unos meses, fui a Pinar del Río, en el norte de la isla. Me impresionó mucho porque no representó la idea que tenía de una isla en el Caribe. En esta parte del país hay montañas y valles verdes. Por supuesto, hay playas maravillosas también. Lo mejor del viaje fue conocer a la gente por la calle. ¡Hay un ambiente muy amable en Cuba! Una familia me invitó a entrar en su casa y a comer y beber algo. Vi muchas casas con la puerta abierta todo el día. Visité una plantación de tabaco y probé el famoso sándwich cubano, que tiene pan tostado, queso y carne asada… ¡delicioso!

Las playas espectaculares en Varadero, Cuba

Un coche clásico y casas de colores en La Habana

Pedro Mariscal

Yo fui a la capital, La Habana. Me gustó mucho ver los coches antiguos de los años 50 y 60 por las avenidas de la ciudad. Históricamente, Estados Unidos tuvo un bloqueo político y económico con la isla y no hay muchos coches nuevos. Mi taxi era un Cadillac amarillo muy bonito. ¡Increíble! La Habana tiene más de dos millones de habitantes y hay mucha cultura que descubrir. Vi a muchos músicos tocando salsa por la calle y mucha gente baila al aire libre sin preocupación. ¡No hay estrés!

Javier Marcos

Pasé una semana estupenda en Cuba. ¿Mi lugar favorito? Cayo Perla, sin ninguna duda, porque es tan tranquilo y lleno de naturaleza. Allí hice buceo… ¡Espectacular! El agua azul turquesa es hermosa. En mi último día de viaje, visité el club Tropicana, donde hacen espectáculos de baile que son famosos en todo el mundo. Me gustó mucho, aunque muchos turistas dicen que es demasiado caro.

1 Lee las opiniones de los tres jóvenes sobre Cuba. Indica quién dice qué: Rebeca (R), Pedro (P) o Javier (J).

1 Pasé todo el tiempo en la ciudad.

2 Hay un sitio turístico que cuesta mucho dinero.

3 Recomiendo la comida cubana.

4 El estilo de vida es muy relajado.

5 ¡Es como vivir en un museo del automóvil!

6 La geografía de la isla es diferente a lo que yo esperaba.

7 Hice un deporte acuático.

8 La gente es muy agradable con los extranjeros.

2 Lee la ficha de información sobre Cuba y escribe los números que se corresponden con las letras

Ficha de información

1 Siglo XV: Los colonos españoles llegan a la isla de Cuba…

2 1812: Muchos esclavos sufren en la isla, especialmente los que…

3 1895: Con el general José Martí, Cuba obtiene…

4 1902: El 20 de mayo, se forma oficialmente la…

5 1952: Bajo el presidente Batista hay mucha…

6 1956: El general Fidel Castro y el Che Guevara empiezan la revolución cubana con el apoyo del…

7 1961: Se produce la invasión de la Bahía de Cochinos, una operación militar en la que tropas apoyadas por Estados Unidos…

8 2006: Fidel Castro está viejo y cede la presidencia a su hermano, Raúl Castro. Continúa la dictadura …

9 2015: Mejoran las relaciones comerciales y políticas con…

A vinieron de África.
B Estados Unidos.
C corrupción.
D por primera vez.
E pueblo cubano.
F la independencia de España.
G comunista.
H atacan a Cuba.
I república cubana.

3 Lee el texto y empareja los subtítulos A–D con los párrafos 1–4.

A Récord de temperaturas altas
B Una tormenta reciente

C La tormenta más peligrosa
D Dos estaciones bien diferenciadas

¡El clima en Cuba está loco!

1 El clima en Cuba es un clima tropical moderado. De noviembre a abril se da la estación seca y fresca, y en los meses de verano, la temperatura media sube hasta los 30°C, con una humedad un poco mayor. Con su clima tropical, Cuba es ideal para las vacaciones todo el año, pero los tornados y tormentas tropicales pueden sorprender a los visitantes a la isla.

2 El pasado mes de junio, se formó Colin, una tormenta tropical con vientos de 65 kilómetros por hora. Primero, hubo cielos despejados y sol, pero a las cuatro de la tarde del lunes, el viento cambió de dirección y en solo veinte minutos las lluvias torrenciales invadieron el norte y centro de la isla. Colin destruyó varias plantaciones de azúcar.

3 En el año 2008, Ike fue uno de los huracanes más fuertes en la historia reciente de la isla. Durante casi tres días este huracán con vientos muy rápidos destrozó casas y edificios por completo, arrasando con árboles y ciudades. Después llovió durante casi diez días seguidos y esto ocasionó inundaciones.

4 El año 2015 fue el más caluroso en la isla históricamente. A causa del fenómeno meteorológico de El Niño, las aguas en las costas cubanas también son más cálidas. El 28 de abril fue un día histórico porque la isla alcanzó su temperatura más extrema, 38,7 grados. Según los expertos, esto es una consecuencia del cambio climático.

Un huracán se mueve hacia Cuba

vuelo

¡Arriba México!

Archivo cultural: ¿Qué es la quinceañera?

La celebración de la quinceañera consiste en celebrar el quince cumpleaños de las chicas en países de Latinoamérica como una ocasión muy especial para simbolizar la transición de niña a mujer. Es una celebración tradicional católica con una mezcla de ritos aztecas, que hoy en día muchas familias celebran como una fiesta con banquete, regalos y baile.

Mi quinceañera: una cronología

Soy Lupita y vivo en Monterrey, en México. Ayer celebré mi fiesta de quinceañera y fue un día muy especial para mí y para mi familia. ¡Estuvimos planeando la celebración casi todo el año! Mi familia y amigos fueron muy importantes y cada miembro tuvo una tarea especial.

Con mi abuelita Carmela

Mi abuela está viuda y para ella, celebrar mis quince años es espiritual y religioso, y lo más importante es la celebración en la iglesia. Ella me ayudó a comprar mi vestido para la ceremonia religiosa…¡es como el vestido de una novia! Ella siempre cuenta que, cuando era pequeña, su fiesta de quinceañera fue muy sobria y no tuvo regalos, baile ni comida familiar.

Los preparativos antes de la ceremonia religiosa

Mi foto favorita con mis padres, Avelino y Samira

Con mis padres Avelino y Samira

Mis padres son muy generosos y empezaron a ahorrar dinero hace un año para poder celebrar mi fiesta de quince años con toda la familia, amigos y vecinos del barrio. Mi padre ha reservado un restaurante por completo y tenemos mesas para celebrar un banquete para 100 personas después de ir a la iglesia. Mi madre está muy emocionada porque dice que cuando tienes quince años ya eres una "mujercita" y tienes que ser más madura. Mi padre va a conducir una limusina rosa para mí y mis amigas del instituto.

Con mi mejor amiga Petronila

Petro es mi mejor amiga y ella celebró su quinceañera hace un mes. Su familia es más humilde y su fiesta fue más pequeña, por eso está muy sorprendida de todos los preparativos de mi fiesta. Petro me ayudó a escribir las invitaciones para mis amigos del insti. ¡He invitado a toda mi clase al baile!

Con Teo, mi amigo especial

Todas mis amigas dicen que Teo es mi novio, pero ¡solo es mi amigo! Teo fue mi acompañante al baile después del banquete, y preparó una coreografía muy romántica con un vals tradicional. Después de bailar, me cambié de ropa, me quité el vestido blanco y me puse otro rojo para disfrutar del resto de la fiesta.

1   **Lee la cronología de una quinceañera y decide si cada afirmación es verdadera (V), falsa (F) o no se menciona (NM).**

   1   **La quinceañera solo tiene sus orígenes en el catolicismo.**

   2   **Durante la fiesta, el banquete tiene que ser gratis.**

3 La abuela de Lupita no tiene marido.

4 Hoy en día la celebración es más modesta.

5 Según la madre de Lupita, una chica de quince años debe empezar a comportarse como una adulta.

6 Petro es mayor que Lupita.

7 Lupita y Teo tienen una relación muy romántica.

8 Mi color favorito es el rojo.

2 Completa las frases siguientes con una palabra de la lista.

1 Chichén Itzá es uno de los sitios más importantes e históricos en **1** ...., y está situado en la península de Yucatán, al **2** .... del país.

2 La antigua civilización **3** .... tuvo en esta ciudad su centro social y religioso durante muchos años.

3 Construida entre el 800 y el 1100 DC, la **4** .... central, el templo de Kukulcán, es un monumento apreciado mundialmente de fama internacional. La construcción tiene **5** .... pisos de altura.

El templo de Kukulcán en Chichén Itzá

4 El templo muestra como los mayas eran expertos en matemáticas, acústica y **6** ....

5 Hay varios datos que confirman las celebraciones religiosas, algunas con **7** .... humanos que se hacían en la parte superior del templo.

6 En el interior se han descubierto esculturas de animales como el **8** .... con incrustaciones de piedras preciosas como el jade.

| pirámide | jaguar | astronomía | sacrificios |
| sur | México | maya | nueve |

3 Lee y elige la palabra correcta.

¡Ándale, ándale!

No hay nada que represente mejor al folklore **1** *mexicano / colombiano* que una banda de mariachis cantando canciones **2** *tradicionales / modernas*. Generalmente la banda tiene como mínimo **3** *tres / ocho* personas que tocan la trompeta, el violín y el guitarrón (una guitarra clásica de tamaño **4** *grande / pequeño*). Lo más importante es llevar la ropa correcta, casi siempre blanca y **5** *negra / rosa*, y muchos mariachis llevan también el típico sombrero mexicano con **6** *flores / lunares* y motivos en diferentes colores.

Las bandas de mariachi son un reclamo turístico

Una de las canciones más reconocidas en todo México, que los mariachis suelen tocar en celebraciones como fiestas populares o **7** *bodas / funerales,* se llama *Ay, Jalisco no te rajes*, y se hizo muy famosa por el cantante Jorge Negrete. La letra habla de la región de Jalisco y su capital, Guadalajara, donde el mariachi es súper popular.

vuelo

Rincón del examen C1

Comprensión auditiva más compleja

Esta sección ofrece ayuda sobre los dos tipos de actividades de comprensión auditiva:

- Elección múltiple A, B, C, D
- Encontrar las frases verdaderas

Estrategias generales para la audición más compleja

→ Lee las instrucciones y preguntas con atención antes de escuchar para tener así una idea del tema o temas de la actividad.

→ Mientras escuchas, puedes tomar notas, pero recuerda tacharlas al final cuando termines.

Elección múltiple A, B, C, D

1 a Antes de escuchar, habla sobre las preguntas con un/a compañero/a de clase e intentad adivinar qué respuesta parece menos la correcta y explicad por qué. Puedes contestar en español o en tu propio idioma.

Ejemplo: 1 A parece menos probable porque 40 años es mucho tiempo para ser jefa. (A seems less probable because 40 years is a long time to be a boss.)

Estrategias

→ Lee el título y las cuatro opciones para cada frase (A, B, C, D). Así, tendrás una idea más clara sobre el tema de la actividad.

→ Puede que no escuches exactamente las mismas palabras y expresiones que lees en las preguntas, así que escucha con atención los sinónimos y expresiones similares. No te confundas con las frases negativas.

→ Si escuchas las palabras exactas, escucha con más atención, ¡porque a veces te pueden guiar hasta una respuesta incorrecta!

---

 1 b Vas a oír una entrevista en la radio con Adela Júcar, jefa de transportes de la ciudad de Madrid. Escucha la entrevista con atención y contesta a las preguntas escribiendo una X en la casilla correcta (A–D). Hay una pausa durante la entrevista.

1 Adela es jefa de transportes en Madrid desde hace…

A		40 años
B		14 años.
C		4 años.
D		varios meses.

2 Según Adela, el transporte público no puede ser caro porque…

A		los madrileños son pobres.
B		no es posible bajar los precios.
C		no es de buena calidad.
D		sirve a todas las personas.

3 Solo el 8 por ciento de los viajeros en metro…

A		compran billetes sencillos.
B		pagan menos que en la mayoría de las capitales europeas.
C		aumentan el precio de un billete.
D		viajan en autobús.

4 El metro ligero es…

A		sucio y rápido.
B		rápido e inútil.
C		rápido y ecológico.
D		contaminado y rápido.

5 Las bicicletas públicas…

A		aparecerán en el invierno.
B		tendrán restricciones.
C		estarán permitidas entre las 7 y las 9 de la tarde.
D		causan demasiados atascos.

6 El sistema de bicis en Madrid…

A		está concentrado en dos zonas de la ciudad.
B		tiene muy buena relación calidad-precio.
C		no existe fuera de la capital.
D		es el más avanzado de Europa.

Encontrar las frases verdaderas

2 a Antes de escuchar la entrevista, lee y traduce las frases a tu propio idioma con un(a) compañero/a.

Estrategias

→ Recuerda el orden: en la entrevista, hay parte 1 – pausa – parte 2 – pausa – parte 3. Cada grupo de cinco frases va con una parte de la entrevista.
→ Si no estás seguro, intenta adivinar la respuesta de acuerdo a lo que piensas que es más lógico en cada caso.

---

2 b Vas a oír una entrevista con Antonieta Campos, presidenta de la Asociación de Consumidores en Madrid, hablando sobre las rebajas. Para cada pregunta indica tus respuestas escribiendo una X en las dos casillas correctas (A–E). Hay dos pausas durante la entrevista.

1

A		Antonieta Campos declara que las rebajas en España todavía son muy populares.
B		Según datos oficiales, cada español gasta más de 150 euros en enero.
C		En Barcelona, la mayoría de las tiendas son de ropa y complementos.
D		Los supermercados venden más productos durante los periodos de rebajas.
E		Un 40% de las personas prefiere ir de compras en enero y julio.

[Pausa]

2

A		Es obligatorio que las tiendas rebajen los precios de todos sus artículos.
B		El cliente tiene derecho a saber el descuento total.
C		Las prendas de ropa más rebajadas son las chaquetas, pantalones y camisetas.
D		No se puede vender una prenda de ropa rebajada con defecto.
E		Para conseguir un reembolso, no es necesario tener el recibo.

[Pausa]

3

A		No está permitido rebajar productos de años pasados.
B		Muchas tiendas no vendieron camisetas de lunares en el año 2018.
C		está prohibido poner a la venta cosas nuevas durante los periodos de rebajas.
D		No hay tiempo para vender todos los productos rebajados.
E		Nunca se puede poner a la venta productos especiales solo para rebajas.

vuelo

Rincón del examen C2

Comprensión lectora más compleja

Estrategias generales para la lectura más compleja

→ Lee el título y las instrucciones con cuidado antes de empezar.

→ Lee el texto rápidamente para obtener una idea del tema del que trata.

→ Lee todas las preguntas antes de leer el texto al detalle.

Esta sección ofrece ayuda sobre dos tipos de actividades de comprensión lectora.

● Emparejar a gente con la opinión más adecuada

● Responder preguntas en español

Emparejar a gente con la opinión más adecuada

a		LEOPOLDO: Mi lugar ideal para vivir sería bullicioso. No me importa el ruido porque prefiero un ambiente muy animado. Por eso, es esencial que el lugar tenga mucha vida nocturna, aunque no me gustan tanto las ciudades grandes.	....
b		GLORIA: La gente en la calle y las multitudes me molestan. Para moverme prefiero usar transporte que no contamina y los fines de semana me encanta hacer alpinismo.	....
c		MIKEL: He visitado Roma para aprender más sobre la historia clásica. Esta ciudad es tan impresionante, sobre todo con respecto a su arquitectura. No cabe duda de que me encantaría mudarme allí.	....
d		NORMA: Estoy obsesionada con vivir en un pueblo bonito y aislado para disfrutar de la naturaleza y estar al aire libre. Además, no quiero comprar toda la comida en el supermercado, preferiría vivir de la tierra.	....
e		GINÉS: Vivir a orillas del mar me parece ideal. Me gusta caminar por la arena y contemplar las vistas maravillosas. No obstante, odiaría vivir en una zona con demasiados turistas.	....

1	**Sotogrande.** Una de las zonas residenciales más caras de Andalucía y de España. Sotogrande solo tiene 2.500 habitantes, aunque el número total de residentes llega hasta los 12.000 en verano.
2	**Frigiliana.** Uno de los pueblos más atractivos de España. Frigiliana tiene edificios tradicionales y un ambiente tranquilo y separado de la vida moderna. Con un clima excepcional durante todo el año, es fácil cultivar frutas y verduras allí.
3	**Madrid.** La capital de España; esta ciudad moderna lo tiene todo: arquitectura, arte, gastronomía y una vida nocturna incomparable. Es uno de los principales destinos del turismo europeo.
4	**Ribadesella.** Este lugar costero es un secreto bien guardado. La playa de Santa Marina es inmensa y perfecta y es una buena idea pasar la tarde aquí para disfrutar del paisaje pintoresco.
5	**Sitges.** Esta localidad está situada en la costa mediterránea. Tiene una gran infraestructura turística y se encuentran varias discotecas famosas aquí. Está extremadamente concurrido en verano.
6	**Mérida.** Esta ciudad es la capital de Extremadura, en el oeste de España. Es una Ciudad Patrimonio de la Humanidad y su casco antiguo es una maravilla. El anfiteatro, el acueducto y el puente romano merecen una visita.
7	**Granada.** esta ciudad animada y turística es un verdadero tesoro. Además, a solo 30 kilómetros de Sierra Nevada y a 70 kilómetros de la playa, Granada ofrece mucha variedad para sus residentes y los turistas.
8	**Montanejos.** Este municipio cuenta con solo 600 habitantes y es ideal para escaparse del estrés de la vida moderna. Hay pocos coches y autobuses y es un lugar famoso entre escaladores que quieren subir para finalizar disfrutando de vistas excepcionales.

1 a Con un(a) compañero/a, escribe unas notas breves sobre qué creéis que son los tres puntos clave para cada una de las cinco personas.

Estrategias

→ Intenta encontrar una opción en la que encuentres todos los puntos clave para cada persona.
→ Recuerda que no se necesitan todas las opciones.

1 b Las cinco personas quieren vivir en un lugar particular. Lee las preguntas (a–e) (página 167) y las descripciones (1–8).

¿Cuál es el mejor lugar para cada persona?

Para cada pregunta, escribe el número correcto (1–8) en la línea.

Estrategias

→ No siempre encontrarás la respuesta directamente en el texto, a veces aparece de manera más sutil.
→ Asegúrate de que entiendes en qué tiempo verbal está la pregunta, y respóndela correctamente.
→ ¡Presta atención a la información que te pueda llevar a una respuesta incorrecta!

El medio ambiente preocupa a los jóvenes

Hoy en día los jóvenes de 16 a 25 años en España lo tienen claro: según un estudio reciente de la universidad de Cantabria, su mayor preocupación actualmente es el medio ambiente y su conservación. La mayoría de ellos dice que debemos usar diferentes tipos de energía renovable para cuidar del medio ambiente, y otros, simplemente reciclar o cuidar de los parques y jardines en su ciudad.

En el sur de España la falta de lluvia ocurre cada vez más a menudo. Muchos jóvenes de esta parte de España están concienciados de tomar duchas en lugar de baños, y también de no usar el lavaplatos todos los días. Además, cada vez más adolescentes y jóvenes convencen a sus padres para no regar el jardín o lavar el coche en un garaje profesional donde usan mucha menos agua que en casa.

En el centro de España, especialmente en Madrid, la contaminación del tráfico en la ciudad causa suciedad en el aire y muchas personas sufren de asma y problemas respiratorios. Los jóvenes de la ciudad cada vez usan más el trasporte público y en los últimos 2 años, el 47 por ciento usa el metro – hasta cinco veces más a la semana que antes. Otra solución de los jóvenes de la ciudad es usar la bicicleta y simplemente ir a pie en las distancias cortas.

Por último, en el norte de España, el oso pardo, un animal icónico que vive en las montañas, podría desaparecer en los próximos 50 años. En total, se estima que solo hay unos 250 ejemplares en total, y el oso ya no hace su hibernación con normalidad debido a la contaminación de los ríos y el cambio climático. Muchos jóvenes de la zona están haciendo una campaña en los medios de comunicación dirigida a las escuelas de primaria para dar información sobre el estado actual de este animal, y parece que los niños están respondiendo muy bien.

Responder preguntas en español

2 a Lee el texto con un(a) compañero/a y anotad brevemente la información más útil que encontréis, por ejemplo, en qué tiempo verbal están las preguntas o qué tipo de información requieren.

2 b Lee el texto sobre el medio ambiente y los jóvenes. Contesta a las preguntas en español.

   a ¿Cuál es la prioridad de los jóvenes españoles hoy en día?

   b ¿Qué se puede hacer en la cocina para ahorrar agua?

   c ¿Por qué es importante convencer a los padres de no lavar el coche?

   d ¿Qué efectos perjudiciales tienen los atascos sobre la salud?

   e ¿Cómo sabemos que la popularidad del metro está en aumento entre los jóvenes? (2)

   f ¿Qué recomiendan los jóvenes si tienen que ir a un sitio a poca distancia?

   g ¿Por qué ha bajado tanto el número de osos pardos en las montañas? (2)

   h ¿Cómo se aseguran los jóvenes de la zona que los niños reciben información sobre el oso pardo?

   i ¿Cómo sabemos que esta campaña está teniendo éxito?

Despegue

4.1a ¿Cuántos años dura la educación secundaria en tu país?

★ **Hablar sobre el sistema educativo en España (aportando opiniones y detalles)**
★ **Pronombres y adjetivos interrogativos (2)**

Educación secundaria

En España, tras terminar los estudios de primaria (6–12 años), los alumnos empiezan la educación secundaria. Si te preguntas cuántos años pasarás en esta etapa y en qué consiste, aquí te lo explicamos.

¿Cuánto tiempo dura?

Con frecuencia nos referimos a ella como "la ESO", que significa "Educación Secundaria Obligatoria". Hay que completarla por ley (es decir, es obligatoria) y es gratuita. Son cuatro cursos académicos que van de los 12 a los 16 años de edad. Se divide en un primer ciclo de 3 años y un segundo ciclo de uno. Si deseas obtener una formación más orientada a tener un oficio (como peluquero, electricista o técnico deportivo), tras el primer ciclo, puedes prepararte para conseguir un título de formación profesional.

¿Qué asignaturas se estudian?

Hay una serie de asignaturas principales llamadas "troncales" (50% del total del horario) como matemáticas o primera lengua extranjera, asignaturas específicas como música o tecnología y asignaturas "de libre configuración".

¿Qué finalidad tiene?

Durante esta etapa los objetivos son:
● adquirir una cultura básica
● desarrollar el hábito del estudio
● prepararse para estudios futuros y obtención de un puesto de trabajo
● formarse como ciudadanos respecto a derechos y deberes

¿Qué pasa después?

Al terminar tus estudios de secundaria, puedes elegir entre tres opciones:
● seguir estudiando en la escuela secundaria conocida como "Bachillerato", que dura 2 años más antes de ir a la universidad.
● conseguir un título de formación profesional superior
● acceder al mercado laboral

INGLÉS   ARTE   MATEMÁTICAS

GEOGRÁFICA   EDUCACIÓN FÍSICA   HISTORIA

CIENCIAS   INFORMÁTICA   MÚSICA

1 a Lee el folleto sobre la educación secundaria en España y responde a las preguntas.

Ejemplo: 1 la educación primaria

1 ¿Qué es esencial finalizar antes de la educación secundaria?
2 ¿Con qué otro nombre se conoce a la educación secundaria?
3 ¿Cuáles son dos características de la educación secundaria?
4 ¿Cuál es la estructura de la educación secundaria?
5 ¿Para qué sirve obtener un título de formación profesional?
6 ¿Qué asignaturas representan la mitad del horario escolar?
7 ¿A qué objetivo pertenece esta descripción: "contar con unos conocimientos mínimos"?
8 En el último párrafo, ¿qué significa lo mismo que "encontrar un puesto de trabajo"?

1 b Haz una lista de vocabulario con las palabras del texto relacionadas con la educación secundaria. Tradúcelas a tu idioma y apréndelas. Clasifícalas en categorías (sustantivos, adjetivos, verbos).

2 Vas a oír a dos jóvenes, uno inglés (Tim) y otro español (Lucía), hablar sobre el sistema educativo en España. Decide si las siguientes afirmaciones son verdaderas (V) o falsas (F).

Ejemplo: 1 V

   1 Tim quiere saber en qué consiste el sistema educativo español.
   2 La educación primaria en España dura 8 años.
   3 Los estudiantes entre 12 y 16 años estudian la "ESO".
   4 La educación secundaria es obligatoria y gratuita.
   5 A Lucía no le gusta demasiado el inglés.
   6 Con un título de formación profesional es más lento encontrar trabajo.
   7 El Bachillerato es la etapa entre la ESO y la universidad.
   8 Tim piensa que el sistema español y el británico son muy diferentes.

3 a Pronombres y adjetivos interrogativos (2). Consulta H1 en la sección de gramática. Elige la palabra apropiada del recuadro para completar las frases. En una de las ocho frases, *qué* es un pronombre interrogativo. Indica cuál es.

Qué (×3)	*Cuántas*	Cuánto
Cuánta	Cuántas	Cuántos

Ejemplo: 1 Cuántas

   1 ¿ .... asignaturas en total estudias en el colegio, Francisco?
   2 ¿ .... tipo de aulas hay en tu colegio?
   3 ¿ .... ropa tienes que llevar en el colegio?
   4 ¿ .... dinero te has gastado en apps educativos, Marcos?
   5 ¿ .... opinas sobre llevar uniforme?
   6 ¿ .... gente (más o menos) va a la universidad en tu país?
   7 ¿ .... horas tienes de clase?
   8 ¿ .... amigos tienes en las redes sociales?

3 b Ahora busca al menos cinco ejemplos de pronombres y adjetivos interrogativos en el texto del ejercicio 1. Escríbelos y tradúcelos a tu idioma. Trata de deducir reglas para distinguir los adjetivos de los pronombres.

4 Pregunta y responde a las siguientes preguntas con un(a) compañero/a de clase.
   1 ¿Cuánto tiempo dura la educación secundaria en tu país?
   2 ¿A qué edad se comienza la educación secundaria en tu país?
   3 Háblame de lo que estudiaste en primaria.
   4 ¿Qué asignaturas te gustaría estudiar el año que viene?
   5 En tu opinión, ¿es importante seguir con los estudios después de secundaria? ¿Por qué (no)?

5 Escribe un mensaje (80–90 palabras) en tu blog. Recuerda utilizar *¿Qué?*, *¿Cuánto(s)?* y *¿Cuánta(s)?*
Educación secundaria
   ● ¿Cómo es el sistema educativo (para secundaria) en España?
   ● ¿En qué se diferencia con el de tu país?
   ● Al terminar la escuela secundaria, ¿qué se puede hacer en tu país?
   ● ¿Te gustaría estudiar con otro sistema educativo (secundaria)? Explica por qué.

Vuelo

4.1b Hace 2 años que no nos vemos

★ **Hablar sobre recuerdos de la escuela primaria**
★ **Contraste imperfecto/indefinido;** *hace/hacía... que / desde hace/hacía...*

Hola, Cris.

El otro día fui a una fiesta y me encontré con varios compañeros de primaria. ¿Te acuerdas de Miriam? Era muy simpática, ¿no? Como siempre se me olvidaban las cosas, un día me prestaba la regla, otro un lápiz, otro un sacapuntas... . Me acuerdo de que un día tú me pediste la goma y, aunque voló por encima de la cabeza de Miriam, no se enfadó ni nada. A pesar de que hacía 2 años que no nos veíamos, acordamos ir al cine juntas el jueves. ¿Te vienes?

Después vi a Ignacio, ese chico tan guapo que sonreía mucho. "Ignacio, madre mía, no te veo desde hace 4 años" le dije. Me preguntó que si me acordaba del día que tú trajiste tres ranas para una clase de ciencias naturales y se salieron del armario. Él estaba sentado justo al lado, se asustó muchísimo y empezó a dar patadas al armario. Luego tenía el dedo del pie muy hinchado. Desde entonces le dan mucho miedo las ranas. ¡Pobrecillo!

También vi a Mateo, tan hablador como siempre. Pensaba que a pesar de que la educación primaria dura 6 años, pasó muy rápido. ¡Qué lástima no vernos más! Se acordaba de una tarjeta navideña con figuras amarillas que tú dibujaste y que le encantaba. "¿Hace mucho tiempo que Cris no dibuja?" me preguntó. Le dije que dibujas menos, pero que tocas el piano muy bien y que tienes un piano precioso con teclas de colores.

Después estaba en el baño y apareció Andrea. Fue muy divertido porque yo creía que no había papel higiénico y le pregunté a la señora de la limpieza. Una chica señaló un armario donde había muchísimos rollos de papel. Las dos nos empezamos a reír y luego nos reconocimos. "¡Hace mucho que no te veo, Margarita! ¡Qué coincidencia! ¿Te acuerdas? La última vez que nos vimos fue en una clase de manualidades; ¡utilizamos un rollo de papel higiénico para hacer unos pingüinos con auriculares!"

Todos disfrutamos mucho y me dan saludos para ti. Te esperan en la próxima fiesta ☺.

Un beso,

Trabajo manual de primaria

Margarita

---

1 Lee el correo electrónico. Completa cada frase con una palabra de la lista. ¡Atención! Hay palabras que no necesitas.

ranas	sonrientes	colegio	película	escolares	secundaria
estupenda	goma	primaria	muchísimo	sacapuntas	música

1 Hace poco Margarita fue a una fiesta y vio a compañeros de la escuela ....
2 Miriam a menudo dejaba a Margarita sus materiales ....
3 El jueves Margarita y Miriam van a ver una ....
4 Ignacio era un chico muy alegre al que ahora le asustan mucho las ....
5 Mateo es una persona que habla .... y que piensa que Cris dibuja fenomenal.
6 Cris ahora dedica más tiempo a la ....
7 La última vez que Margarita y Andrea se vieron fue en el ....
8 Todos piensan que fue una fiesta ....

2 Vas a oír a una joven (Graciela), que habla sobre sus recuerdos de la escuela primaria. Escucha con atención y elige la respuesta correcta para cada una de las preguntas.

Ejemplo: 1 B

1 ¿De qué nos va a hablar Graciela?
  A de la escuela secundaria
  B de sus recuerdos de la escuela primaria
  C de su último día de colegio
  D de lo que hizo hace 3 años
2 El primer día fue al colegio con…
  A su amiga Berta.
  B su padre.
  C un caramelo.
  D todos los alumnos.
3 En realidad, Graciela y Berta…
  A no protestaron el primer día de colegio.
  B no querían un premio.
  C eran primas.
  D no se dormían durante la siesta.

4 Graciela se puso mala por…
  A no comer en el comedor.
  B no llevar abrigo al colegio.
  C comer demasiado.
  D culpa de un insecto.
5 La música de la profesora sonaba fatal porque…
  A tenía el dedo hinchado.
  B le molestaba un insecto.
  C no sabía tocar ningún instrumento.
  D le faltaba sentido del humor.
6 A Graciela le daba miedo estar en el baño…
  A sin Berta.
  B con sus profesores.
  C y no tener luz.
  D durante la clase de pintura.

3 Contraste imperfecto/indefinido. Consulta N3 y N4 en la sección de gramática. Lee las siguientes frases y usa la forma correcta del imperfecto o el indefinido en cada caso.

saber	aprender	estar
hacer	tener	encantar
ser	enfadar	

Ejemplo: 1 hacíamos

1 Nosotros ………. los deberes todos los días a las 7 pm.
2 Carmela a los 11 años todavía no ………. multiplicar.
3 Yo ………. francés ese año gracias a una excelente profesora.
4 Elvira y yo ya ………. amigas antes de la escuela primaria.

5 ¿Por qué te ………. tanto cuando jugábamos a las cartas?
6 Lourdes ………. una mala experiencia y desde entonces no le gustan las arañas.
7 ¿Tú ………. en clase el día que se inundó el colegio?
8 A mí me ………. la comida del comedor.

4 Trabaja con otra persona para hablar de vuestros recuerdos de la escuela primaria. Debes elegir el papel A (Estudiante 1, que hace las preguntas) o el papel B (Estudiante 2, que responde a las preguntas). Responde a todas las preguntas.
  1 A *¿De qué te acuerdas de la escuela primaria?* B …
  2 A *¿Has vuelto a ver a alguno/a de tus compañeros/as de entonces?* B …
  3 A *¿Qué cosas importantes aprendiste en esa etapa?* B …
  4 A *¿Te acuerdas de alguna anécdota? ¿Qué pasó?* B …
  5 A *¿Qué planes tienes cuando termines secundaria?* B …

5 Debes escribir 130–140 palabras en español. Escribe a un(a) primo/a sobre tus recuerdos de la escuela primaria. Menciona:
  ● cómo fue tu primer día de clase y el material escolar que utilizaste
  ● cómo conociste a tu mejor amigo/a de primaria
  ● tus recuerdos de uno de tus profesores
  ● un incidente del que todavía te acuerdas

4.2 Further education and training

Despegue

4.2a Me gustaría ser artista

★ **Hablar de educación y formación adicional**
★ **El condicional**

V

1 Encuentra cinco palabras que no corresponden al tema de la educación y la formación profesional.

la tarta	acostar	invitar	la fábrica	la discoteca
la cajera	aprender	hacer(se)	la enfermera	
la secretaria	el banquero	el artista	la alegría	

2 a Empareja las imágenes (1–6) con las habilidades del recuadro. ¡Atención! Hay más habilidades que imágenes.

Ejemplo: 1 saber idiomas

tratar con los clientes	usar el ordenador	ayudar a la gente
saber idiomas	diseñar	conducir
hablar en público	ser bueno para los negocios	

2 b Ahora lee el folleto en la página siguiente. Escribe la palabra o expresión adecuada del recuadro para rellenar los espacios.

Ejemplo: 1 ser bueno para los negocios

3 Vas a oír a Karina hablar sobre cómo cree que sería su experiencia según la profesión que elija. Escoge las profesiones (1–5) que corresponden con las declaraciones de Karina (A–F). ¡Atención! No necesitarás todas las declaraciones.

Ejemplo: 1 B

    1 banquera   **4** profesora
    2 artista   **5** pilota
    3 taxista

¿En qué trabajarían nuestros compañeros de clase?

A Sonia, si tú haces las prácticas laborales, podrías ser banquera. Hay que manejar bien el dinero, **1**.......... y calcular con facilidad. Además, ¡tienes que tolerar muy bien el estrés!

B Marcelo, como vas a trabajar de secretario este verano, aprenderás a **2**.......... y también a escribir cartas, mandar correos electrónicos y hablar por teléfono. ¿Te gusta la idea?

C Si Adrián es artista, va a **3**.......... ropa muy moderna y elegante. Ciertamente necesitará tener mucha imaginación e ideas originales para ser diferente. ¡Hoy en día, el mundo del diseño es muy exigente!

D Como a Paco le encantaría **4**.........., quiere ser enfermero. Es muy amigable y simpático y eso es importante para esa profesión. También tiene que pasar algunas noches despierto. ¡Debe ser muy cansado!

E Ruth, Alberto y Zoe deberían aprender a **5**.......... ; quieren ser profesores de universidad. Tendrán que habituarse a ser muy pacientes, trabajadores y serios, pero ... ¡no demasiado!

F Para encontrar trabajo más fácilmente, todo el mundo debería **6**.......... . El inglés es muy importante, el español se habla en muchos lugares y el italiano es precioso. ¡Lo más difícil es aprender idiomas rápido!

G Lucía, si quieres ser taxista, yo te recomendaría aprender a **7**.......... ya. Así, también puedes considerar otros trabajos como conductora de autobús (o camión), repartidora de pizzas o chófer.

H Y yo seguramente voy a trabajar de cajera en aquel supermercado. Me gusta **8**.........., no me importa trabajar el fin de semana y además, así puedo ganar algo de dinero de bolsillo. Perfecto.

A No todo es como uno se lo imagina.
B Me parece una profesión horrible.
C Nunca pensé que me dedicaría a eso.

D Viviría en un ático.
E Quiero estudiar en la universidad.
F Siempre tengo la mesa desordenada.

4 a El condicional. Consulta N8 en la sección de gramática. Usa el verbo en el condicional para completar las frases.

Ejemplo: 1 sería

   1 Si Asad pasara la entrevista, (*ser*) .... camarero en ese hotel.
   2 ¿A tu hermana no le (*gustar*) .... ser pilota?
   3 A sus alumnos les (*encantar*) .... hacer prácticas.
   4 Tú (*deber*) .... mejorar tu nivel de francés.
   5 Allí Rose y Tim (*poder*) .... tener el trabajo de sus sueños.
   6 A Ernesto le (*encantar*) .... trabajar de peluquero.
   7 Ellos (*hacer*) .... historia del arte en la universidad si pudieran.
   8 Shoaib, ¿(*decir*) .... que es bueno hacer prácticas laborales?

4 b Ahora busca al menos cinco ejemplos del condicional en el texto del ejercicio 2. Escríbelos y tradúcelos a tu idioma.

5 Pregunta y responde a las siguientes preguntas con un(a) compañero/a de clase.
   1 ¿Qué tipo de profesiones prefieres?
   2 ¿Cuál es la profesión de tus padres?
   3 ¿Cuáles son las desventajas de trabajar lejos de casa?
   4 Háblame de la última vez que pensaste en trabajar? ¿Por qué?
   5 En tu opinión, ¿es importante prepararse para la vida laboral? ¿Por qué (no)?

6 Escribe tus respuestas a las preguntas del ejercicio 5 para describir tus planes de futuro.

vuelo

4.2b Cuando termine la carrera...

> ★ **Hablar de lo que quieres ser y estudiar**
> ★ **Presente de subjuntivo de los verbos regulares (después de *cuando, para que, es posible que*)**

TamT9	Me encantaría ir a la universidad y llegar a ser arquitecta. Creo que es bastante difícil, así que es posible que aprenda sola a dibujar bien y a manejarme con las matemáticas antes de hacer la carrera. Amigos, cuando termine mi formación, os podré diseñar vuestra casa.

Arquitecta

Ger37	Yo sueño con ser diseñador. Mi abuelo lo era y mi padre también. Cuando pase los exámenes del colegio, iré a trabajar a su estudio. Por ahora, mi padre quiere que vaya allí los sábados para que experimente la profesión y salude a los demás empleados.
Triumph_23	En mi caso, quiero terminar los estudios de secundaria lo antes posible y entrar en el Ejército del Aire en cuanto cumpla 18 años. Mi padre también quiere que entre para que me forme como piloto. ¡Igual que él! Este verano voy a hacer prácticas en el Museo de la RAF en Londres y tengo muchísimas ganas.
Saida_fu	Me interesa mucho proteger el medio ambiente, así que es posible que estudie biología en la universidad. Antes trabajaré de voluntaria en organizaciones humanitarias en otros países. Así cuando empiece la carrera, me sentiré mucho más preparada.
Seren4H	Mis padres están algo preocupados porque me paso la vida en la cocina. Eso sí, cuando les sirvo mis ricos platos, ya se relajan un poco. Yo cuando termine los estudios en el instituto, voy a hacer un grado en química para que me sirva también en la cocina. Quiero ser chef y preparar platos sanos, deliciosos, originales y también bonitos, claro.
1920Nic	A mí me fascina la idea de tener mi propio negocio. Creo que cuando llegue el momento de decidir, no sabré si ir a la universidad o no. Por un lado, quiero aprender contabilidad y economía, pero por otro quiero empezar a ganar dinero ya. De momento, trabajo los fines de semana en una tienda de ropa.

1 a Lee los mensajes del foro y responde a las peguntas.

Ejemplo: 1 Va a prender a dibujar y a manejarse con las matemáticas.

    1 ¿Cómo se va a preparar TamT9 antes de hacer el grado de arquitectura?
    2 ¿Por qué va a ser fácil para Ger37 trabajar en un estudio?
    3 ¿Qué va a hacer Ger37 los fines de semana?
    4 ¿Cuándo quiere Triumph_23 comenzar su formación de piloto? (2)
    5 ¿Qué le motiva a Saida_fu a estudiar biología?

6 ¿Cuándo se les pasa la preocupación a los padres de Seren4H?

7 ¿Por qué quiere Seren4H estudiar química?

8 ¿Cuál es el dilema de 1920Nic? (2)

1 b Haz una lista de vocabulario con las palabras útiles del texto. Tradúcelas a tu idioma y apréndelas. Añade más palabras útiles de la sección de vocabulario.

2 Vas a oír a cuatro jóvenes hablar sobre sus planes de futuro. Indica quién dice qué: Joachim (J), Ángela (A), Mario (M) o Valentina (V).

Ejemplo: 1 A

1 Es posible que trabaje de forma independiente.

2 No me interesa continuar con mis estudios.

3 Es muy probable que un día me dedique a escribir.

4 Siendo mujer, puede que os sorprenda que quiera ser electricista.

5 Os avisaré cuando sepa en qué va a consistir mi negocio.

6 No seré feliz hasta que trabaje entre flores.

7 Es una suerte tener un familiar que conozca el oficio.

8 Parece que lo que escribo tiene bastante éxito.

3 a El presente de subjuntivo de los verbos regulares. Consulta N13 en la sección de gramática. Usa el verbo en el subjuntivo para completar las frases.

Ejemplo: 1 cante

1 Cuando tu hermano (*cantar*) .... en público, se hará famoso.

2 Te voy a dar un buen sueldo, para que te lo (*gastar*) .... en formación.

3 Cuando usted (*hablar*) .... alemán, le podré ofrecer el puesto.

4 Intentaremos hacerte director para que (*viajar*) .... a Venezuela.

5 Cuando (*aprender*) .... a cocinar, podrá pensar en ser chef.

6 Es posible que (*visitar*) .... tu país, si consiguen terminar la investigación.

7 Cuando (*estudiar*) .... medicina, no tendrás mucho tiempo de salir.

8 Descansad todo el día para que (*aguantar*) .... el estrés del trabajo nocturno.

3 b Ahora busca ocho frases con ejemplos de subjuntivo en el texto del ejercicio 1. Luego tradúcelas a tu idioma.

Ejemplo: es posible que aprenda

4 Escribe un informe para tu profesor(a) explicando tus planes para el futuro (130–140 palabras).

● ¿Qué planes tienes para cuando termines el instituto?

● Explica si vas a ir a la universidad y por qué (no).

● ¿Qué opinas del mundo laboral en España?

● Describe cómo fue tu experiencia la última vez que trabajaste o hiciste prácticas.

● Habla de alguien que tuvo la profesión que tú has elegido y de las cualidades que necesitó.

5 Responde a las siguientes preguntas con un(a) compañero/a de clase. Haced turnos preguntando y respondiendo a las preguntas.

1 ¿Qué te gustaría ser?

2 ¿Qué habilidades crees que necesitarás?

3 ¿Cómo puedes aprenderlas?

4 ¿Qué inconvenientes puede tener ese oficio/profesión?

4.3 Future career plans

Despegue

4.3a Cómo entrar en el mercado laboral

★ Hablar sobre los distintos tipos de trabajos y carreras
★ Pronombres interrogativos precedidos de preposición (2)

Cómo se gana la vida nuestro círculo de familiares y amigos

Aquí os explico en qué trabajan nuestra familia y nuestros amigos.

¿Sabéis con quién trabaja Arturo, mi hermano? ¡Con algunos de los futbolistas y atletas más famosos del mundo! Siempre quiso ser árbitro y ahora ese es su trabajo. Al principio, verlo en la televisión era divertido. Ahora nos hemos acostumbrado.

Mi padre

Mi papá está jubilado, pero ¿sabéis en qué trabajó durante toda su vida? Fue marinero militar. Sus estudios fueron bastante difíciles porque hizo la carrera de ingeniería ya como militar. Pasaba mucho tiempo fuera de casa, así que ahora estamos muy contentos de que no trabaje.

Y mi prima Sandra… Ella trabaja de basurera. Quiere ser abogada, pero trabaja los fines de semana para ahorrar. No le gusta limpiar la basura de los demás. ¿Con qué disfruta más? Disfruta hablando con gente que no conoce de nada. Así aprende mucho de la vida, como le dice su padre. Su sueño es defender a los más débiles.

Mi amigo Alberto es médico. Estudió medicina en Sevilla. Llegar a ser médico no ha sido fácil. Ha estudiado muchas horas. ¿De qué se lamenta? De nada, porque le gusta ayudar a los demás y porque ahora tiene un buen trabajo. Vive tranquilo y tiene suficiente dinero para su familia.

La próxima semana os contaré la historia de mis tres hermanas: Carmen (arquitecta), Silvia (actriz) y Esther (peluquera). ¡Hasta pronto!

(Escrito y editado por Francisco)

1 Lee este artículo sobre las profesiones de los familiares y amigos de Francisco. Completa las siguientes frases, intenta utilizar tus propias palabras.

Ejemplo: 1 deportistas muy conocidos.
1 Arturo trabaja con ....
2 La profesión de Arturo consiste en ....
3 El padre de Francisco no trabaja porque ....
4 La desventaja de tener un padre marinero es ....
5 Sandra trabaja los fines de semana para ....
6 A Sandra le gustaría proteger ....
7 Gracias a su carrera, Alberto puede ....
8 Para ser médico, Alberto ha dedicado ....

2 Vas a oír sobre la experiencia de cuatro jóvenes que han hablado con su orientador sobre su carrera profesional. Elige la letra correcta para completar las afirmaciones.

Ejemplo: 1 C

1 Alice ha pedido ayuda porque…
  A no sabe dónde está.
  B no quiere ir a la universidad.
  C se siente desorientada.

2 Es posible que Alice estudie diseño gráfico porque…
  A es una carrera versátil.
  B es muy aplicada.
  C le encanta la naturaleza.

3 Una cosa que le cuesta mucho a Gabriel es…
  A cumplir con sus obligaciones.
  B madrugar.
  C estar al día con las noticias.

4 A Gabriel le han dicho las profesiones que…
  A son peligrosas.
  B no se ajustan a su perfil.
  C sirven para ayudar a la gente.

5 Miriam no va a ir a la universidad porque…
  A tiene problemas económicos.
  B quiere vivir con su familia.
  C ha encontrado un puesto de camarera.

6 César quiere trabajar tan pronto como…
  A aprenda a montar y desmontar cosas.
  B haya un voluntario en la fábrica.
  C termine el colegio.

3 a Pronombres interrogativos precedidos de preposición. Consulta H2 en la sección de gramática. Usa los pronombres interrogativos *qué* o *quién* para completar las frases.

Ejemplo: 1 qué

  1 ¿A …….. clase tengo que ir?
  2 ¿De …….. te vas a examinar tú?
  3 ¿Con …….. van a hacer las prácticas?
  4 Me gustaría saber para …….. tengo que hablar con el director.
  5 ¿De …….. es la idea de que tengo que ser actriz o bailarina?
  6 ¿Para …….. estudié ingeniería? ¡No me gusta nada!
  7 ¿Por …….. no trabajas para una organización benéfica?
  8 ¿Para …….. sirve trabajar los fines de semana?

3 b Ahora busca cuatro ejemplos de preposiciones seguidas de un pronombre interrogativo en el texto del ejercicio 1. Escríbelos y tradúcelos a tu idioma.

Ejemplo: ¿Sabéis con quién…?

4 Escribe una breve redacción explicando:
  • en qué trabaja alguien de tu familia u otra persona que conozcas
  • qué sabes de su experiencia
  • a qué te gustaría dedicarte
  • por qué elegirías esa profesión

5 Trabaja con otra persona para realizar un juego de rol. Estáis en una entrevista de trabajo para un puesto de encuestador(a). Debes elegir el papel A (entrevistador(a)) o el papel B (entrevistado/a). Responde a todas las preguntas. Ahora cambiad de papeles y realizad el diálogo otra vez, sustituyendo otras palabras y expresiones.

  1 A Buenos días. ¿Por qué le interesa este puesto de trabajo? B …
  2 A ¿Qué disponibilidad va a tener en las próximas semanas? B …
  3 A Hábleme de cualidades que tiene que le pueden ayudar en este tipo de trabajo. B …
  4 A ¿Piensa que la gente encontrará útiles las encuestas? ¿Por qué (no)? B …
  5 A ¿En qué le gustaría trabajar en el futuro? ¿Por qué? B …

vuelo

4.3b Yo no podría estudiar medicina...

★ **Hablar de distintas carreras y profesiones**
★ **El condicional (2)**

La experiencia de antiguos alumnos

Decidir qué carrera hacer es una decisión importante en la vida. La experiencia de antiguos alumnos te puede ser útil...

Iñigo: Hice psicología para ayudar a la gente, porque me comunico bien y porque soy tranquilo. Estudié en Cambridge porque tiene muy buena reputación y porque es precioso. Si estudias psicología y quieres mejores ingresos, te diría que la apliques después a otros campos. Eso te ayudaría, pues la psicología se utiliza en el ámbito familiar, educativo, tecnológico, empresarial... Además, nunca deberías dejar de actualizarte, estudies lo que estudies.

Tamara: Estudié arquitectura porque me encantan el arte y el diseño. Y por eso me fui a Riga, donde hay abundante *art nouveau*. Ni mi amiga Andrea ni yo tendríamos dudas en repetir la experiencia. Recuerda que los orientadores te ayudan a conocerte, a saber qué carreras existen y qué profesiones hacer, pero su opinión es solamente una guía.

Tamara

Carlota: Estudié en Mendoza, porque estaba cerca de la casa de mis padres. Y elegí lo que estudió mi hermana mayor: química (que no me gusta nada). ¡Pudo ser un gran error! Sin embargo, tuve suerte. No sabía que esa carrera me valdría para trabajar en algo que me encanta: un taller de imprenta. La química es muy útil, por ejemplo, para elegir papeles y tintas (los líquidos de color que se utilizan para escribir o dibujar).

Jeremy: Aunque varios alumnos podrían haber sacado mejores notas, al final gané yo el "premio al mejor científico del colegio". Mis profesores me dijeron que tenía mente de científico: muy bueno para los números y los detalles. Estudié biología en Deusto, por recomendación de mis profesores, y luego hice el doctorado. Ahora soy profesor en la universidad.

1 Lee el folleto sobre posibles carreras y profesiones y responde a las preguntas.

Ejemplo: 1 antiguos alumnos hablando de su experiencia universitaria

    1 ¿Quiénes son Iñigo, Tamara, Carlota y Jeremy?
    2 ¿Por qué estudió Iñigo psicología? (2)
    3 ¿Qué recomienda hacer Iñigo si quieres ganar más?
    4 ¿En qué están de acuerdo Tamara y Andrea?
    5 Según Tamara, ¿cómo se debe interpretar lo que dicen los orientadores?
    6 ¿Por qué estudiar química no fue una equivocación para Carlota? (2)
    7 Según sus profesores, ¿qué se le da bien a Jeremy?
    8 ¿A qué se dedica Jeremy en la actualidad?

2 Vas a oír a tres jóvenes hablar con su profesor sobre sus planes de futuro. Indica quién dice qué: el profesor (P), Gonzalo (G), Julia (J) o Laia (L).

Ejemplo: 1 G

    1 No soy buen estudiante.

    2 Estudiar es importante para el futuro.

    3 Me gustaría apoyar económicamente a mi familia.

    4 Me gusta tanto el turismo como el periodismo.

    5 Hacer unas prácticas podría ser buena idea.

    6 Estoy interesada en hablar con el Centro de Orientación.

    7 Creo que me voy a decidir por el arte dramático.

    8 Vosotros sois los últimos responsables de la decisión.

3 a El condicional. Consulta N8 en la sección de gramática. Usa los verbos del recuadro en el condicional para completar las frases.

tener	decir	poder	hacer
recomendar	deber	valer	tener

Ejemplo: 1 tendríamos

    1 Nosotros .... que vernos mañana para solicitar el puesto.

    2 Según nuestro profesor, ... la pena hacer prácticas.

    3 Raúl, tú .... que aprender francés este año.

    4 Nosotros .... la carrera de arquitectura, pero dibujamos muy mal.

    5 Tu jefe te .... lo mismo que yo: mejorar no es fácil.

    6 Por mi mala experiencia, no .... recomendarte la carrera de medicina.

    7 Con esas notas tan buenas, vosotros dos .... estudiar una carrera más dura.

    8 Seguro que mis padres me .... ir a la universidad.

3 b Ahora busca seis ejemplos del condicional en el texto del ejercicio 1. Escríbelos y tradúcelos a tu idioma.

4 Pregunta y responde a las siguientes preguntas con un(a) compañero/a de clase.

    1 ¿Qué grado quieres estudiar? ¿Por qué?

    2 ¿Cuánto tiempo dedicas al estudio cada día?

    3 Háblame de la profesión de alguna persona que conociste hace poco.

    4 ¿Vas a trabajar también mientras estudias la carrera? ¿Por qué (no)?

    5 En tu opinión, ¿es importante ganar mucho dinero o trabajar en lo que te gusta? ¿Por qué?

5 Escribe un breve artículo (130–140 palabras) en español para un periódico local sobre lo que quieren estudiar tus compañeros/as de clase.

Las profesiones de mis compañeros/as

● ¿Qué grado les gustaría tener a tus compañeros/as?

● Explica si van a estudiar en la universidad o a trabajar.

● ¿Qué opinas de las profesiones que eligieron?

● Describe las desventajas e inconvenientes de una de las profesiones.

● ¿Es importante estudiar para tener un trabajo en el futuro? ¿Por qué (no)?

4.4 Employment

4.4a ¡Voy a coger un año sabático!

Despegue

★ **Hablar de trabajos temporales y de cogerse un año libre**
★ **Pronombres relativos (2)**

V

1 Escribe el femenino de estos trabajos.

Ejemplo: la camarera

el camarero	el secretario	el recepcionista	el dependiente
el periodista	el cajero	el profesor	el cartero

2 a Mira las imágenes y lee las siguientes frases. Escribe las letras que se corresponden con las frases.

Ejemplo: 1 H

1 Trabajo de niñera; tengo que cuidar a una niña que tiene seis años.
2 Es profesor de esquí; lo que más le gusta es trabajar al aire libre.
3 Soy recepcionista; en el hotel en el que trabajo hay solamente siete habitaciones.
4 La chica con quien trabajo también gana su dinero de bolsillo como cajera.
5 Los fines de semana trabaja de dependiente en una tienda cuyo dueño es millonario.
6 Le encanta viajar en el autobús en el cual trabaja como guía turístico.
7 El chico que está en la puerta es el camarero del restaurante.
8 En verano hago de secretaria en la oficina en la que trabaja Juan.

2 b Ahora anota todas las profesiones del ejercicio 2a en masculino y femenino.

Ejemplo: la niñera, el niñero

3 Escucha la conversación sobre qué van a hacer cuatro estudiantes en su año libre. Elige la opción correcta y escribe la letra.

Ejemplo: 1 C

1 Marta va a trabajar de…
A dependienta.
B guía turístico.
C profesora de esquí.

2 Marta va a ganar .... dinero.
A mucho
B poco
C bastante

3 Chema ha decidido coger…
A un año sabático.
B vacaciones.
C un guía.

4 Chema espera…
A viajar con sus amigos.
B ganar poco dinero.
C conocer muchos lugares.

5 Andrea va a trabajar de…
A secretaria.
B cajera.
C niñera.

6 Andrea no va a ganar mucho, pero va a…
A aprender mucho español.
B viajar por España.
C dirigir un supermercado.

7 Rodrigo va a trabajar de dependiente en una tienda de…
A ropa.
B ordenadores.
C música.

8 Para ganar más dinero, Rodrigo quiere…
A encontrar un grupo con el que tocar.
B vender su acordeón.
C trabajar en varias tiendas.

4 a Pronombres relativos (2). Consulta J en la sección de gramática. Lee las frases siguientes y reescribe cada grupo de dos frases en una sola frase, uniéndolas con las palabras entre paréntesis.

Ejemplo: Trabajo de dependiente en una tienda que está cerca de mi casa.

1 Trabajo de dependiente en una tienda. La tienda está muy cerca de mi casa. (*que*)

2 Soy el camarero del restaurante. La puerta del restaurante fue forzada. (*cuya*)

3 La niñera no está disponible. Te hablé de la niñera. (*de la que*)

4 Ese profesor vive en el barrio. El hijo del profesor es novelista. (*cuyo*)

5 Me llevo bien con mis compañeros. Puedo confiar en mis compañeros. (*en los que*)

6 La chica italiana no ha venido hoy. Trabajo con una chica italiana. (*con la que*)

7 Estoy decepcionado con el sueldo. El sueldo no es muy bueno. (*que*)

8 Me encuentro en esa oficina. Hay muchas plantas en esa oficina. (*en la que*)

4 b Ahora busca ocho ejemplos de pronombres relativos en el texto del ejercicio 2. Escríbelos (con el contexto) y tradúcelos a tu idioma.

5 Practica con un(a) compañero/a de clase la conversación que te va a entregar tu profesor(a).

6 Escribe una carta a un(a) amigo/a hablando de experiencia laboral. Menciona:
- qué planes tienes para el futuro y por qué
- tu experiencia anterior: qué trabajos has hecho antes
- si quieres tener un año libre o no y por qué

vuelo

4.4b Te piden que sepas tres idiomas

> ★ **Hablar de anuncios de trabajo y solicitudes**
> ★ **Presente de subjuntivo; verbos irregulares. Verbos con dos objetos (directo e indirecto)**

A Queremos que tenga un verano productivo. ¡Haga prácticas en nuestro banco durante ocho semanas! Le enseñamos a tratar con los clientes, además de economía e informática. Se lo contamos todo en breve, en nuestra web. Sueldo muy razonable. www.bancobanca.es

B Necesitamos dependientes. Pedimos que trabajen días festivos, fines de semana y puentes. Buena presencia. Experiencia imprescindible. Llama al 123 321 456.

C Empresa de hostelería busca camareros/as para que vengan a trabajar en congresos y eventos. Horarios y fechas flexibles. Excelente compensación económica. hosteleros@hosteleros.ar

D ¿Eres hombre? ¿Tienes una voz potente? ¿Te gusta que te oigan? ¡Nuestra empresa de sonido se alegra de que suene así! Aquí te la mejoraremos. Preferible experiencia en radio o TV. Buen sentido del humor. Sueldo a convenir. vocesmac@vocesmac.bo

E Es importante que sepas cuánto vale la experiencia de la vida y que quieras pasar tiempo con los mayores. Ofrecemos estancias semanales en residencias de ancianos organizando actividades. Cubrimos alojamiento y alimento. Llámanos al 976 543 21

F Si te gusta escribir y practicas algún deporte, colabora con nuestra revista. Necesitamos que nos traigas o envíes los artículos diariamente para nuestro blog. literaturaydeporte@literaturaydeporte.es

1 Tengo 2 meses libres y quiero aprender a usar mejor el ordenador y a relacionarme con más confianza. Me gustaría encontrar un trabajo que esté bien pagado.

2 Soy una mujer que causa buena impresión y con gran espíritu de sacrificio. Quisiera trabajar en alguna tienda. Ya lo he hecho más veces y se me da muy bien.

3 Aunque trabajo en una tienda los fines de semana, este verano quiero hacer algo que me ayude a mejorar como persona y que también me dé la oportunidad de ahorrar.

4 De pequeña dejaba notitas con poemas por toda la casa. Además, me encantaba jugar al ping-pong e ir a navegar. Soy una persona constante que es capaz de hacer actividades regularmente.

1 Estas cuatro personas están buscando trabajo. Lee los perfiles (1–4) y las ofertas de trabajo (A–F). Elige la oferta correcta para cada persona.

Ejemplo: 1 A

SECTION 4: STUDYING AND WORKING

2 Marina acude a una entrevista de trabajo. Escucha y elige la palabra adecuada para completar las frases.

Ejemplo: 1 agite

  1 No soy una persona que se *agite / tranquilice* fácilmente.
  2 Marina tiene a veces problemas *económicos / de salud*.
  3 El entrevistador pregunta por qué le interesa *trabajar / pintar*.
  4 El entrevistador habla de "nosotros" refiriéndose a *la empresa / su familia*.
  5 *Marina / El entrevistador* conoce la experiencia satisfactoria de otros estudiantes.
  6 Marina tendrá que contar con cinco horas *de descanso / disponibles* al día.
  7 Marina *ya / jamás* ha trabajado en una tienda real.
  8 El entrevistador propone que empiece *de inmediato / ese fin de semana*.

3 a Presente de subjuntivo: verbos irregulares. Consulta N13 en la sección de gramática. Escribe el presente de subjuntivo de los verbos indicados.

Ejemplo: 1 venga

  1 Necesitamos un empleado puntual para que (*venir*) .... pronto todos los días.
  2 Me alegro de que tú (*conseguir*) .... llegar a tiempo a las reuniones.
  3 Es importante que el candidato no (*oír*) .... ese comentario.
  4 Espero que mis jefes (*ser*) .... simpáticos.
  5 No quiere que sus compañeros (*decir*) .... que es el más joven.
  6 Es posible que alguna vez (*hacer*) .... algo mal, pero no os preocupéis.
  7 Nos conviene trabajar para que (*saber*) .... lo que es.
  8 Les preocupa que el jefe les (*poner*) .... más horas extra.

3 b Verbos con dos objetos. Consulta M4 en la sección de gramática. Busca tres ejemplos de verbos con dos objetos en el texto del ejercicio 1 y traduce las frases en las que aparecen.

Ejemplo: Se lo contaremos

4 a Trabaja con otra persona para realizar un juego de rol. Llamas por teléfono para preguntar sobre un puesto de trabajo. Debes elegir el papel A (candidato/a al puesto) o el papel B (persona que contesta la llamada). Responde a todas las preguntas.

  1 A Buenos días. ¿Me puede dar más información sobre el puesto de dependiente/a? B ...
  2 A ¿Cuántas horas se trabaja normalmente? B ...
  3 A ¿Le parece un trabajo interesante? ¿Por qué? B ...
  4 A ¿Aprendió Ud. idiomas antes de acceder al puesto? ¿Por qué (no)? B ...
  5 A En su opinión, ¿qué cualidades debo tener para ser dependiente/a? ¿Por qué? B ...

4 b Ahora cambiad de papeles y realizad el diálogo otra vez.

5 Escribe un mensaje (130–140 palabras) en español en una red social sobre tu nuevo puesto de trabajo.

Mi nuevo puesto laboral
  - ¿De qué trabajas?
  - Explica si te gusta tu trabajo o no.
  - ¿Qué pasos seguiste para conseguirlo?
  - Describe otros puestos de trabajo que has desempeñado.
  - Habla sobre una vez que el trabajo te dio mucha satisfacción.

Communication and technology at work

Despegue

4.5a ¿Dígame?

★ **Comunicarse por teléfono en el trabajo**
★ **Números de teléfono e imperativo negativo (informal)**

1 Encuentra las cuatro palabras o expresiones que NO tienen relación con las comunicaciones telefónicas.

Ejemplo: estudiar

Al teléfono en el trabajo

colgar	quisiera hablar con…
la llamada	cantar en público
la guía telefónica	está comunicando
estudiar	la operadora
el número de teléfono	el año sabático
se ha equivocado	el contestador automático
dejar un mensaje	patinar
¿de parte de quién?	¿a qué número llama?

A	Academia de idiomas	353 76 89
B	Banco Central	845 09 12
C	Correos	296 57 30
D	Emergencias médicas	109 87 23
E	Fontanería	627 019 240
F	Papelería	913 47 29
G	Servicio de limpieza	428 93 10
H	Taller mecánico	554 082 903

2 Lee las siguientes frases. Escribe los servicios que se corresponden con cada frase.

Ejemplo: 1 H

1 Tenemos un problema con uno de nuestros vehículos. El acelerador no funciona.
2 Buenas tardes. ¿Cuánto cuesta enviar 25 cartas y siete paquetes a Italia?
3 Quisiera enviar 100 dólares a Ecuador.
4 Esa empresa es muy mala; no aprendas lenguas extranjeras ahí.
5 Este empleado no se encuentra bien. ¿A qué número tengo que llamar?
6 No utilices los baños todavía. Han llamado para que los reparen.
7 Hacen falta 100 paquetes de papel A4, pero no pidáis lápices.
8 Por favor, limpiad los cristales de toda la oficina.

3 Vas a oír dos conversaciones telefónicas. Lee las preguntas antes de escuchar. Contesta a las preguntas en español.

Ejemplo: 1 con el Sr. Benavente

Primera parte

1 ¿Con quién quiere hablar la persona que llama?

2 ¿Qué expresión utiliza la operadora para preguntar quién llama?

3 ¿Qué cree al principio la operadora?

4 ¿Cuál es el teléfono móvil del Sr. Benavente?

Segunda parte

1 ¿Qué le pide la madre a su hija Leonor?

2 ¿Por qué ha llamado Leonor?

3 ¿Cuál es el teléfono fijo de Gerardo?

4 ¿En qué se equivoca Leonor al anotar el teléfono?

4 a Imperativo informal (negativo). Consulta N15 en la sección de gramática. Completa las frases con la forma correcta del imperativo negativo (informal) de los verbos.

Ejemplo: 1 No digáis

1 Siempre os llamo o escribo. .... que no me acuerdo de vosotros. (*decir*)

2 .... tan bajo. ¿No ves que la secretaria no te oye? (*hablar*)

3 Ramón, por favor, ... Aún tengo muchas cosas que contarte. (*colgar*)

4 Isa y Luis, ... todavía. Seguramente Paco está durmiendo la siesta. (*llamar*)

5 Lara, ... hablando. No queda espacio en el contestador. (*seguir*)

6 .... mensaje, Rafa. Arturo nunca los escucha. (*dejar*)

7 [A todos los empleados] .... el teléfono a partir de las seis de la tarde. (*contestar*)

8 Luisa, ... absolutamente todo lo que digo. (*repetir*)

4 b Ahora practica con tu compañero/a cómo leer números utilizando los teléfonos del ejercicio 1.

5 a Trabaja con otra persona para mantener una conversación telefónica en el entorno laboral. Debes elegir el papel A (estudiante 1, que hace las preguntas) o el papel B (estudiante 2, que responde a las preguntas). Responde a todas las preguntas.

1 A Buenos días, quisiera hablar con el Sr. Gurpegui. ¿Está disponible? B ...

2 A Soy el Sr. Cañada. ¿Le puedes decir que me llame a última hora de la tarde, por favor? B ...

3 A Sí, claro. Es el 92 472 31 00. ¿Lo puedes repetir? B ...

4 A No, no pongas tres ceros al final. [*pausa*] Sé que ayer me llamó, pero no me localizó. ¿Volvió satisfecho del viaje de empresa? B ...

5 A Sí, una última pregunta. ¿Sabes qué le gustaría hacer el martes después de la presentación? ¡Ah! No digas nada, pues le queremos sorprender. B ...

5 b Ahora cambiad de papeles y realizad el diálogo otra vez.

Despegue

4.5b Se deben comunicar de inmediato los problemas informáticos

★ Hablar sobre informática en el entorno laboral
★ Uso de *se* pasivo (*se puede(n)*, *se necesita(n)*, *se habla(n)* etc.)

MEMO – Recordatorio

Política de empresa respecto al uso de Internet y otras tecnologías

- La empresa tiene el siguiente equipamiento tecnológico: 20 teléfonos móviles, 6 impresoras, 20 ordenadores (conectados a Internet y con el software correspondiente instalado), 10 ordenadores portátiles y 6 tabletas.

- Se guardan todos los archivos y carpetas (obligatoriamente) en la intranet, siempre usando la contraseña propia. No se pueden compartir las contraseñas.

- No se permite el uso del grupo de chat de la empresa para hablar de asuntos personales.

- Si se limpian las pantallas con regularidad, darán menos problemas.

- No se pueden ver películas o utilizar las redes sociales excepto si es en relación con asuntos de la empresa.

- Se recomienda tener presente la seguridad en línea en todo momento.

- La página web de la empresa se establece como página de inicio automáticamente.

- Se rellenará el formulario correspondiente si los empleados desean llevar equipamiento a casa para realizar trabajo a distancia.

- Se supervisa toda la actividad digital de los empleados y las páginas donde navegan.

- Se despedirá a cualquier empleado que no cumpla estas normas.

---

1 a Lee el memo sobre la política de una empresa sobre el uso de Internet y otras tecnologías. Responde a las siguientes preguntas.

Ejemplo: 1 **62** aparatos

    1 ¿Cuántos aparatos en total ofrece la empresa a sus empleados?
    2 ¿Qué es obligatorio guardar en la intranet? (2)
    3 ¿Qué es necesario para acceder a la intranet de la empresa?
    4 ¿Para qué está prohibido usar el grupo de chat de la empresa?
    5 ¿Cuándo son más eficientes las pantallas?
    6 ¿Qué no se puede hacer excepto si se trata de asuntos de empresa? (2)
    7 ¿Cuándo se necesita rellenar un formulario?
    8 ¿Qué pasa si los empleados no cumplen estas normas?

1 b Haz una lista de vocabulario con las palabras útiles del texto relacionadas con la tecnología en el entorno laboral. Tradúcelas a tu idioma y apréndelas.

2 Vas a oír a tres empleados (Rafael, Laia y Marga) hablar con el técnico informático (Luis) en una reunión de la empresa. En cada frase hay algo que no corresponde con el diálogo. Escribe la palabra correcta en español para corregirlas.

Ejemplo: 1 ordenador
   1 Todos los empleados tienen su ~~teléfono móvil~~.
   2 A menudo llaman porque no les funciona el ratón.
   3 Laia y Marga trabajan en el departamento de Administración.
   4 Luis piensa que apagar el teclado regularmente es muy importante.
   5 Marga cambió las pilas ayer.
   6 Luis pregunta a Marga si su teclado es nuevo.
   7 Marga no sabía dónde estaba el símbolo de Wifi.
   8 Rafa propone crear un equipo técnico para resolver dudas informáticas.

3 a Uso de *se* pasivo. Consulta N16 en la sección de gramática. Usa la forma del verbo apropiada con *se* para completar las frases.

Ejemplo: 1 Se recomienda
   1 .... el uso de antivirus en todos los aparatos. (*recomendar*)
   2 En muchos teclados .... las pilas demasiado tiempo. (*dejar*)
   3 En todas las reuniones .... temas relacionados con el equipamiento informático. (*comentar*)
   4 ¿ .... Bluetooth para todos los teclados? (*necesitar*)
   5 .... las normas para el uso de los ordenadores por el bien de todos. (*distribuir*)
   6 No .... la instalación de juegos. (*permitir*)
   7 El viernes pasado .... todos los aparatos de la empresa. (*comprobar*)
   8 Al final del año.......... los equipos informáticos viejos. (*reciclar*)

3 b Ahora busca al menos cinco ejemplos de expresiones con *se* en el texto del ejercicio 1. Escríbelos y tradúcelos a tu idioma.

Ejemplo: Se guardan todos los archivos y carpetas (obligatoriamente) en la Intranet.

4 Pregunta y responde a las siguientes preguntas con un(a) compañero/a de clase.
   1 ¿Qué tipo de aparatos informáticos conoces mejor?
   2 ¿Hace cuánto tiempo que los utilizas?
   3 Háblame de la última vez que tuviste un problema informático. ¿Cómo lo solucionaste?
   4 ¿Quieres mejorar tus conocimientos informáticos en el futuro? ¿Por qué (no)?
   5 ¿Qué otras habilidades informáticas se necesitan en el mercado laboral?

5 Escribe un correo a tu amigo/amiga español(a) para hablarle de tecnología. Escribe 80–90 palabras en español.
Mis conocimientos de tecnología
- ¿Qué tecnología utilizas normalmente?
- ¿Para qué utilizas la tecnología?
- ¿Qué problemas técnicos puedes tener?
- ¿Te gustaría tener que utilizar mucho la tecnología en el trabajo? ¿Por qué (no)?

vuelo

4.5c ¿Quién habrá conseguido el puesto?

★ **Hacer una entrevista para un trabajo temporal**
★ **Futuro perfecto e imperativo negativo (formal)**

Como este verano tengo dos meses de vacaciones, he decidido trabajar para ganar algo de dinero. El otro día tuve mi primera entrevista. Es para trabajar en una tienda de recuerdos. ¡Estoy muy contento porque me han dado el trabajo!

Os cuento… Al principio, estuve esperando mucho rato para la entrevista y nadie aparecía. Me puse un poco nervioso. Finalmente entré y me hicieron muchas preguntas: por qué quería trabajar, si estaba disponible en verano, si estaba acostumbrado a tratar con turistas, cuándo podía empezar a trabajar y qué horario prefería… Vamos, preguntas normales.

La verdad es que de camino a la entrevista me sentí algo inseguro y lleno de dudas: "¿Me habré vestido de forma adecuada?" "¿Se me habrá olvidado algo importante?" "¿Habré preparado bien la entrevista?"

Tienda de recuerdos

Para mí la pregunta más difícil fue hablar de mis puntos fuertes y mis puntos débiles. Les dije que era trabajador, honesto y responsable, pero un poco desordenado. Si vais a una entrevista, yo creo que lo más importante es que tengáis mucha flexibilidad de horario y muchas ganas de trabajar. Me imagino que por eso me habrán dado el puesto.

Empiezo el lunes. Ya os escribiré la semana que viene para contaros cómo me ha ido mi primer día. ¡Deseadme suerte!

Feliz semana,

Basilio

---

1 Lee el blog. Señala si las afirmaciones son verdaderas (V) o falsas (F). Si son falsas, escribe una frase en español para corregirlas. ¡Atención! Hay cuatro afirmaciones que son verdaderas y cuatro afirmaciones que son falsas.

Ejemplo: 1 F El otro día Basilio tuvo su primera entrevista.
   1 Basilio ya ha hecho más entrevistas.
   2 Basilio quiere trabajar en una tienda de comestibles.
   3 Basilio tiene claro que la entrevista fue bien.
   4 Basilio esperaba las preguntas que le hicieron.
   5 Basilio se preguntaba si la ropa que llevaba puesta era apropiada.
   6 Basilio sabía que tenía todo lo que necesitaba.
   7 Hay una pregunta que le resultó especialmente complicada.
   8 Basilio aún no sabe si le darán el puesto.

2 Vas a oír una entrevista de trabajo. Escucha con atención y elige la respuesta correcta para cada una de las preguntas.

Ejemplo: 1 B

1 ¿Qué quiere hacer Almudena?
   A comprar un sillón
   B conseguir un trabajo
   C reservar un apartamento en la playa
   D hacer turismo

2 Para desempeñar el puesto hay que estar libre en…
   A invierno.
   B primavera.
   C otoño.
   D verano.

3 Hacen falta conocimientos de…
   A enfermería.
   B cocina.
   C informática.
   D economía.

4 A Almudena le gusta la idea de trabajar…
   A sola.
   B con gente.
   C a distancia.
   D en bañador.

5 A Almudena le dan a elegir…
   A qué deporte hacer.
   B qué idioma hablar.
   C cuándo coger vacaciones.
   D qué horario tener.

6 El próximo viernes Almudena…
   A tiene que llamar.
   B trabaja de voluntaria.
   C va a enseñar la iglesia de su pueblo.
   D firma el contrato.

3 Trabaja con otra persona para realizar un juego de rol. Vas a una entrevista de trabajo para un puesto en un banco. Debes elegir el papel A (entrevistador(a)) o el papel B (entrevistado/a). Responde a todas las preguntas. Luego cambiad de papeles y realizad el diálogo otra vez.

   1 A Buenos días. ¿Por qué le interesa este puesto? B …
   2 A ¿Cuándo va a estar disponible? B …
   3 A ¿Cuáles son sus puntos fuertes y sus puntos débiles? B …
   4 A ¿Ha trabajado ya en un puesto similar? ¿Cómo fue la experiencia? B …
   5 A En su opinión, ¿deberían los bancos dejar que sus empleados trabajen desde casa? ¿Por qué? B …

4 a Futuro perfecto. Consulta N10 en la sección de gramática. Escribe el futuro perfecto de los verbos del recuadro para completar las frases.

   | ir | comprar | gustar | *poner* |

Ejemplo: 1 habré puesto
   1 No encuentro el documento que preparé esta mañana. ¿Dónde lo ....?
   2 Yo creo que lleva un traje nuevo. ¿Lo .... para la entrevista?
   3 ¿Tú crees que le .... nuestra oficina?
   4 No sé adónde .... la secretaria con esta lluvia.

4 b Imperativo negativo (formal). Consulta N15 en la sección de gramática. Escribe la forma correcta del imperativo negativo formal para completar las recomendaciones. Utiliza los verbos del recuadro.

   | ir | preocuparse | alejarse | *sentarse* |

Ejemplo: 1 No se siente
   1 .... en la primera silla que encuentre. (*usted*)
   2 .... con ropa incómoda a una entrevista. (*ustedes*)
   3 .... de la sala donde le esperan. (*usted*)
   4 .... por lo que no es importante. (*ustedes*)

5 Has ido a una entrevista de trabajo. Escribe una carta (130–140 palabras a un(a) amigo/a explicándole cómo te ha ido.
   Entrevista de trabajo
   ● ¿Por qué quieres trabajar?
   ● ¿Qué te preguntaron en la entrevista?
   ● ¿Qué crees que habrán pensado de ti los entrevistadores?
   ● Describe tus impresiones tras la entrevista.
   ● Habla de si crees que te van a dar el puesto o no y por qué.

5.1 International travel

Despegue

5.1a ¿Cuál prefieres – el tren, el coche o el avión?

★ **Viajar al extranjero en tren, en coche y en avión**
★ **Los cuantificadores; las locuciones adverbiales utilizando *con* y *de manera / modo***

Hola Mariana,

En tu última carta, me preguntas sobre las vacaciones. Bueno, yo tengo la suerte de viajar con frecuencia. Si voy al extranjero, suelo ir en avión porque se llega rápido y viajas de manera cómoda. Sin embargo, no es siempre así, porque si vamos toda la familia, los abuelos incluidos, resulta más barato ir en coche. Otra ventaja del coche es que no tienes límite de equipaje.

Claro, la otra opción es el tren. Y aquí en España los trenes son relativamente baratos y viajas con mucho más espacio que en el avión. En mi opinión el tren es el modo de transporte ideal, porque combina los viajes económicos con la comodidad. No es tan ideal si el trayecto es muy largo, de modo que no es posible si quieres cruzar el océano, pero si no, lo recomiendo mucho.

La última vez que fui al extranjero fue el verano pasado. Fui con mis padres a Francia. Volamos a París y luego alquilamos un coche e hicimos una vuelta tranquilamente por el noreste del país. Desgraciadamente, no ha sido todo bueno, porque un día tuvimos un pinchazo y tuvimos que esperar al lado de la autovía una hora con el triángulo de seguridad.

Este verano iremos con calma en tren a Italia. El viaje será bastante largo, pero tengo mucha ilusión porque también vamos a dormir en el tren, en literas ya que es un tren de noche. Por la mañana nos levantaremos en Roma.

Un saludo,

Pedro

1 Lee el texto. Contesta a las preguntas en español.

Ejemplo: 1 avión

  1 ¿Cómo suele Pedro viajar al extranjero?
  2 ¿En qué circunstancias viaja al extranjero en coche?
  3 Da dos puntos positivos de los trenes en España. (2)
  4 Según Pedro, ¿cuándo es imposible viajar en tren?
  5 El verano pasado, ¿qué dos tipos de transporte utilizó Pedro para su viaje? (2)
  6 ¿Qué problema tuvo en Francia?
  7 ¿Por qué Pedro tiene ilusión en cuanto a su viaje en tren a Italia?
  8 ¿Dónde tomará el desayuno?

2 Escucha la conversación entre Marta y Paco y decide si cada una de las siguientes afirmaciones es verdadera (V) o falsa (F).

Ejemplo: V

1 Paco prefiere viajar en avión.
2 Los viajes de Paco en avión son muy largos.
3 En el aeropuerto Pedro entró por error en la Sala VIP.
4 Pedro encontró a un antiguo amigo durante su viaje.
5 Pedro nunca viaja en coche.
6 A Pedro le interesa ver sitios de interés por el camino.
7 Marta va a Puerto Rico en verano.
8 Marta evitará problemas con las maletas si sigue el consejo de Pedro.

3 Los cuantificadores. Lee con cuidado L en la sección de gramática. Ahora lee las frases y elige la palabra más adecuada de la lista para llenar cada hueco. No debes usar la misma palabra dos veces.

mucha
muy
más
bastantes
menos
mucho
demasiado
bastante

Ejemplo: 1 mucho

1 Viajo .... en coche.
2 A comparación con el tren, con el avión se llega .... rápido.
3 Afortunadamente, en Madrid los trenes llegan con .... puntualidad.
4 En mi opinión, hay que considerar las opciones de transporte con .... inteligencia.
5 La puerta de embarque está .... lejos.
6 La semana pasada pasé .... horas en la oficina.
7 Desafortunadamente, el verano que viene habrá .... posibilidades de viajar.
8 A mi edad, prefiero no hacer los viajes .... largos.

4 Trabaja con otra persona para realizar un juego de rol. La situación es la siguiente: "Estás participando en una encuesta de cómo vas a viajar para tus próximas vacaciones en el extranjero." Elegid los papeles – con el papel A inicias la conversación y con el papel B respondes usando la tabla con ideas.

1 A Dime, ¿qué tipo de transporte prefieres cuando vas de vacaciones? B …
2 A Y, ¿por qué prefieres viajar así? B …
3 A Describe el viaje la última vez que fuiste al extranjero con este tipo de transporte. B …
4 A Si no viajas así, ¿qué haces? B …
5 A ¿Cuál recomiendas y ¿por qué? B …

Prefiero viajar en	tren / coche / avión	
Porque es más	rápido / cómodo / barato	y el equipaje no es un problema / puedes ver una película / se puede dormir
La última vez que viajé en…	leí un libro y miraba por la ventanilla / conocí alguien nuevo por el camino y hablábamos mucho	
Si no viajo así	prefiero viajar… porque es más…	
	evito viajar… porque es demasiado…	
Recomiendo el… porque	actualmente hay muchas ofertas / viajando así ves lugares muy interesantes / es ideal para toda la familia	

5 Los viajes al extranjero. Escribe un blog post para ayudar a tus lectores decidir cómo viajar al extranjero. Escribe 80–90 palabras en español.
Cuando viajo…
- ¿Cómo viajas tú normalmente?
- ¿Cuáles son las diferentes opciones para viajar?
- ¿Cuál es tu opinión de los viajes en avión?
- ¿Cuál es tu modo de transporte preferido? ¿Por qué?

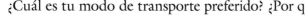

vuelo

5.1b ¡Viajamos y disfrutamos!

★ **Hablar de diferentes tipos de vacaciones y viajes**
★ *Si* **en las oraciones subordinadas**

Si quieres viajar, puedes...

... hacer un crucero en el extranjero

Si lo tuyo es el lujo, no hay nada mejor que uno de nuestros cruceros por las islas del Caribe. Viajarás primero en avión a Cuba, donde te embarcarás en un viaje inolvidable de unas siete noches visitando islas desiertas, tomando cócteles con el capitán, comiendo en nuestros restaurantes gastronómicos y disfrutando de espectáculos fantásticos cada noche.

... ser voluntario

Si prefieres pasar tus próximas vacaciones cambiando las vidas de gente menos afortunada, ¿por qué no participar en nuestro proyecto? Se buscan jóvenes voluntarios de entre 16 y 18 años para colaborar con nuestro organismo, que tiene como meta dar vacaciones a los jóvenes discapacitados. Ayudando un en uno de nuestros centros, podrás montar a caballo, nadar, hacer piragüismo, senderismo y mucho más.

... visitar Cullera

Si tienes ganas de sol y playa, pero te has cansado de Benidorm y Torremolinos, ven a Cullera. Nuestra pequeña ciudad tiene mucho que ofrecer para las familias. Estamos a menos de una hora del aeropuerto de Valencia. Desde allí tienes trenes directos cada media hora, así que puedes llegar sin problema. Una vez aquí, encontrarás unas playas magníficas para los más pequeños y una gastronomía variada y de buena calidad para los papás.

... viajar por Andalucía en autocar

Si piensas que los viajes en autocar son una cosa del pasado, piénsatelo dos veces. Si quieres conocer la auténtica Andalucía, este verano no hay mejor manera que en un autocar climatizado. Visitarás la Alhambra en Granada, la Mezquita de Córdoba y experimentarás todos los tesoros y el patrimonio de Sevilla. Hay también opción de excursiones a Ronda y Lanjarón.

1 Lee el folleto sobre las diferentes opciones de vacaciones y completa las frases con uno de los subtítulos arriba. Escribe la frase completa y tradúcela a tu propio idioma.

Ejemplo: 1 Si quieres ver lugares de interés histórico, debes viajar por Andalucía en autocar.

1 Si quieres ver lugares de interés histórico, debes ....
2 Si deseas salir de España este verano, puedes ....
3 Si te mola ayudar a los demás, una posibilidad será ....
4 Si te apetece un viaje de lujo, ¿por qué no..........?
5 Si buscas unas vacaciones muy activas, puedes ....
6 Si necesitas visitar un sitio ideal para niños, lo mejor será ....
7 Si te gusta el lujo, la buena comida y los lugares exóticos, se aconseja ....
8 Si te interesa ver muchas ciudades históricas, debes ....

2 Escucha esta conversación en la cual Ana pide consejos sobre qué hacer durante sus vacaciones. Contesta las preguntas eligiendo A, B, C o D.

Ejemplo: 1 B

1 Paco tiene mucha experiencia de .... en otros países.
  A trabajar
  B viajar
  C comer
  D conducir

2 Gandía es bueno para…
  A ver fiestas tradicionales.
  B comer una buena paella.
  C broncearse.
  D llegar sin prisa.

3 Ana quiere unas vacaciones…
  A un poco diferentes de lo normal.
  B donde usa sus idiomas.
  C donde puede llevar su mascota.
  D en un país tropical.

4 En Perú Ana podrá pasar tiempo…
  A en un hotel de lujo
  B al aire libre.
  C trabajando de camarera.
  D haciendo excursiones en moto.

5 Ana cree que visitar Perú implica…
  A gastar demasiado.
  B pasar demasiadas horas en el avión.
  C viajar solo.
  D dificultades en Madrid.

6 El proyecto de voluntariado tiene alojamiento…
  A barato.
  B céntrico.
  C gratuito.
  D con familias.

3 a *Si* en las oraciones condicionales. Consulta N14 en la sección de gramática. Completa cada una de estas frases subordinadas con una frase principal.

Ejemplo: 1 puedes ir a Gandía.
  1 Si te gusta el mar *(+ presente)* ....
  2 Si te interesa el deporte *(+ presente)* ....
  3 Si te no gusta la historia *(+ presente)* ....
  4 Si deseas esquiar *(+ imperativo)* ....
  5 Si quieres mejorar tu español *(+ futuro)* ....
  6 Si no puedes trabajar de voluntario *(+ futuro)* ....
  7 Si prefieres la naturaleza *(+ elige un tiempo)* ....
  8 Si viajas a España *(+ elige un tiempo)* ....

3 b Ahora inventa cuatro frases tuyas empezando con *si* y siguiendo los modelos del ejercicio 3a.

4 Responde a estas preguntas con tu compañero/a. Haced turnos para hacer y responder a las preguntas.
  1 ¿Qué hay para los turistas en tu región?
  2 ¿Qué tipo de vacaciones quieres tener este verano?
  3 Describe las vacaciones más interesantes que has tenido.
  4 Imagina que eres de repente millonario/a, ¿qué tipo de vacaciones tendrás?
  5 ¿Por qué piensas que hay tantos diferentes tipos de vacaciones?

5 Escribe un artículo sobre los diferentes tipos de turismo. Debes escribir 130–140 palabras.
  ● ¿Qué tipo de turismo interesa más a los jóvenes?
  ● Menciona un tipo de turismo especializado (el ecoturismo, el turismo idiomático, el turismo de peregrinaje).
  ● ¿Has asistido a un evento para turistas (deporte, música, festival, cultura) que recomendarías? Explica por qué.
  ● El año que viene, ¿qué tipo de vacaciones vas a elegir? Explica por qué.

Weather on holiday

Despegue

5.2a Se espera tiempo soleado en toda España

★ **Comparar el tiempo en varios posibles destinos vacacionales**
★ **La pasiva con *se***

 1 Localiza las cuatro palabras o expresiones del recuadro que no están relacionadas con el tiempo. Apunta y traduce a tu idioma las otras seis palabras.

frío	despejado	salchicha	firma	semáforo
cariñoso	nublado	viento	nieve	tormenta

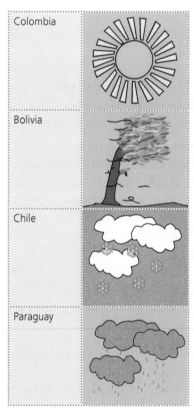

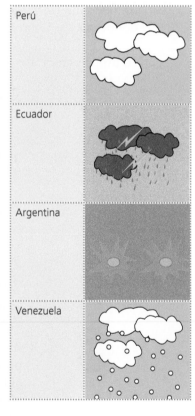

 2 Lee las siguientes frases. Escribe a qué país corresponde el tiempo que se describe.

Ejemplo: 1 Perú

1 Se espera tiempo nuboso en el sur del país.
2 Como el tiempo está fresco y despejado, nos iremos de excursión.
3 Han pronosticado abundantes nieves en las montañas.
4 Se ha desarrollado un sistema para medir los vientos fuertes.
5 Hoy están cerradas las pistas de esquí a causa de la niebla.
6 ¡El domingo granizaba con tanta fuerza que hacía daño en la cara!
7 Se han anunciado tormentas para todo el fin de semana.
8 Durante las recientes lluvias, se han superado los 40 litros por metro cuadrado.

3 Vas a oír a Lourdes hablar sobre el tiempo que hace en cada lugar. Escoge los lugares (1–5) que corresponden con las declaraciones (A–F). ¡Atención! No necesitarás todas las declaraciones.

Ejemplo: 1 C

1	Madrid	A	¡Hoy hace un sol espléndido!
2	Reikiavik	B	Es raro que las temperaturas sean negativas.
3	Patagonia	C	Va a granizar.
4	Estambul	D	Este verano no va a hacer mucho calor.
5	Nueva York	E	La temperatura puede cambiar de repente.
		F	No se puede vivir con este calor.

4 a Pasiva con *se*. Consulta N16 en la sección de gramática. Reescribe las frases utilizando *se*.

Ejemplo: 1 Se espera mucho calor en Madrid.

1 Esperan mucho calor en Madrid.
2 Puedes evitar las lluvias yendo hacia el este.
3 Ha sido anunciado un cambio muy grande de temperatura.
4 El tiempo desagradable ha sido señalado en el mapa.
5 Temen un incendio a causa del intenso calor.
6 Es posible ver glaciares en las zonas de alta montaña.
7 Las temperaturas muy bajas han sido anunciadas en la televisión.
8 ¿Es posible hacer un pronóstico del tiempo sin usar tecnología?

4 b Ahora busca los cuatro ejemplos de estructuras con *se* en cada una de las frases del ejercicio 2. Tradúcelas a tu idioma.

5 Pregunta y responde a las siguientes preguntas con un(a) compañero/a de clase.
1 ¿Qué tiempo hace hoy?
2 ¿Qué tiempo te gusta más? ¿Por qué?
3 Descríbeme qué tiempo hizo en tus últimas vacaciones.
4 ¿Vas a comparar el tiempo de varios destinos antes de irte de vacaciones? ¿Por qué?
5 En tu opinión, ¿es cierto lo que se dice del tiempo en tu región? ¿Por qué (no)?

6 Empiezas ahora mismo tus vacaciones. Describe en tu blog qué tiempo se espera:

Ahora

Mañana

El fin de semana

vuelo

5.2b La tormenta había durado toda la noche

★ **Describir el tiempo (y sus efectos) en unas vacaciones pasadas**
★ **El pluscuamperfecto**

Lluvias torrenciales

El verano pasado estuve de vacaciones en Ecuador con unos amigos. La verdad es que no tuvimos mucha suerte con el tiempo, porque no paró de llover…

Acabábamos de llegar al albergue donde nos íbamos a alojar. Según el pronóstico, iba a hacer sol toda la semana, así que estábamos entusiasmados. Sin embargo, al final de la tarde empezó a llover y llover. Tras una hora, el agua había cubierto casi toda la calle. Luego empezamos a oír unos ruidos dentro de la casa y nos dimos cuenta de que el agua había empezado a caer por el techo de la cocina.

Tuvimos que poner un cubo y quedarnos en el salón. Ese día nos quedamos en casa y decidimos no salir. Sin embargo, el agua y el viento habían causado tantos daños que el Ayuntamiento decidió suspender el transporte público y cerrar todas las atracciones turísticas. ¡No pudimos hacer nada en toda la semana!

Desde luego, el viento y la lluvia habían llegado por sorpresa. El viento sopló durante varios días

y el agua cayó sin descanso. Sin embargo, también es cierto que no íbamos muy bien preparados. Como no teníamos botas ni ropa adecuada para la lluvia, estuvimos casi todas las vacaciones en casa jugando a las cartas, cocinando y leyendo.

Os podéis imaginar que no hemos visto mucho de Ecuador. Lo bueno es que nos hicimos muy amigos de los vecinos y nos han invitado a su casa el verano que viene. A pesar de todo, ¡nos encantaría volver!

Inés de la Torre

1 a Lee el artículo. Contesta a las preguntas en español.

Ejemplo: 1 porque llovió mucho durante todas las vacaciones

1 ¿Por qué dice Inés que ella y sus amigos no fueron muy afortunados?
2 ¿Qué tiempo esperaban durante las vacaciones?
3 ¿Por qué se oían ruidos en la cocina?
4 ¿Qué hicieron tras ver lo que pasaba? (2)
5 ¿Por qué no había transporte público?
6 ¿Por qué no iban bien preparados para la lluvia?
7 ¿Qué hicieron durante las vacaciones? (2)
8 ¿Crees que van a volver a Ecuador?

1 b Haz una lista de vocabulario con las palabras útiles del texto. Tradúcelas a tu idioma y apréndelas. Añade más palabras útiles de la sección de vocabulario.

2 a Escucha la experiencia de cuatro personas durante sus vacaciones. Lee las siguientes frases y decide si tienen una opinión positiva (P), negativa (N) o ni positiva ni negativa (PN) sobre la experiencia y el tiempo que hizo.

Ejemplo: 1 N

1 Lourdes: sobre llover mucho
2 Lourdes: sobre ir a la playa
3 Álvaro: sobre nevar mucho
4 Álvaro: sobre hacer mucho sol

5 Ruth: sobre ir de excursión
6 Ruth: sobre hacer muchísimo calor
7 Valentín: sobre hacer mucho viento
8 Valentín: sobre irse a casa al atardecer

2 b Escucha de nuevo y justifica por qué has clasificado las afirmaciones como positivas (P), negativas (N), o ni positivas ni negativas (PN).

3 a El pluscuamperfecto. Consulta N12 en la sección de gramática. Escribe el pretérito indefinido o el pluscuamperfecto de los verbos para completar las frases.

Ejemplo: 1 llegué

Ese día yo **1**.......... (*llegar*) con retraso tras aterrizar en Santiago de Chile. Iba a la boda de mi mejor amiga. **2**.......... (*viajar*) durante muchas horas y me encontraba bastante cansada. Según el pronóstico, el tiempo iba a ser espléndido. Sin embargo, cuando **3**.......... (*salir*) del aeropuerto, había una tormenta impresionante. De repente, **4**.......... (*darse*) cuenta de que **5**.......... (*traer*) un vestido muy fresco para la boda. Tampoco **6**.......... (*meter*) en la maleta zapatos de invierno; tenía solamente unas sandalias. Al llegar al centro, **7**.......... (*preguntar*) dónde estaba la zona comercial más cercana. ¡Estaba muy contenta con mis compras, pero me **8**.......... (*gastar*) mucho más de lo que pensaba para ese viaje!

3 b Ahora busca cuatro ejemplos del pluscuamperfecto en el texto del ejercicio 1.

4 Escribe un breve artículo (130–140 palabras) en español para tu blog, hablando del tiempo durante tus últimas vacaciones.

- ¿Dónde fuiste durante tus últimas vacaciones?
- ¿Qué tiempo hizo comparado con el que habías esperado?
- Explica dos experiencias como consecuencia del tiempo que hizo.
- ¿Qué ropa te habías llevado?
- ¿Volverías a ir allí? ¿Por qué (no)?

5 a Trabaja con otra persona para hablar de vuestros recuerdos de las últimas vacaciones. Debes elegir el papel A (estudiante 1, que hace las preguntas) o el papel B (estudiante 2, que responde a las preguntas). Responde a todas las preguntas.

1 A *¿Qué recuerdas de la última vez que estuviste de vacaciones?* B …
2 A *¿Te habías llevado la ropa adecuada?* B …
3 A *¿Hizo buen tiempo?* B …
4 A *¿Qué tipo de actividades hiciste?* B …
5 A *¿Qué cambiarías si volvieras a ir allí?* B …

5 b Ahora cambiad de papeles y realizad el diálogo otra vez.

5.3a Vamos de fiesta

Despegue

★ **Hablar sobre fiestas religiosas y laicas en distintas partes del mundo**
★ **Los superlativos; la voz pasiva (con *ser*)**

Javi: ¿Has entrado alguna vez en un templo indio?

Mario: No, pero el año pasado fui a una ceremonia de la religión musulmana que era la más importante de su año religioso.

¿Dónde?

En la mezquita más grande de la capital. El edificio fue renovado hace poco y me pareció el edificio más impresionante que hay. Fui con mi amigo Abdul y lo mejor fue la comida después.

Lo más interesante es comparar: en la fe hindú la luz es celebrada de la manera más animada durante sus festivales. ¿Te gustaría ir al festival de Diwali, por ejemplo?

Sí que me apetece. ¿Cuándo?

El horario será publicado por los organizadores mañana y lo más fácil es consultar esta lista, pero seguro que las fiestas serán inauguradas por el alcalde de la ciudad sobre las 6 de la tarde.

¿Hay procesiones en esta fiesta?

Sí, procesiones y mucha luz. Creo que todas las luces serán encendidas por alguien famoso a las 7. Es la celebración más popular e incluso los más jóvenes saldrán a la calle para esta ocasión especial. Te gustará la animación. Hace años los fuegos artificiales fueron introducidos por los más modernos y casi siempre forman parte de las celebraciones, pero no todo el mundo los tiene — para evitar el ruido excesivo.

1 a Lee el chat. Decide si las afirmaciones 1–8 son verdaderas (V) o falsas (F). Hay cuatro verdaderas.

Ejemplo: 1 V

1 Mario nunca ha entrado en un templo indio.
2 El año pasado Mario asistió a una ceremonia cristiana.
3 El edificio fue renovado hace muchos años.
4 A Mario le gustó mucho la comida después de la ceremonia.

5 En la fe hindú la luz es muy importante.
6 La fiesta de Diwali empezará por la mañana.
7 En todas las celebraciones hindúes siempre hay fuegos artificiales.
8 Los fuegos artificiales son ruidosos.

1 b Corrige las afirmaciones falsas.

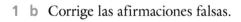

2 Vas a oír a dos jóvenes, Laura y Jun, hablando de las celebraciones de Año Nuevo. Escucha con atención y escribe la letra correcta.

Ejemplo: 1 A

1 Laura está acostumbrada a la tradición…
   A inglesa.   **B** española.   **C** china.

2 En China, cada año tiene el nombre de un…
   A dragón.   **B** animal.   **C** color.

3 El año que viene, el símbolo para el Año Nuevo chino será…
   A un cerdo.   **B** una oveja.   **C** un dragón.

4 Lo más importante para los chinos y el Año Nuevo es la…
   A comida.   **B** oveja.   **C** suerte.

5 Una combinación con buena suerte es un cerdo y…
   A una fiesta.   **B** un dragón.   **C** una oveja.

6 Para los chinos, el rojo es el color más asociado con la…
   A oveja.   **B** suerte.   **C** familia.

3 La voz pasiva (con *ser*). Consulta N16 en la sección de gramática. Escribe cada oración en la voz pasiva.

Ejemplo: 1 El edificio fue comprado por el hombre más rico del pueblo.

1 El hombre más rico del pueblo compró el edificio.
2 Mucha gente celebrará el año nuevo chino.
3 Muchos millones de personas hablan el español.
4 El ayuntamiento organizó la fiesta el año pasado.
5 Los chinos asocian las linternas con la suerte.
6 Muchos consideran que los fuegos artificiales son ruidosos.
7 El alcalde siempre selecciona el símbolo de las celebraciones.
8 Los organizadores publicarán el horario mañana.

4 a Trabaja con otra persona para realizar un juego de rol. La situación es la siguiente: "Invitas a tu amigo/a a una celebración de Año Nuevo. Habláis por teléfono." Elegid los papeles – con el papel A inicias la conversación y con el papel B respondes usando la tabla con ideas.

   1 A ¿Cuándo empiezan los fuegos artificiales? B …
   2 A ¿Cómo es mejor llegar hasta el centro? B …
   3 A ¿Qué vamos a llevar para comer? Y ¿para beber? B …
   4 A ¿Cómo fueron las celebraciones del año pasado? B …
   5 A ¿Qué podemos hacer después de los fuegos artificiales? B …

Las fiestas / Los fuegos artificiales	son a las 10 de la noche / empiezan sobre las 9 / a partir de las 8			
Para llegar al centro	es mejor / lo más fácil es	andar / ir a pie		
Para comer	podemos / se puede / una opción es	llevar unos bocadillos / comer algo en una cafetería / comer algo antes	y	comprar una botella de agua / tomar un refresco de cola
El año pasado / Hace un año	me encantaron / me gustaron	las fiestas / las celebraciones		fueron fantásticas / fueron espectaculares / me lo pasé muy bien
Después / Más tarde	vamos a / hay la posibilidad de	salir con amigos / quedar con los compañeros / ver las procesiones		volver a casa / disfrutar del ambiente

4 b Ahora cambiad de papeles y realizad el diálogo otra vez, sustituyendo otras palabras y expresiones de la tabla.

5 Investiga la celebración más animada de otro país y escribe un párrafo para describirla. (Si no tienes acceso a Internet, usa la información de las actividades en 2.5 "Special occasions"). Menciona la parte más interesante para ti.

Vuelo

5.3b ¡Cuánta animación!

★ **Describir y comparar fiestas del mundo**
★ **El pasado continuo**

Dos recuerdos de fiestas únicas

#CarnavalRio

La gente iba andando por las calles para ver las preparaciones. Estaban saliendo las procesiones cuando pasamos y el ambiente era increíble. Todo el mundo estaba aplaudiendo y lo estaba pasando muy bien, pues además los disfraces eran buenísimos y todos estábamos disfrutando del espectáculo emocionante. Al llegar al centro oímos que todas las bandas musicales estaban tocando y esto, junto con una alegría impresionante, produjo una celebración animada tanto para los jóvenes como para gente mayor.

#SemanaSanta

Este año estaba en Sevilla (era un viaje de negocios y se trataba de organizar la exportación de nuestros productos) y la visita coincidió con Semana Santa. Para ver lo que estaba pasando, salí a la calle. Estaban organizando la salida de las procesiones en un ambiente lleno de una emoción increíble. Durante la semana hay varios momentos clave y sencillamente éste era el que más me afectó: cuando empieza el espectáculo. Toda la calle se estaba llenando de gente y los hombres estaban levantando los pasos*. Estaban tocando los tambores y el ruido era impresionante. Era una sensación emocionante que yo nunca había experimentado. Lo que no me esperaba era el efecto del silencio, combinado con el ruido solemne de los tambores. Disfruté mucho de esta celebración tan animada.

**los pasos* — Holy Week float with statues
----

1 Lee las descripciones y contesta a las preguntas en español.

Ejemplo: 1 Ver las preparaciones.
  1 ¿Cuál era el motivo de salir a la calle en Río?
  2 ¿Cómo se sintió el público al salir las procesiones?
  3 ¿Cómo estaba reaccionando la gente en la calle?
  4 ¿Para qué edades es apta esta celebración?
  5 ¿Quién pensó que sería una buena idea ir a Sevilla durante Semana Santa?
  6 ¿Cuál fue el momento más dramático?
  7 ¿De qué van acompañadas las procesiones?
  8 Según el autor ¿qué fue lo más extraño de la celebración?

2 Vas a oír una conversación sobre formas diferentes de celebración. Escucha lo que dicen con atención. Elige las terminaciones correctas y escribe las letras. ¡Atención! Hay terminaciones que no necesitas.

Ejemplo: 1 J

1 El fin de Ramadán es…
2 Los días de Ramadán se describen como…
3 Para la fiesta de Eid se prepara…
4 Los musulmanes consideran que ayudar a los pobres es…
5 La preparación de una comida especial…
6 Mucha gente en España…
7 La mayoría de las fiestas en España…
8 Muchos niños españoles reciben regalos…

A en dos ocasiones.
B una comida especial.
C ocurre al final de Ramadán.
D de gran importancia religiosa.
E se nota una gran diferencia.
F son cristianas.
G continúa ayudando a los necesitados.
H de gran importancia.
I una costumbre americana.
J un momento clave.
K no son religiosas.

3 El pasado continuo. Consulta N5 en la sección de gramática. Escribe la forma correcta del verbo en el pasado continuo.

1 Clara y yo ………. hablando de los elementos religiosos de la celebración. (*estábamos/estabais*)
2 Hace unos años la gente ya ………. empezando a adoptar costumbres americanas. (*estaba/está*)
3 La semana pasada mi madre ya ………. decoraciones de Navidad. (*estaba comprando/compra*)
4 Ellos estaban tomando fotos de las procesiones cuando ………. la música. (*estaban empezando/empezó*)
5 Hace poco me ………. mi amigo que el festival religioso tiene gran importancia. (*dirá/estaba diciendo*)
6 Ayer, antes de ver los fuegos artificiales, todos ………. de la comida. (*disfrutaremos/estábamos disfrutando*)
7 Vosotros ………. un helado mientras esperábamos a los otros. (*estabais comiendo/coméis*)
8 El mejor momento para disfrutar de las luces era cuando se ………. haciendo de noche. (*está/estaba*)

4 Responde a las siguientes preguntas sobre celebraciones y fiestas con tu compañero/a de clase. Haced turnos preguntando y respondiendo a las preguntas.
1 ¿Cuánto duran las celebraciones de tu pueblo/país?
2 ¿Qué pasa durante las celebraciones?
3 ¿Qué fue lo más impresionante de las últimas celebraciones?
4 ¿En qué celebraciones vas a participar en el futuro?
5 En tu opinión ¿qué tipo de celebración es la mejor? ¿Por qué?

5 El año pasado fuiste a dos celebraciones diferentes. Escribe a un(a) amigo/a y compara las experiencias. Debes escribir 130–140 palabras. Menciona:
● dónde eran las celebraciones
● lo mejor de cada celebración
● un problema que tuviste
● tus planes para el próximo año
● a qué celebración te gustaría ir y por qué

5.4a ¡Ay, qué rico!

★ **Preparar comida de otros países**
★ ***Lo* + adjetivo**

1   Mira la lista de vocabulario y tradúcela a tu propio idioma. Son palabras útiles para hacer las siguientes tareas.

la almendra	cortar	hervir	la receta
apetitoso/a	la cuchara	el horno	remover
el arroz	el cuchillo	la lenteja	el repollo
asar	freír	Marruecos	saber
el azúcar	la gama	la miel	el sabor
la cacerola	el garbanzo	oler	la sartén
la calabaza	el guisado	el pastel	el tenedor
compartir	guisar	probar	trocear

Hola lectores,

Mi pasión es compartir los fantásticos platos marroquíes con mis nuevos amigos aquí donde vivo en Marruecos. Y ahora comparto todo lo interesante, por medio de este blog.

Me encanta la comida marroquí, porque tiene toda una gama de sabores diferentes. Es una comida muy apetitosa y lo bueno es que huele tan buena como sabe.

Todo el mundo conoce el cuscús, pero mi plato favorito para preparar se llama la harira. Es un tipo de sopa, que se prepara en una cacerola, removiendo constantemente con una cuchara. Los ingredientes son principalmente tomates, lentejas, arroz, garbanzos y un poco de carne. Se sirve adornada con trozos de huevo duro, cortados con un cuchillo. No te imaginas lo delicioso que es.

Ayer, preparé uno de mis postres marroquíes favoritos. Se llama la chebaquia. Consiste en unos pasteles pequeños, que hacemos en forma de una rosa. Luego se fríen en mucho aceite en una sartén y los tomamos con miel y semillas de sésamo. Se sirven en un plato decorativo. Me salieron tan bien que saqué una foto, la que ves. Como son muy pegajosos, es mejor comerlos con un tenedor que con las manos.

Pienso que los hábitos de la gente en cuanto a la comida están cambiando. La llegada del microondas, la batidora, la freidora y tal, significa que se puede preparar fácilmente un sinfín de platos en casa que antes no se podía. Además, en mi ciudad hay restaurantes con comida de todo el mundo. Por otra parte temo un poco perder las recetas tradicionales; eso es lo malo.

En mi opinión, lo importante es reconocer que todo el mundo tiene que comer. Así, debemos intentar compartir más nuestras tradiciones. Creo que con la comida de diferentes partes del mundo, siempre hay más cosas similares que diferencias.

Ahmed

2 Lee el texto. Contesta a las preguntas en español.

Ejemplo: 1 Marruecos

1 ¿De dónde es Ahmed?

2 ¿Para quienes le gusta cocinar?

3 Da dos puntos positivos de la comida marroquí, según Ahmed. (2)

4 ¿Cuáles son los principales ingredientes de la harira?

5 ¿Por qué se menciona una rosa?

6 ¿Qué dos ejemplos da Ahmed de cómo están cambiando los hábitos de la gente? (2)

7 ¿Qué aspecto negativo ve Ahmed de esta tendencia hacia la comida internacional?

8 ¿Cómo compara Ahmed la comida de diferentes partes del mundo?

3 Escucha la conversación entre Alicia y Rayco. Identifica las cuatro afirmaciones verdaderas (V) y las cuatro falsas (F).

Ejemplo: 1 F

1 Rayco vive en Canarias.

2 El utensilio más importante para preparar *el puchero canario* es la cuchara.

3 *El puchero canario* se prepara en una sartén.

4 *El sancocho canario* no contiene carne.

5 *La ropa vieja* es un tipo de sopa.

6 *El bienmesabe* es un tipo de helado.

7 El tiempo en Canarias significa que se puede cultivar muchas cosas.

8 No se puede cocinar bien sin los utensilios correctos.

4 *Lo* + adjetivo. Lee con cuidado B4 en la sección de gramática. Ahora lee las frases y elige el adjetivo apropiado de la lista. Puedes usar cada adjetivo una sola vez.

Ejemplo: 1 bueno

1 Lo realmente .... de la comida italiana es que es muy apetitosa.

2 Para mí, lo .... de la comida china son los sabores.

3 Lo más .... de hacer en Inglaterra es resistir los postres.

4 Si te gusta comer, lo más .... de viajar a otro país es probar comida nueva.

5 Lo más .... de las recetas internacionales puede ser encontrar los ingredientes.

6 Si no quieres gastar mucho, lo menos .... para comer en otro país es buscar un restaurante local.

7 Si eres cocinero profesional lo más .... son los buenos cuchillos.

8 La falta de fruta fresca es lo .... del mercado de mi pueblo.

interesante	mejor	complicado	caro	difícil	importante	*bueno*	peor

5 Trabaja con una pareja tomando turnos para hacer y contestar estas preguntas sobre la comida de otros países.

1 ¿Qué cocina de otro país te gusta? ¿Por qué?

2 Describe un plato típico de ese país.

3 La última vez que cocinaste algo de ese país, ¿cómo lo hiciste?

4 ¿Qué comida prepararás este fin de semana?

5 Crees que la gente come más comida internacional que hace 50 años? ¿Por qué (no)?

6 Escribe un artículo sobre la comida de un país extranjero. Escribe 80–90 palabras en español.

Los platos de otro país que me gustan

- Describe tu plato favorito de otro país.
- ¿Qué otros platos típicos hay?
- ¿Cuál es tu opinión de la comida de ese país?
- ¿Te gustaría viajar a aquel país para probar otros platos? Explica por qué.

vuelo

5.4b Comer juntos en familia

★ Describiendo las comidas familiares en distintos países
★ *Ser* y *estar*; los adjetivos y adverbios que terminan *-isimo/a*

Comer en familia: ¿qué opinan?

Alice de EEUU

Si en mi familia todo el mundo no estuviera **1**.........., creo que <u>comeríamos juntos más de que lo que actualmente hacemos.</u> El año pasado **2**......... a mi amigo, José, que está en Uruguay, y allí es muy diferente. <u>Todos los días, sin falta, comían juntos alrededor de la mesa, y había platos deliciosísimos y algunos muy picantes.</u>

3......... que comimos así juntos en mi casa era <u>para celebrar el Thanksgiving, comimos el pavo y muchas cosas dulcísimas.</u> Para nosotros una ocasión felicísima. Claro, me parece importante estar juntos, como familia, porque así, a mi modo de ver, <u>las diferentes generaciones llegan a comprenderse más.</u> Reconozco que los hay **4**......... en mi país es todo comida basura, pero yo no creo que el caso sea así. <u>Nuestra historia significa que hay mucha variedad entre los diferentes estados.</u>

José de Uruguay

<u>En mi casa a veces me parece que estamos obsesionados con la comida.</u> Puesto que mis padres trabajan muchísimo con su negocio, es mi abuela, que **5**......... , la que <u>pasa cada mañana preparando platos para la comida principal, que es a mediodía.</u> A mi amiga Alice, de EE.UU. **6**........, cuando vino a visitar el año pasado. En mi país la comida es algo que se celebra, pero igual que en EE.UU. tenemos, por supuesto, influencias de todo el mundo. <u>Hay que admitirlo, aquí la carne es rey.</u> En mi país es buenísima. Nuestra **7**......... se basa en eso.

Recientemente mi hermana se casó, e hicimos una gran fiesta para toda la familia, todos los amigos y todos los vecinos. <u>Empezamos con varias ensaladas, luego pescado, seguido de carne y finalmente fruta y tartas.</u> ¡Jamás he comido tanto en la vida!

No es que crea que en la vida **8**........, pero sí <u>pienso que es importantísima, ya que tiene el poder de unir a las familias,</u> y así es una parte esencial tanto de nuestra cultura riquísima como de nuestras tradiciones.

1 a Estas dos personas describen las comidas en sus respectivas familias. Lee los textos y para cada hueco en los textos (1–8) elige la palabra o frase (A–L) para llenarlo.

Ejemplo: 1 C

A familia	G que piensan que
B también vive con nosotros	H cocina mucho
C tan ocupado	I le sorprendía eso
D solo hay comida	J hice una visita
E la última vez	K la próxima visita
F enojado	L agricultura

1 b Ahora lee los textos otra vez y traduce a tu propio idioma las frases subrayadas.

2 Vas a oír una entrevista para un podcast en la cual Lucia habla de las comidas familiares. Para cada pregunta indica tu respuesta escribiendo la letra correcta.

Ejemplo: 1 C

1 ¿Por qué Lucia tiene experiencia de distintos tipos de comidas familiares?

A Ha viajado mucho.

B Le gusta la comida internacional.

C Tiene padres de distintos países.

D Colecciona recetas.

2 ¿Qué aspecto de la comida alemana le gusta mucho a Lucía?

A las sopas

B los dulces

C las bebidas

D el arroz

3 ¿Cómo resume la importancia de las comidas familiares en los dos países que menciona?

A más importantes en España

B hoy no tan importantes como antes

C más importantes que nunca

D de la misma importancia en los dos

4 La celebración que menciona Lucía incluía…

A a muchos vecinos.

B una tarta especial.

C una discoteca.

D una barbacoa.

5 ¿Cómo sabemos que la bisabuela da Lucía no tiene problemas de salud?

A Come mucho.

B Puede bailar.

C Anda sin problemas.

D Va a un gimnasio.

6 La mejor amiga de Lucía nació en…

A Argelia.

B España.

C Francia.

D Alemania.

3 a *Ser* y *estar*. Lee con cuidado N18 en la sección de gramática. Completa las siguientes oraciones utilizando *ser* o *estar* en una forma verbal apropiado.

Ejemplo: 1 estábamos

1 Javier llegó mientras nosotros .... cenando.

2 No creo que la comida .... lista.

3 Ayer un queso español .... elegido como el mejor del mundo.

4 Este catarro no se va. Yo .... fatal.

5 No .... necesario que vengas mañana.

6 Mi padre .... muy enfadado ayer, porque tuvo un accidente con el coche.

7 Yo todavía no .... listo para salir.

8 Con tanto esperar aquí, ahora yo .... un poco nervioso.

3 b Adjetivos y adverbios que terminan en *-ísimo* (D4 en la sección de gramática). Busca en el texto de lectura todos los ejemplos de los adjetivos y adverbios que terminan en *-ísimo*. Copia y traduce a tu propio idioma las frases que los contengan.

4 Trabaja con otra persona para realizar un juego de rol. La situación es la siguiente: "Estás hablando por Internet con tu amigo/a en Uruguay. Te pregunta sobre las comidas en familia."

1 A Me encanta comer en familia, ¿qué coméis típicamente en tus cenas familiares? **B** …

2 A Y, ¿cómo son los distintos platos? **B** …

3 A ¡Qué interesante! ¿Te importan las comidas familiares? **B** …

4 A Ayer celebramos mi cumpleaños, y vosotros, ¿celebraste algo recientemente? **B** …

5 A En mi familia, salimos mucho a comer en un restaurante francés. Y tu familia, ¿le gusta comer en un restaurante internacional? ¿De qué país? **B** …

5 Lee de nuevo el texto "Comer en familia: ¿qué opinan?" del ejercicio 1 y escribe una descripción de las típicas comidas familiares en tu país.

5.5a ¡Cuidemos el planeta!

★ **Problemas del medio ambiente**
★ **El subjuntivo en oraciones condicionales que expresan un deseo**

Muy señores míos,

Soy una residente de Valencia. Quiero mucho a mi ciudad y pienso que la debemos cuidar mejor. Con unos pequeños cambios en nuestros hábitos podríamos tener una ciudad más limpia y más sana. Si pusiéramos más papeleras, habría menos basura en las calles; si hiciéramos más zonas peatonales, habría menos contaminación aérea y si prohibiéramos las discotecas en las zonas residenciales, habría menos ruido por la noche.

Esta clase de cambios no son difíciles de efectuar y no cuestan demasiado dinero. Si yo fuera la alcaldesa, daría más dinero para mejorar el medio ambiente para los ciudadanos.

Mucha gente piensa que cuidar el planeta significa tan solo cuidar las selvas tropicales, reducir las emisiones de las fábricas para no destrozar la capa de ozono, o cuidar las especies en vías de extinción. Todo eso sí, claro, pero si tuviera que dar un solo consejo, sería que tenemos que pensar en lo que hacemos en nuestra vida diaria. También se pueden apagar las luces en casa, ducharse en vez de tomar un baño, bajar el termostato un grado o dos y reciclar las botellas y los envases.

Atentamente,

Noemí Catalá

 1 Lee la carta. Para cada pregunta, indica tu respuesta escribiendo la letra correcta A, B o C.

Ejemplo: 1 A

1 Según Noemí los cambios no tienen que ser…
  A grandes.
  B importantes.
  C recientes.

2 Un problema en las calles es…
  A el calor.
  B el ruido.
  C la basura.

3 A veces la ciudad se hace muy ruidosa a causa de…
  A la vida nocturna.
  B el tráfico.
  C los aviones.

4 Los cambios que propone Noemí…
  A tomarían mucho tiempo.
  B costarían poco.
  C serán difíciles.

5 Noemí cree que es importante reducir las emisiones procedentes de…
  A los coches.
  B las casas.
  C la industria.

6 Para Noemí el cambio empieza con…
  A el individuo.
  B el gobierno.
  C los jefes.

 2 Escucha lo que dicen Alicia (A), Patricio (P), Merche (M) y Santi (S) sobre el medio ambiente. Lee las siguientes opiniones e indica quién dice qué.

Ejemplo: 1 P

1 Vivo en una zona ruidosa.
2 Intento usar menos energía en casa.
3 Me preocupa la contaminación aérea.
4 Quisiera tener calles más limpias en mi zona.
5 Pienso que el ayuntamiento debe ser más estricto.

6 Creo que la gente debe ser más responsable si tiene artículos grandes para tirar.
7 Pienso que todos podemos hacer pequeñas cosas para mejorar la situación.
8 Creo que debemos controlar más el tráfico.

3 a El imperfecto de subjuntivo en oraciones condicionales que expresan un deseo. Consulta N14 en la sección de gramática. Completa las frases siguientes con la palabra correcta de la lista y traduce las frases a tu propio idioma.

daría	habría	prohibiría	reciclaría	tendríamos

Ejemplo: 1 daría

1 Si fuera alcalde .... más dinero para proteger el medio ambiente.
2 Si pusiéramos más papeleras en las calles .... menos basura.
3 Si hiciéramos más zonas peatonales .... menos problemas de contaminación aérea.

4 Si pudiera cambiar una cosa en mi zona, ... la circulación de coches por el centro.
5 Si tuviera más tiempo, ... mejor mi basura.

3 b Completa estas frases con ideas tuyas.
1 Si yo fuera alcalde/esa…
2 Si yo pudiera cambiar una cosa…
3 Si yo tuviera más…

4 El medio ambiente de mi zona. Escribe un blog de 80–90 palabras.
● ¿Cuál es el mayor problema medioambiental de tu zona?
● ¿Qué soluciones/solución propones a este problema?
● ¿Qué hace tu familia para cuidar el planeta?
● ¿Te gustaría organizar una campaña medioambiental? Explica por qué.

5 Trabaja con otra persona para realizar un juego de rol. La situación es la siguiente: "Estás hablando por Internet con tu amigo/a en un país de habla española sobre el medio ambiente." Elegid los papeles – con el papel A inicias la conversación y con el papel B respondes usando la tabla con ideas. Después cambiad de papeles y realizad el diálogo otra vez, sustituyendo otras palabras y expresiones de la tabla.
1 A ¿Qué haces tú para cuidar el planeta? B …
2 A ¿Qué hacen los otros miembros de tu familia? B …
3 A ¿Qué consejos darías a alguien que quisiera cuidar mejor el planeta? B …
4 A ¿Qué han hecho en tu zona para combatir la contaminación? B …
5 A ¿Te parece efectivo lo que han hecho? ¿Por qué (no)? B …

Para cuidar el planeta yo personalmente	me ducho en vez de bañarme / ando en vez de ir en coche / reciclo botellas y cartón
Mi madre / Mi hermano/a	siempre baja el termostato en casa / recoge basura en el parque
Si tuviera que dar unos consejos, diría que	es importante empezar en tu propia casa / es esencial que cada persona haga algo
Donde yo vivo	han hecho calles peatonales / han prohibido las bolsas de plástico / han concienciado mucho a los jóvenes en las escuelas
En mi zona pienso que debería haber más	papeleras / publicidad sobre los peligros de la contaminación / controles sobre las emisiones de las fábricas

vuelo

5.5b Protegiendo Asturias

★ **El impacto de las medidas medioambientales**
★ **El condicional perfecto**

Mundo Sostenible – parque temático educativo

1 Hace tan solo dos meses se abrieron las puertas de Mundo Sostenible, el nuevo parque temático en las afueras de Oviedo. Este proyecto no habría sido posible sin los valientes esfuerzos de nuestro equipo, en colaboración con el gobierno local. Tampoco se habría terminado a tiempo sin la dedicación de los trabajadores, que han dado el 100% al proyecto.

2 Nuestro parque tiene como objetivo enseñar a los jóvenes y escolares lo que significa la sostenibilidad y por qué importa para las generaciones del futuro.

3 Si no nos has visitado todavía, tienes que comprender que lo nuestro es toda una visión del mundo de 2050, pero creemos que es una visión realizable. Se podrá ver, por ejemplo, la casa del futuro, con su techo de paneles solares, sus paredes y ventanas súper aisladas y construida solo de materiales reciclados. Esta casa no solo no utiliza energía, sino que además genera electricidad para la red. Además, hay talleres para gente de todas las edades para aprender más sobre la sostenibilidad.

4 Pero quizás lo más destacado de nuestro proyecto es que mucha gente habría dicho que no es posible hacer una atracción turística, construir edificios y crear empleos para la gente sin tener un impacto negativo sobre el medio ambiente. Hemos demostrado que sí se puede hacer.

5 ¿Cómo? Pues eligiendo unos edificios ya abandonados y reformándolos, en un lugar con buen acceso por transporte público y haciendo una cooperativa laboral para la plantilla, de manera que todos los empleados comparten su éxito.

1 Lee el texto. En cada frase hay dos errores. Escribe la frase correcta según el texto.

Ejemplo: 1 Mundo Sostenible se encuentra en las afueras de Oviedo y los trabajadores han estado muy dedicados.

1 Mundo Sostenible se encuentra en el centro de Oviedo y los trabajadores han estado muy perezosos.
2 El objetivo es hacer dinero y el parque atrae a muchos jubilados.
3 Las casas del futuro se construirán con madera y habrá hierba en los techos.
4 La lección del proyecto es que siempre hay un impacto medioambiental de la industria.
5 Andando se llega allí fácilmente y la plantilla son todos voluntarios.

Un pueblo de Asturias en el norte de España

2 Vas a oír una entrevista de la radio sobre el medioambiente. Para cada lista escribe las dos letras correctas.

Ejemplo: 1 B, …

1 **A** Manuel no está muy conocido en Asturias.
   B Manuel cambió de perspectiva.
   C Todo el mundo estaba a favor de la nueva autopista.
   D Manuel trabaja en la industria de construcción.
   E Manuel se preocupa por la fauna.

2 **A** El gobierno nunca le hizo caso a Manuel.
   B Hubo varias formas de protesta.
   C Manuel ahora usa su experiencia para ayudar a otros.
   D Manuel tiene planes para ser político.
   E Manuel ahora necesita otro proyecto.

3 El condicional perfecto. Consulta N11 en la sección de gramática y di lo que tú habrías hecho en el lugar de las siguientes personas.

Ejemplo: Yo habría hecho mis deberes.

1 Paco recibió un castigo por no hacer sus deberes.
2 Estaba lloviendo, pero Ana salió sin paraguas.
3 Patricio no llegó a tiempo a la fiesta.
4 Mariana perdió la carrera por no estar en forma.
5 Luz suspendió su examen por no estudiar.
6 Josefa dejó todas las luces encendidas.
7 Cuando tenía calor Santi usaba siempre el aire acondicionado.
8 Mariluz siempre echaba las botellas de plástico a la basura normal.

4 Responde a estas preguntas con tu compañero/a. Haced turnos para hacer y responder a las preguntas.

1 ¿Qué haces tú para proteger el medio ambiente?
2 ¿Cómo se puede proteger la naturaleza?
3 Describe un proyecto en tu instituto o en tu zona para proteger el medio ambiente. ¿Qué se hizo?
4 Cuando seas adulto, ¿qué más harás para proteger el planeta?
5 ¿Un mundo sostenible realmente es posible? ¿Por qué (no)?

5 Escribe un reportaje sobre un aspecto de la protección del medio ambiente que te interesa. Menciona:

- una explicación de los hechos
- tu opinión sobre lo que se debe hacer
- dos cosas que tú has hecho recientemente para cuidar el planeta
- algo que ha hecho mal el gobierno y lo que habrías hecho tú

Vocabulario

Section 4

4.1a ¿Cuántos años dura la educación secundaria en tu país?

el año académico/escolar school year
la asignatura subject
el certificado/diploma/título certificate
el curso course, school year
el deporte sport
durar to last
la edad age
la educación física physical education
la educación primaria primary education

elegir to choose
la escritura writing
el estudiante student
la etapa stage
el examen exam
explicar to explain
la física physics
gratuito/a free
la guardería nursery school, crèche

el instituto secondary school
obligatorio/a compulsory
el/la peluquero/a hairdresser
la química chemistry
la revisión revision
el sistema educativo education system
la universidad university

4.1b Hace 2 años que no nos vemos

acordarse to remember
el armario cupboard
asustarse to be scared
el borrador eraser, rubber
caerse to fall off/down
el caramelo sweet
el comedor dining room
el/la compañero/a classmate
el cuarto de baño bathroom

dar patadas to kick
disfrutar to enjoy oneself
divertido/a funny
enfadarse to get angry
el folio sheet of paper
la goma eraser, rubber
hinchado/a swollen
la hoja de papel sheet of paper
el lápiz pencil

la libreta notebook
llorar to cry
el/la profesor(a) teacher
el recuerdo memory
la regla ruler
reír to laugh
el sacapuntas pencil sharpener

4.2a Me gustaría ser artista

ayudar to help
el/la banquero/a banker
el/la cajero/a cashier
el cliente client
conducir to drive
el cuadro picture

empezar to start
el/la enfermero/a nurse
la fábrica factory
el idioma language
montar/poner un negocio to set up a business

el negocio business
odiar to hate
el ordenador computer
el/la piloto/a pilot
viajar to travel

4.2b Cuando termine la carrera...

el aire libre open air
la biología biology
cocinar to cook
dar la bienvenida to greet
descansar to rest
descubrir to find out

el/la electricista electrician
la formación training
el grado degree
la jardinería gardening
el/la jardinero/a gardener
el/la mecánico/a mechanic

el medio ambiente environment
el periodismo journalism
proteger to protect
saludar to greet
el taller garage

4.3a Cómo entrar en el mercado laboral

el abogado lawyer
aceptar to accept
la actriz actress
el/la albañil builder
el/la asistente/a de vuelo flight attendant
el/la atleta athlete
el/la azafato/a flight attendant
el/la bombero firefighter
el/la carpintero/a carpenter
el/la constructor(a) builder
contratar to employ
darse bien/mal to be good/bad at

desempleado/a unemployed
el/la director(a) director
el/la empleador(a) employer
encontrar to find
estar perdido/a to be / to get lost
el/la fontanero/a plumber
el/la granjero/a farmer
el/la intérprete interpreter
jubilado/a retired
lamentar to regret
el/la maestro/a teacher

montar/poner (un negocio) to set up (a business)
el/la patrón/patrona employer, boss
el/la peluquero/a hairdresser
el/la periodista journalist
ser ascendido/a to get promoted
ser despedido/a to get fired/sacked
el/la soldado soldier
el sueño dream
útil useful
el/la veterinario/a vet

4.3b Yo no podría estudiar medicina...

apoyar to support
conocerse a sí mismo/a to know oneself
elegir to choose
el error mistake
estar listo/a to be ready
estimular to encourage

el examen exam
fomentar to encourage
gustar to like
la nota mark
perder to lose
el pintor painter

el premio prize
la psicología psychology
la química chemistry
recordar to remember
valer (la pena) to be worth it

4.4a ¡Voy a coger un año sabático

el anuncio advertisment
el año libre/sabático year off/sabbatical
el/la cartero/a postman/woman
cogerse/tomarse to take
decepcionado/a disappointed
la decepción disappointment
decidir to decide

el/la dependiente/a shop assistant
el dinero de bolsillo pocket money
el/la dueño/a owner
estar bien/mal pagado/a to be well/badly paid
ganar to earn
el/la guía turístico/a tourist guide

el horario timetable
el/la profesor(a) teacher
el puesto stall
el respeto respect
el salario/sueldo salary/wages
tener ganas (de) to feel like
trabajar de/como to work as

4.4b Te piden que sepas tres idiomas

la buena/mala presencia good/bad appearance
el/la cliente/a client
conseguir to obtain
honesto/a honest

el horario working hours/timetable
la informática information technology
el/la jefe/a boss
manejar dinero to handle money
pedir to ask for

el puesto position
puntual punctual
el sentido del humor sense of humour
el sueldo salary
trabajador(a) hardworking

4.5a ¿Dígame?

la agenda diary
¿A qué número llama? What number are you calling?
el buzón (de voz) voicemail
colgar to hang up
el contestador automático answerphone
dejar un mensaje to leave a message

¿De parte de quién? Who's calling?
¿Dígame? Hello?
¿Disculpe? I beg your pardon?
equivocarse to get sth wrong
estar comunicando to be engaged
la guía telefónica phone book
la llamada call

el número de teléfono telephone number
el/la operador(a) operator
Quisiera hablar con... I would like to talk to...
el teléfono fijo land line
el teléfono móvil, celular mobile phone

4.5b Se deben comunicar de inmediato los problemas informáticos

la aplicación app(lication)
el archivo file
la carpeta folder
comprobar to check
conectado/a a Internet connected to the internet
la contraseña password
descargar to download
en la red online
hacer clic to click on

inalámbrico/a wireless
la marca brand
el ordenador computer
la pantalla screen
la pantalla táctil/interactiva touch-screen
la película film
el portátil laptop
publicar en red to post online
el ratón mouse
la red social social network

rellenar to fill in, to complete
la seguridad en línea online safety
el selfie selfie
el sitio web website
el teclado keyboard
el (teléfono) móvil mobile phone
el USB memory stick
el/la videoaficionado/a vlogger
el/la videoblog vlog

4.5c ¿Quién habrá conseguido el puesto?

la/la candidato/a candidate
contestar to answer
decidir to decide
la disponibilidad availability
el documento document

ganar to earn
inseguro/a insecure
llamar to call
nervioso/a nervous
prepararse to get ready

la ropa clothes
el traje suit
el turista tourist
el turno shift
vestirse to get dressed

Section 5

5.1a ¿Cuál prefieres – el tren, el coche o el avión?

barato/a cheap
cómodo comfortable
desgraciadamente unfortunately
económico cheap
el equipaje luggage

esperar to wait
largo/a long
parar to stop
la sala VIP first-class lounge
el sitio place

tener ilusión to be excited
el trayecto journey
la ventaja advantage
viajar to travel
la vuelta tour, return

5.1b ¡Viajamos y disfrutamos!

afortunado/a fortunate
el albergue juvenil youth hostel
el autocar coach, bus
el consejo advice
disfrutar to enjoy
el ecoturismo ecotourism
el espectáculo show
gratis free

gratuito/a free
hacer turismo to sightsee
el interés interest
la isla island
el lugar place
la meta aim, goal
montar a caballo to go horse-riding
la naturaleza nature

el/la peregrino/a pilgrim
el piragüismo canoeing
el proyecto project
el senderismo hiking
la tarea job, task
el/la voluntario/a volunteer

5.2a Se espera tiempo soleado en toda España

bajo cero below zero
descender to drop
el día daylight
la escarcha frost
el granizo hail
hace... frío/calor/viento to be cold/hot/
  windy

húmedo/a wet
el incendio fire
llover to rain
la luz del sol sunshine
la niebla fog
la noche night
la nube cloud

la previsión del tiempo/meteorológica
  weather forecast
el sol sunshine
la temperatura temperature
el tiempo weather (conditions)
la tormenta storm
el trueno thunder

5.2b La tormenta había durado toda la noche

asustado/a scared
el ayuntamiento town hall
el bañador swimsuit
el bocadillo sandwich
caer to fall
calmar to calm down

la carretera road
cortar to cut
el cubo bucket
el daño damage
fresco/a fresh
jugar a las cartas to play cards

llegar con retraso to be delayed
la lluvia rain
mojado/a wet
el techo ceiling
traer to bring
el/la vecino/a neighbour

5.3a Vamos de fiesta

el alcalde mayor
animado/a lively
el Año Nuevo New Year
apetecer to feel like
la celebración celebration
celebrar to celebrate
creer en to believe in

encender to light
evitar to avoid
la fe faith
el festival festival
la fiesta party
la fiesta nacional public holiday
los fuegos artificiales fireworks

inaugurado/a inaugurated
la mezquita mosque
musulmán/-ana Muslim
la ocasión especial special occasion
la religión religion
el templo temple
tener fe to have faith

5.3b ¡Cuánta animación!

adoptar to adopt
la adopción adoption
el ambiente atmosphere
el bautizo baptism, christening
la caridad charity
la chuchería sweet
la comida food
el día de Reyes Epiphany
el día de Todos los Santos All Saints' Day
el disfraz (fancy dress) costume
disfrutar to enjoy

el dulce sweet
emocionante exciting, thrilling
empujar to push
la fe faith
fuerte strong
gritar to shout
la misa mass, religious service
la Nochebuena Christmas Eve
la Nochevieja New Year's Eve
los pobres poor people
el (portal de) Belén nativity scene

Ramadán Ramadan
los Reyes Majos the Three Wise Men/
  Epiphany
el ruido noise
el sacrificio sacrifice
sagrado/a sacred
el santo saint
ser creyente/religioso/a to be religious
el tambor drum
tocar to play (instruments)

5.4a ¡Ay, qué rico!

la **batidora** mixer
la **cacerola** saucepan
la **carne** meat
la **cena** dinner
el/la **cocinero/a** cook/chef
la **cuchara** spoon
el **cuchillo** knife
la **diferencia** difference

la **ensalada** salad
la **experiencia** experience
la **gelatina** jam
el **horno** oven
el **ingrediente** ingredient
el **microondas** microwave
el **plato** dish/plate
el **pollo** chicken

el **postre** dessert/pudding
preparar to prepare
prometer to promise
reconocer to recognise
saber to taste, to know
la **sartén** frying pan
similar similar
el **tenedor** fork

5.4b Comer juntos en familia

alrededor around
la **placa (de gas/vitrocerámica)** hob (gas/ceramic)
celebrar to celebrate
las **diferentes generaciones** the different generations
los **EE.UU.** USA

la **especialidad** speciality
estar obsesionado/a con to be obsessed with
estar ocupado/a to be busy
familiar family (adjective)
el **horario** timetable, schedule
invitar to invite

junto/a together
recientemente recently
significar to mean
sorprender to surprise
unir to unite
ya que as, since, because

5.5a ¡Cuidemos el planeta!

el **aire** air
apagar to turn/switch off
bajar to turn down, to lower
la **basura** rubbish, trash
el **cambio** change
la **circulación** traffic
la **contaminación** contamination
cuidar to care for
deber must, should
la **donación** donation
donar to donate

ducharse to shower
el **envase** packet
la **fábrica** factory
el **grado** degree
limpio clean
la **luna** moon
la **ola** wave
malgastar to waste
el **malgasto** waste
la **mejora** improvement
el **medio ambiente** environment

la **papelera** waste-paper bin
pensar to think
prohibir to forbid
reciclar to recycle
el **reuso** reuse
la **reutilización** reuse, recycling
el **ruido** noise
sano/a healthy
tirar to throw away
la **vergüenza** shame

5.5b Protegiendo Asturias

aprender to learn
compartir to share
construir to build
darse cuenta to realise
el **diputado** member of parliament
el **edificio** building
elegir to choose
enseñar to teach

el **esfuerzo** effort
el **éxito** success
el **gobierno** government
el **lugar** place
el **pájaro** bird
la **pared** wall
la **plantilla** staff
el **proyecto** project

la **red** network
significar to mean
el **taller** workshop
el **techo** ceiling
vacante, vacío/a empty
la **ventana** window
la **voz** voice

Revista

Ficha de información

¿Qué sabes de Madrid?

General

Madrid es la capital de España y es parte de la
Comunidad de Madrid. Está situada prácticamente en
el centro de la península, a 655 metros de altura. La
población es de 3,2 millones de habitantes. Entre 1940
y 1970 vinieron muchas personas de otras provincias
españolas. En los años 90 llegaron muchas personas
de varios países latinoamericanos, del este de Europa
y del norte de África. Ahora su población es, por tanto,
muy diversa. Es difícil encontrar a un madrileño ''de verdad'', cuyos padres y abuelos sean
de Madrid.

El oso y el madroño

Clima

''Nueve meses de invierno y tres de infierno''. El tiempo en otoño y primavera es generalmente
templado y variable. Los inviernos a veces son muy fríos, especialmente cerca de la Sierra de
Guadarrama. Allí se puede esquiar en invierno, algo sorprendente para algunos extranjeros,
que piensan que en España hace sol todo el año. En verano, el calor es muy intenso y
desagradable, pero… ¡es la ciudad de Europa con más días con cielos azules al año!

Un secreto de Madrid

Y esto no se lo digas a nadie… Si vienes aquí y quieres ver unas vistas espectaculares
de la ciudad, ve a Vallecas, al Cerro del Tío Pío. Desde allí podrás ver los edificios más
característicos de Madrid con las montañas detrás. Llévate un bocadillo, una cámara y un buen
amigo para ver juntos el atardecer. Será una tarde inolvidable.

Curiosidades

A los madrileños se les llama ''gatos'', nombre que viene de la invasión de Madrid en el siglo
XI. Parece que el rey Alfonso VI se encontró con unas inmensas murallas (paredes muy altas)
que eran muy difíciles de traspasar. Había un joven muy interesado en luchar contra los moros
que subió la muralla con mucha facilidad. Este joven tiró una cuerda al ejército cristiano y
les ayudó a conquistar la ciudad de Madrid. El rey le preguntó su nombre: ''Me llaman gato.''
Desde entonces, se usa la palabra ''gato'' para todos los madrileños.

1   Lee la ficha. Contesta a las preguntas en español.

   1   ¿Dónde se encuentra la capital de España?

   2   ¿Qué ocurrió entre 1940 y 1970?

   3   ¿Qué características hay que tener para ser un madrileño auténtico?

   4   ¿Qué es sorprendente para algunos extranjeros?

   5   ¿Por qué Madrid es especial comparada con otras ciudades europeas?

   6   ¿Dónde está el Cerro del Tío Pío?

   7   ¿Qué problema encontró Alfonso VI al llegar a Madrid?

   8   ¿Quién ayudó a los cristianos a conquistar Madrid?

Juego del "Encuentrapueblos"

A ¿Quieres conocer la casa donde nació el autor de El Quijote hace unos 500 años? Si te apetece, después puedes ir a tomar unas tapas por la Calle Mayor y visitar el bar más antiguo del centro.

B Es un pueblo pintoresco, con historia y cerca de Madrid. Tiene un castillo muy bonito junto al río y también hay una piscina con vistas. Además, hay siempre muchas actividades como teatro en las calles, conciertos de música y talleres.

C Este monumento fortificado ofrece en verano conciertos, exposiciones, espectáculos de luz y sonido, y un mercado. El embalse de Santillana está prácticamente a sus pies.

D El tren llega aquí directo desde Madrid y luego sigue a Segovia. Hay un parque temático donde puedes ir de aventura por los árboles, y también varias piscinas naturales.

E Este pueblo norteño aparece con otro nombre en la película "Bienvenido Míster Marshall". La llegada de los americanos agitó a toda la localidad.

Buitrago de Lozoya

2 Lee las cinco pistas (A–E) y emparéjalas con su pueblo correspondiente (1–5).

1 Castillo de Manzanares: arquitectura militar (alojamiento y defensa)

2 Guadalix de la Sierra: población que saltó a la fama

3 Alcalá de Henares: Miguel de Cervantes (1547-1616)

4 Buitrago de Lozoya: lugar con encanto próximo a la capital

5 Cercedilla: pueblo situado entre dos provincias de España

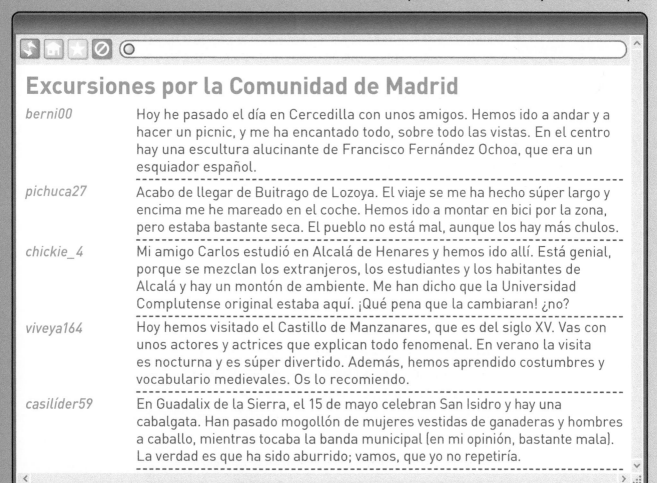

Excursiones por la Comunidad de Madrid

berni00 — Hoy he pasado el día en Cercedilla con unos amigos. Hemos ido a andar y a hacer un picnic, y me ha encantado todo, sobre todo las vistas. En el centro hay una escultura alucinante de Francisco Fernández Ochoa, que era un esquiador español.

pichuca27 — Acabo de llegar de Buitrago de Lozoya. El viaje se me ha hecho súper largo y encima me he mareado en el coche. Hemos ido a montar en bici por la zona, pero estaba bastante seca. El pueblo no está mal, aunque los hay más chulos.

chickie_4 — Mi amigo Carlos estudió en Alcalá de Henares y hemos ido allí. Está genial, porque se mezclan los extranjeros, los estudiantes y los habitantes de Alcalá y hay un montón de ambiente. Me han dicho que la Universidad Complutense original estaba aquí. ¡Qué pena que la cambiaran! ¿no?

viveya164 — Hoy hemos visitado el Castillo de Manzanares, que es del siglo XV. Vas con unos actores y actrices que explican todo fenomenal. En verano la visita es nocturna y es súper divertido. Además, hemos aprendido costumbres y vocabulario medievales. Os lo recomiendo.

casilíder59 — En Guadalix de la Sierra, el 15 de mayo celebran San Isidro y hay una cabalgata. Han pasado mogollón de mujeres vestidas de ganaderas y hombres a caballo, mientras tocaba la banda municipal (en mi opinión, bastante mala). La verdad es que ha sido aburrido; vamos, que yo no repetiría.

Las maravillas ocultas de Bolivia

Ficha de información

Teleférico de La Paz

Cerro Rico (Potosí)

¿Qué sabes de Bolivia?

General

Bolivia, cuya capital es La Paz, está situada en el centro-oeste de América Latina. Al noreste está Brasil, al sur Paraguay y Argentina, y al oeste Chile y Perú. Tiene aproximadamente 10.500.000 habitantes. Su moneda es el boliviano. Hay tres idiomas oficiales: español, aymará y quechua. No existe una religión oficial, pero 95% de los bolivianos se declaran católicos. Bolivia ofrece unos paisajes espectaculares.

Clima

Es muy variable e impredecible. La altura puede ser muy diferente dentro del país, por eso las condiciones van del clima tropical en los llanos al polar en el Altiplano. La altitud, el fenómeno del Niño o la proximidad al trópico influyen en el tiempo de este país. Las lluvias se producen entre noviembre y marzo. Hay poca diferencia entre las cuatro estaciones.

Un secreto de Bolivia

¡El teleférico de La Paz! ¿Sabías que las ciudades de La Paz y El Alto están comunicadas por un moderno teleférico a más de 4.000 metros de altura? Sus cabinas cuentan con unas vistas absolutamente extraordinarias y hay varias líneas, como si fuera una especie de metro por el aire. El viaje dura diez minutos y es muy económico. Es el teleférico urbano más alto del mundo.

Curiosidades

Potosí es hoy casi un pueblo olvidado... Sin embargo, en el siglo XVII representó una gran riqueza mineral para los colonizadores españoles. Posiblemente la cantidad de plata extraída de Cerro Rico (principal montaña de la zona) fue enorme. Hasta se podría haber construido un puente entre Potosí y Madrid... De esa riqueza natural viene la expresión "Vale un potosí."

1   Lee la ficha. Indica si las siguientes afirmaciones son verdaderas (V) o falsas (F).

   1   La moneda y los habitantes de Bolivia se llaman igual.

   2   Aunque hay otras, el catolicismo es la religión principal en Bolivia.

   3   Las vistas en Bolivia no suelen ser muy bonitas.

   4   El clima en Bolivia es muy variable, en parte debido a las grandes diferencias de altitud.

   5   Existe una red de teleférico en la ciudad de Sucre.

   6   El teleférico más elevado del mundo está en Antofagasta.

   7   La ciudad de Potosí ha perdido gran relevancia en los últimos cuatro siglos.

   8   La expresión "Vale un potosí" quiere decir que algo o alguien tiene muchísimo valor.

Silpancho cochabambino… ¡Ordena la receta!

Silpancho

A Ahora que tienes todo, pon una taza de arroz sobre el plato, coloca el bistec, y añade el huevo frito. Coloca los trozos de cebolla y tomate a un lado y acompáñalo con tres o cuatro círculos de patata. Para decorar, añade un poco de perejil por encima. ¡Que aproveche!

B Qué vas a necesitar:
2 tazas de arroz cocido
1 patata grande
2 bistecs de carne blanda
Media taza de aceite y aceite en spray
Media taza de pan rallado
1 cebolla mediana
1 taza de tomates envasados
1 cucharada de perejil picado
2 huevos

C Cuando ya estén cocinados, colócalos en una servilleta de papel para que absorba la grasa. No dejes que se enfríen demasiado. Luego pon una taza de la lata de tomates. Corta la cebolla en trozos pequeños.

D Mientras se enfría, hierve el arroz. Asegúrate de que obtienes dos tazas, una vez cocinado. Si quieres, lo puedes preparar el día anterior.

E Al tiempo que fríes las patatas, puedes preparar los huevos, echando aceite en spray en una sartén. Añade sal y pimienta al gusto.

F Una vez lista la carne, saca la patata de la nevera y córtala en círculos. Pon un cuarto de la taza de aceite en una sartén y fríelas por ambos lados durante dos minutos, hasta que estén doradas. Colócalas en una servilleta de papel para que absorba el exceso de aceite.

G Cuando el arroz esté listo, pon en un plato el pan rallado. Coloca ahí los bistecs y presiona por ambos lados. Fríelos en un cuarto de la taza de aceite, teniendo cuidado de que no se doren demasiado.

H Pela la patata y hiérvela durante 20 minutos con un poco de sal. No la cuezas demasiado. Mientras preparas lo demás, deja que se enfríe y métela en la nevera.

2 ¿Puedes poner en orden los pasos de la receta del "silpancho"?

3 ¿Cuánto sabes de Bolivia? ¡Haz esta prueba! Mira abajo para ver las respuestas. Hay palabras que no necesitas.

1 Entre La Paz y Los Yungas está la carretera más peligrosa del mundo, denominada la carretera de la ....

2 En el departamento de Beni existe el delfín ...., una especie única en el mundo.

3 Al .... de Bolivia se establecieron en el siglo XVII numerosas misiones jesuitas.

4 El Lago Titicaca es el lago .... más alto del mundo.

5 La Laguna Colorada es uno de los secretos de Bolivia y está habitada por miles de ....

6 El ingeniero de la Terminal de Autobuses de .... es el mismo que diseñó la Torre Eiffel.

La carretera más peligrosa

este	rosado	La Paz	esquiable	morado
muerte	navegable	flamencos	curva	Sucre

Rincón del examen D1

Cómo mejorar tu español escrito

Ejemplos para estudiar y analizar

1 a Lee la contestación a esta pregunta. Trabaja con otra persona para comentar lo que es bueno y lo que se podría mejorar.

Escribe 130–140 palabras en español.

Mi verano trabajando en España

Escribe un artículo para la revista de tu instituto hablando de tus experiencias y dando tus opiniones.

- el tipo de trabajo que te gusta hacer y por qué

- el trabajo qué hiciste en España

- tu opinión sobre los empleos de verano en el extranjero

- lo que aprendiste durante tu estancia

- otro trabajo que te gustaría hacer en el futuro y por qué.

Contestación básica

Me gusta mucho trabajar con el público.

En España trabajé en un hotel. En el hotel limpio las habitaciones y limpio la cocina. El trabajo es un poco aburrido.

Pienso que los trabajos de verano son una cosa muy buena. España es muy interesante y hay mucho para ver y para hacer. También puedes ganar dinero y conocer a gente interesante.

Durante mi estancia aprendí mucho sobre la cultura de España, por ejemplo las fiestas, la comida, las tiendas, la historia, la música y el cine. También aprendí muchas palabras nuevas.

En el futuro me gustaría ser médico. Pienso que es un trabajo interesante. Puedes ayudar a la gente. Pero todo depende de si saco buenas notas en mis exámenes.

Estrategias

1 Enlaza frases usando conectivos (*porque, ya que, dado que, puesto que, sin embargo, además de, aparte de, tanto… como, así que*, etc.).

2 Debes expresarte usando una variedad de tiempos verbales: pasado, presente y futuro. Los puntos te dan pistas sobre qué tiempo debes usar.

3 Usa una variedad de formas de expresar tu opinión (*pienso que, creo que, me parece que, a mi modo de ver, en mi opinión, desde mi perspectiva*, etc.).

4 Usa también los negativos (*nada, nadie, nunca, ninguna parte*, etc.). Son una manera muy fácil de subir un poco el nivel de lo que escribes: "Nunca me ha gustado…, pero soy muy aficionado/a de…".

5 Escribe observando estrictamente los límites de palabras.

1 b Ahora escribe una contestación más sofisticada, aplicando estas cinco estrategias. Puedes cambiar la información y dar más detalles si quieres.

1 c Cambia lo que has producido con la versión de otra persona e intercambiad comentarios.

2 a Trabaja con otra persona. Estudia esta tarea y para cada punto decidid cuáles y cómo se pueden aplicar las estrategias arriba.

Escribe 130–140 palabras en español.

Mis actividades extraescolares

Escribe un blogpost sobre las actividades extraescolares en la que participas. Incluye:

- el tipo de actividades que te gustan y por qué
- una actividad que hiciste recientemente
- tu opinión sobre las actividades extraescolares
- una actividad que harás en el futuro
- lo inconveniente de alguna actividad

---

2 b Ahora lee la contestación a esta pregunta. Haz unos apuntes de lo que es bueno y lo que se podría mejorar.

Contestación

Me gusta mucho ser miembro del equipo de baloncesto de mi instituto. Soy muy deportista y también hago natación.

La semana pasada jugué en un partido importante. Era contra otro instituto. Ganamos y estaba muy contento. Ahora podemos representar a nuestra zona en el campeonato regional.

Pienso que las actividades extraescolares son muy buenos. Puedes hacer muchas cosas y puedes hacer muchos amigos nuevos. Pienso que debe haber más. En mi instituto casi todo el mundo participa en un club.

En el futuro quiero hacer la equitación. Tenemos un club de equitación, pero es el martes y los martes también tengo baloncesto. Quiero hacer equitación porque me gustan los caballos.

Un inconveniente del club de equitación es que es bastante caro. Pienso que es demasiado caro para mí. Cuesta mucho dinero.

Estrategias adicionales

1 Varía lo que dices usando sinónimos o frases sinónimas. Eso puede ser algo tan fácil como evitar el uso de las mismas palabras de los puntos, o decir "me encanta" o "me mola" en vez de "me gusta".

2 Incluye frases que tengan más de un tiempo verbal, por ejemplo: pretérito + imperfecto, presente + futuro. También intenta usar los tiempos más complejos, como el presente continuo o el condicional.

3 Evalúa dos opiniones diferentes antes de recomendar una de ellas.

4 Considera el orden de las cláusulas. Dar la misma información en un orden diferente puede hacer lo que escribes más sofisticado. Por ejemplo: "Juego al futbol los martes y nado todos los días" con muy poco trabajo se hace: "Aparte de nar todos los días, también juego al futbol los martes".

2 c Ahora escribe una contestación más sofisticada, aplicando las cuatro estrategias. Puedes cambiar la información y dar más detalles si quieres.

2 d Luego cambia lo que has producido con la versión de otra persona e intercambiad comentarios.

Unos consejos sobre el buen uso del tiempo y la presentación de lo que escribes

● Toma unos minutos al principio para planear lo que vas a escribir, asegurando que hayas identificado bien las formas verbales para cada punto.
● Es buena idea escribir un párrafo para cada punto. Así puedes comprobar más fácilmente que todo está incluido.
● Al final guarda unos minutos para comprobar todas las concordancias y las formas verbales.
● Presenta lo que escribes de manera clara y legible.

Rincón del examen D2

Cómo tener una conversación natural

Para lucir en la conversación hay cuatro áreas clave que debes considerar:

- hablar con soltura
- utilizar correctamente los tiempos verbales
- mejorar tu pronunciación y entonación
- considerar distintas perspectivas y expresar tu punto de vista personal

A Hablar con soltura

1 a Empareja la primera parte de estas frases con la segunda parte para hacer una frase completa. Tradúcelas a tu propio idioma y apréndelas.

Ejemplo: 1 F

1	Eso me parece	A	repetir la pregunta?
2	Lo siento, ¿podrías decir	B	un ejemplo.
3	¿Quieres decir	C	entiendo.
4	Por favor, ¿puedes	D	¿puedes decirlo de otra manera?
5	Voy a darte	E	.... o .... ?
6	Perdona, pero no	F	muy interesante.
7	No sé si comprendo,	G	eso otra vez?

1 b Elige cinco preguntas de conversación de las secciones cuatro o cinco del libro. Trabaja con otra persona haciendo las preguntas y utilizando cinco de las frases del ejercicio 1a.

Ejemplo:

A ¿Te parece importante cuidar el planeta?

B Por favor, ¿puedes repetir la pregunta?

A Sí, claro. ¿Te parece importante cuidar el planeta?

B Ah sí, creo que es muy importante.

1 c Ahora repetid la conversación usando las siguientes estrategias.

Estrategias

→ Piensa en maneras de lucir lo que sabes. Puedes: dar ejemplos, usar negativos, usar palabras como *vale, pues, ahora bien* o hacer preguntas.

→ Enlaza frases usando conectivos (*y, pero, porque*) para conectar dos frases.

→ Lee otra vez las estrategias en el rincón de examen D1 y úsalas también aquí.

→ Usa adjetivos y adverbios para hacer descripciones más detalladas.

B Utilizar correctamente los tiempos verbales

2 a Estudia estas cinco preguntas (1–5) y emparéjalas con los tiempos verbales (A–E). Si quieres, puedes buscar los tiempos verbales en la sección de gramática – las referencias aparecen entre paréntesis.

1 ¿Qué vas a hacer durante el verano?

2 ¿Dónde fuiste de vacaciones el año pasado?

3 ¿Qué ropa llevabas?

4 ¿Qué tipo de vacaciones prefieres?

5 Si fueras millonario/a, ¿dónde irías de vacaciones?

A presente (N1)

B imperfecto (N4)

C condicional (N8)

D pretérito indefinido (N3)

E futuro (N6)

2 b Ahora practica con otra persona tomando turnos para contestar, usando verbos diferentes cada vez. Tened cuidado de usar los tiempos verbales correctos.

C Mejorar tu pronunciación y entonación

Si preparas tu conversación aprendiendo algunas frases escritas de memoria, es importante saber cómo se pronuncian. Los sonidos de las letras importan, pero también es importante poner el estrés correctamente en cada palabra. Puede ser útil grabarte y aprender escuchando y leyendo a la vez.

3 a Los sonidos. Escucha estas palabras y repítelas tres veces. Luego mira cada palabra y trabaja con otra persona tomado turnos para explicar por qué las palabras se pronuncian así.

cinco	golfo	hotel	cantidad
cuarenta	ginebra	hamaca	roto
casa	jersey	banco	sierra
cebra	lluvioso	vaca	
zona	jengibre	bebida	

3 b Busca las frases de pronunciación del libro y practícalas de nuevo.

Cuatro reglas generales

1 Las palabras que terminan en -*n*, -*s* o vocal llevan el estrés en la penúltima sílaba.
2 Las palabras que termina en otras letras llevan el estrés en la última sílaba.
3 Las excepciones llevan acento: *rápido*, *lápiz*, *café*, *campeón*.
4 Los interrogativos llevan acento: *¿dónde?*, *¿cuándo?*

3 c El estrés. Mira y escucha estas frases. Para cada palabra subrayada decide si el estrés pertenece a la regla 1, 2, 3 o 4.

¿Qué hay en tu ciudad para interesar a los turistas?

Mi ciudad está llena de cultura y cosas para hacer; tenemos museos, parque acuático e incluso un teatro.

D Considerar distintas perspectivas y expresar tu punto de vista personal

4 a Empareja las frases de la lista 1–7 con las frases más adecuadas de la lista A–G. Tradúcelas a tu propio idioma y apréndelas.

Ejemplo: 1 G

1	Las ventajas son…	A	y tambien creo que…
2	Según un artículo que	B	aunque otros dicen…
3	No estoy de acuerdo	C	que acabo de ver…
4	Por una parte…	D	leí recientemente…
5	Según un programa	E	porque para mí…
6	Mucha gente dice que…	F	por otra parte…
7	En mi opinión…	G	pero las desventajas son….

Frases para justificar tus ideas

Porque	Como resultado…
Esto es por qué…	La solución a este problema es…
Por eso,	Lo que se debe hacer es…

4 b Ahora trabajad en grupos de tres personas. Decide quién es 1, 2 y 3.

La persona que hace las preguntas debe añadir como mínimo dos preguntas adicionales (+2) y la persona que contesta debe considerar distintas perspectivas, dar su punto de vista personal y justificarlo. También la persona que contestas debe pedir que se repitan algunas preguntas usando las estrategias del ejercicio 1.

Practicad haciendo, contestando y dando una evaluación (es decir: lo que es bueno, lo que podría ser mejor y un comentario sobre el uso de las varias estrategias) para estas tres preguntas sobre temas muy diversos.

Jugada	Persona 1	Persona 2	Persona 3
1	Hace las preguntas	Contesta las preguntas	Da una evaluación
2	Da una evaluación	Hace las preguntas	Contesta las preguntas
3	Contesta las preguntas	Da una evaluación	Hace las preguntas

1 ¿Qué habilidades te serán importantes para encontrar un buen trabajo? (+2)

2 Si vas de viaje, ¿cuál sería tu modo de transporte ideal? ¿Por qué? (+2)

3 ¿Qué se ha hecho en tu zona para proteger el medio ambiente? (+2)

Gramática

The following grammar summary includes all the grammar and structure points required for the Cambridge IGCSE™ and IGCSE (9–1) Spanish syllabuses.

A

Absolute superlative, ending in -ísimo (*El superlativo absoluto*) D4
Adjectives (*Los adjetivos*) C
Adjectives of nationality (*Los adjetivos de nacionalidad*) C2
Adverbs (*Los adverbios*) K
Affirmative commands (*El imperativo afirmativo*) N15
Age (*La edad*) N19
Approximate numbers (*Los números aproximados*) S3
Articles (*Los artículos*) B
Article with jobs/professions (*El artículo delante de profesiones*) B2
Augmentatives (*Los aumentativos*) R2

B

Basic adverbs (*Adverbios básicos*) K2

C

Cardinal numbers (*Los números cardinales*) S1
Cardinal points of the compass (*Los puntos cardinales*) T5
Clock time (*La hora*) T1
Comparison (*La comparación*) D
Conditional perfect tense (*El condicional perfecto*) N11
Conditional sentences (*Las oraciones condicionales*) N14
Conditional tense (*El condicional*) N8
Conjunctions (*Las conjunciones*) Q
Contracted forms of definite articles (*Las formas contractas del artículo definido*) B1

D

Dates (*Las fechas*) T2
Definite article (*El artículo definido*) B1
Demonstrative adjectives (*Los adjetivos demostrativos*) E1
Demonstrative pronouns (*Los pronombres demostrativos*) E2
Diminutives (*Los diminutivos*) R1
Direct object pronouns (*Los pronombres de objeto directo*) M2
Disjunctive pronouns (*Los pronombres preposicionales*) M5
Distances (*Las distancias*) S7
Doler-type verbs (*Verbos como* doler) N20

E

Exclamatory pronouns and adjectives (*Los pronombres y adjetivos exclamativos*) I1

F

Formation of adverbs with -mente (*La formación de los adverbios con* -mente) K1
Forms of adjectives (*Las formas de los adjetivos*) C1
Fractions (*Las fracciones*) S5
Future perfect tense (*El futuro perfecto*) N10
Future tense (*El futuro*) N6

G

Gender of nouns (*El género de los sustantivos*) A1
Gerund (*El gerundio*) N17
Gustar-type verbs (*Verbos como* gustar) N20

I

Immediate future (*El futuro próximo*) N7
Imperative (*El imperativo*) N15
Imperfect continuous tense (*El pasado continuo*) N5
Imperfect subjunctive (*El imperfecto de subjuntivo*) N13
Imperfect tense (*El imperfecto*) N4
Impersonal verbs (*Los verbos impersonales*) N21
Indefinite adjectives (*Los adjetivos indefinidos*) F1
Indefinite article (*El artículo indefinido*) B2
Indefinite pronouns (*Los pronombres indefinidos*) F2
Indirect object pronouns (*Los pronombres de objeto indirecto*) M3
Infinitive (*El infinitivo*) N23
Interjections (*Las interjecciones*) I2
Interrogative adjectives (*Los adjetivos interrogativos*) H1
Interrogative pronouns (*Los pronombres interrogativos*) H2
Irregular adjectives of comparison (*Los adjetivos de comparación irregulares*) D2
Irregular adverbs of comparison (*Los adverbios de comparación irregulares*) D3

L

Lo + adjective (Lo + *adjetivo*) B4

M

Masculine article with feminine nouns (*Los sustantivos femeninos con artículo masculino*) B3
más/menos de D1
Mathematical expressions (*Las expresiones matemáticas*) S4
Measurements (*Las medidas*) S7

N

Negatives (*Los negativos*) O
Negative commands (*El imperativo negativo*) N15
Nouns (*Los sustantivos*) A
Numbers (*Los números*) S

O

Order of object pronouns (*El orden de los pronombres de objeto*) M4
Ordinal numbers (*Los números ordinales*) S2

P

Passive (*La voz pasiva*) N16
Passive with *se* (*La pasiva con* se) N16
Passive with *ser* (*La pasiva con* ser) N16
Passive using a third-person plural verb (*La pasiva con verbos en tercera persona del plural*) N16
Percentages (*Los porcentajes*) S6
Personal a (*La preposición* a *personal*) P2
Personal pronouns (*Los pronombres personales*) M
Pluperfect tense (*El pluscuamperfecto*) N12

A Nouns (*Los sustantivos*)

A1 Gender of nouns (*El género de los sustantivos*)

As a general rule, nouns ending in -o are masculine and nouns ending in -a are feminine. However, there are some important exceptions:

el día	day
la mano	hand
el mapa	map
la modelo	(fashion) model
la moto(cicleta)	motorbike
el poema	poem
el problema	problem
el programa	programme
la radio	radio
el sistema	system
el tema	topic

The following groups of nouns are usually masculine:

- nouns ending in -aje or -or

el garaje	garage
el color	colour

- rivers, seas, mountains, fruit trees, colours, cars, days of the week and points of the compass

el Manzanares	the (river) Manzanares
el Mediterráneo	the Mediterranean
los Alpes	the Alps
el manzano	apple tree
el verde	green
el BMW	BMW
el domingo	Sunday
el norte	north

The following groups of nouns are usually feminine:

- nouns endings in -ión, -dad, -tad, -triz, -tud, -umbre, -anza, -cia, -ie

la región	region
la ciudad	town
la dificultad	difficulty
la actriz	actress
la inquietud	concern
la muchedumbre	crowd
la esperanza	hope
la diferencia	difference
la serie	series

- letters of the alphabet

la eñe	the letter *ñ*

- islands and roads

las (islas) Canarias   the Canary Islands

la M50   the M50

Nouns ending in *-ista* have no separate masculine or feminine form:

el/la artista   artist

el/la periodista   journalist

A2 Plural of nouns (*El plural de los sustantivos*)

Spanish nouns form their plurals in different ways:

- by adding *-s*, if the noun ends in a vowel, whether stressed or unstressed

el piso — los pisos   flat/s

la mano — las manos hand/s

el café — los cafés   coffee/s

- by adding *-es*, if the noun ends in a consonant

el color — los colores colour/s

la red — las redes   net/s, network/s

- nouns ending in *-z* change the ending to *-ces*

la voz — las voces   voice/s

- nouns that have an accent on the last syllable lose the accent in the plural

la región — las regiones   region/s

el inglés — los ingleses   English person/people

Exception:

el país — los países   country/countries

- days of the week, except *sábado* and *domingo*, have the same form for singular and plural

el lunes — los lunes   Monday/s

el sábado — los sábados   Saturday/s

- nouns ending in *-en* which are stressed on the penultimate syllable add an accent in the plural

el examen — los exámenes examination/s

la imagen — las imágenes image/s

B Articles (*Los artículos*)

B1 Definite article (*El artículo definido*)

The definite articles ('the') are *el/los* for the masculine and *la/las* for the feminine:

	Singular	Plural
Masculine	*el día*	*los días*
Feminine	*la chica*	*las chicas*

When the masculine singular definite article is preceded by *a* or *de*, the preposition combines with it to make one word (called a contracted article):

*Vamos **al** parque.*
Let's go to the park. (*a + el = al*)

*Salieron **del** cine.*
They came out of the cinema. (*de + el = del*)

The other forms of the definite article, *la*, *los* and *las*, are unchanged after *a* and *de*.

The definite article is used in Spanish, but not in English, for:

- nouns used in a general sense

No me gusta el chocolate.
I don't like chocolate.

- languages, colours, days of the week (preceded by 'on' in English), the time, percentages, sports teams

El español es una lengua muy hermosa.
Spanish is a beautiful language.

Me gusta más el rojo que el amarillo.
I like red better than yellow.

El miércoles vamos a la piscina.
On Wednesday we are going to the swimming pool.

a las dos
at 2 o'clock

El 50% de los chicos tiene el pelo rubio.
50% of the children have blond hair.

el Real Madrid
Real Madrid

- abstract nouns

Todos buscamos la felicidad.
We are all looking for happiness.

The definite article is omitted in Spanish, but used in English, for:

- the names of monarchs and popes with Roman numerals (when speaking)

Alfonso XIII (Alfonso trece)
Alfonso XIII (Alfonso the thirteenth)

- nouns that are in apposition

Rodríguez Zapatero, antiguo presidente de España,...
Rodríguez Zapatero, the former prime minister of Spain,...

B2 Indefinite article (*El artículo indefinido*)

The indefinite articles ('a', 'an') are *un/unos* for the masculine and *una/unas* for the feminine:

	Singular (a/an)	Plural (some)
Masculine	*un piso*	*unos pisos*
Feminine	*una chica*	*unas chicas*

The indefinite article is omitted in Spanish where it is used in English:

● with occupations after *ser*

Mi padre es enfermero.
My father is a nurse.

● when the noun is in apposition

Llegó Juan, amigo de mi padre.
Juan, a friend of my father, arrived.

● with a number of common words, especially *otro*, *qué* and *mil*

El gamberrismo es otro problema.
Hooliganism is another problem.

¡Qué milagro!
What a miracle!

Te lo he dicho mil veces.
I've told you a thousand times.

B3 Masculine article with feminine nouns (*Los sustantivos femeninos con artículo masculino*)

The masculine definite and indefinite articles *el* and *un* replace the feminine forms *la* and *una* before feminine nouns in the singular that begin with stressed *a* or *ha*. These nouns remain feminine in gender:

Singular	Plural
el/un agua	*las/unas aguas*
el/un hambre	*las/unas hambres*

B4 *Lo* + adjective (*Lo + adjetivo*)

Lo is used as a neuter article and can act as a noun when followed by an adjective, e.g. *bueno*, *importante*:

Los exámenes han terminado y eso es lo bueno.
The exams are over and that's the good thing.

Lo importante es no perder el tren.
The important thing is not to miss the train.

C Adjectives (*Los adjetivos*)

C1 Forms of adjectives (*Las formas de los adjetivos*)

Adjectives that end in *-o* (masculine) or *-a* (feminine) add *-s* for the plural:

	Singular	Plural
Masculine	*limpio*	*limpios*
Feminine	*limpia*	*limpias*

Most adjectives that end in a vowel other than *-o/-a* or a consonant have the same form for masculine and feminine in the singular and plural. In the plural, *-s* is added to those ending in a vowel and *-es* to those ending in a consonant.

	Singular	Plural
Masculine	*triste*	*tristes*
Feminine	*triste*	*tristes*

	Singular	Plural
Masculine	*azul*	*azules*
Feminine	*azul*	*azules*

Adjectives ending in *-z* change the *z* to *c* in the plural:

	Singular	Plural
Masculine	*(in)feliz*	*(in)felices*
Feminine	*(in)feliz*	*(in)felices*

Adjectives ending in *-or* add *-a* for the feminine singular, *-es* for the masculine plural and *-as* for the feminine plural:

	Singular	Plural
Masculine	*encantador*	*encantadores*
Feminine	*encantadora*	*encantadoras*

Note: comparative adjectives ending in *-or* do not have a separate feminine form:

	Singular	Plural
Masculine	*mejor*	*mejores*
Feminine	*mejor*	*mejores*

When two nouns of different gender stand together, the adjective that qualifies them is masculine plural:

Eva y Jorge están contentos.
Eva and Jorge are happy.

C2 Adjectives of nationality (*Los adjetivos de nacionalidad*)

Adjectives that denote a country or a region and finish in a consonant normally have a feminine form ending in -*a*. Adjectives ending in -*és* lose the accent in the other three forms.

Masculine singular	Feminine singular	Masculine plural	Feminine plural
inglés	*inglesa*	*ingleses*	*inglesas*
español	*española*	*españoles*	*españolas*
catalán	*catalana*	*catalanes*	*catalanas*

C3 Position of adjectives (*Posición de los adjetivos*)

Adjectives are normally placed after nouns:

una lengua difícil   a difficult language

Some common adjectives are usually placed before the noun: *buen(o)/a, mal(o)/a, pequeño/a* and *gran(de)*:

¡Que tengas un buen día!   Have a good day!

¡Buena suerte!   Good luck!

Cardinal and ordinal numbers and *último* are placed before the noun:

cien pasajeros	a hundred passengers
el quinto piso	the fifth floor
su última novela	his/her/your (formal) last/latest novel

C4 Shortening of adjectives (*Los adjetivos apocopados*)

Several common adjectives lose the final -*o* when they come before a masculine singular noun. This is called 'apocopation':

alguno/a — algún	any	*malo/a — mal*	bad
primero/a — primer	first	*uno/a — un*	one, a
bueno/a — buen	good	*ninguno/a — ningún*	no
tercero/a — tercer	third		

Volveré algún día.
I'll come back some day.

Hace mal tiempo hoy.
The weather is bad today.

el primer hijo de la familia
the first son of the family

Grande shortens to *gran* before masculine and feminine singular nouns:

mi gran amiga, Paula
my great friend, Paula

D Comparison (*La comparación*)

D1 Types of comparison (*Tipos de comparación*)

There are three basic types of comparison:

- of superiority (more…than) — *más…que*
- of inferiority (less…than) — *menos…que*
- of equality (as…as) — *tan(to)…como*

Hace más frío en Escocia que en España.
It's colder in Scotland than in Spain.

Hace menos frío en España que en Escocia.
It's less cold in Spain than in Scotland.

Hace tanto calor en Madrid como en Caracas.
It's as hot in Madrid as in Caracas.

Comparatives can be adjectives or adverbs.

Notes:

- When a number comes after *más,* it must be followed by *de* and not *que*.

Hay más de treinta alumnos en la clase.
There are more than 30 pupils in the class.

- When comparing quantities, if *más* or *menos* is followed by a clause containing a verb, *más / menos del que / de la que / de lo que* etc. must be used.

*Tenemos **menos** dinero **del que** pensábamos.*
We've got less money than we thought.

*Estudia **más de lo que** imaginas.*
He studies more than you imagine.

- After *bastante, para* or *como para* is used.

No soy bastante rico (como) para comprar un piso en el centro.
I'm not wealthy enough to buy a flat in the centre.

D2 Irregular adjectives of comparison (*Adjetivos de comparación irregulares*)

Certain common adjectives have special comparative forms:

Adjective	Comparative
bueno (good)	*mejor* (better)
malo (bad)	*peor* (worse)
mucho (much)	*más* (more)
poco (few)	*menos* (fewer, less)
grande (big, great)	*mayor* (bigger, greater)
pequeño (little, small)	*menor* (smaller)

Pedro tiene mejor apetito que Enrique.
Pedro has a better appetite than Enrique.

D3 Irregular adverbs of comparison (*Adverbios de comparación irregulares*)

Certain common adverbs have special comparative forms, which are invariable:

Adverb	Comparative
bien (well)	*mejor* (better)
mal (bad)	*peor* (worse)
mucho (a lot)	*más* (more)
poco (not much)	*menos* (less)

Mi hermano cocina mejor que mi hermana.
My brother cooks better than my sister.

D4 Superlatives (*Los superlativos*)

The way to express the idea of 'most' in Spanish is by placing the definite article before the noun being described and the comparative adjective after the noun:

La montaña más alta de España está en Canarias.
The highest mountain in Spain is in the Canaries.

Chile es el país más largo de Sudamérica Latina.
Chile is the longest country in Latin America.

Note that 'in' after a superlative is expressed by *de*.

Absolute superlative, ending in -*ísimo*
To express the idea of a quality possessed to an extreme degree, you can add -*ísimo* to the adjective:

Salamanca es una ciudad hermosísima.
Salamanca is a very beautiful city.

Chile es un país larguísimo.
Chile is an extremely long country.

Note that some -*ísimo* endings, as with the adjective *largo* in the example, require a spelling change to the last consonant of the adjective:

largo — larguísimo	long — extremely long
rico — riquísimo	rich — very rich
feliz — felicísimo	happy — extremely happy

E Demonstrative adjectives and pronouns (*Los adjetivos y pronombres demostrativos*)

E1 Demonstrative adjectives (*Los adjetivos demostrativos*)

There are three forms of demonstrative adjective in Spanish:

- *este, esta, estos, estas*, meaning 'this'

- *ese, esa, esos, esas*, meaning 'that' (near the listener)

- *aquel, aquella, aquellos, aquellas*, meaning 'that' (distant from both the speaker and the listener)

Masculine singular	Feminine singular	Masculine plural	Feminine plural
este chico (this boy)	*esta chica* (this girl)	*estos chicos* (these boys)	*estas chicas* (these girls)
ese chico (that boy)	*esa chica* (that girl)	*esos chicos* (those boys)	*esas chicas* (those girls)
aquel chico (that boy over there)	*aquella chica* (that girl over there)	*aquellos chicos* (those boys over there)	*aquellas chicas* (those girls over there)

E2 Demonstrative pronouns (*Los pronombres demostrativos*)

Demonstratives pronouns are the equivalent of 'this one' and 'that one'. They agree in gender and number with the noun they stand for:

Masculine singular	Feminine singular	Masculine plural	Feminine plural
este (this (one))	*esta* (this (one))	*estos* (these (ones))	*estas* (these (ones))
ese (that (one))	*esa* (that (one))	*esos* (those (ones))	*esas* (those (ones))
aquel (that (one))	*aquella* (that (one))	*aquellos* (those (ones))	*aquellas* (those (ones))

Quiero comprar una camisa.   *No, prefiero esa/aquella.*
I want to buy a shirt.   No, I prefer that one.

¿Le gusta esta?
Do you like this one?

Note: demonstrative pronouns are sometimes found with an accent on the first e (*éste, aquél* etc), in order to distinguish them from demonstrative adjectives.

The neuter forms of the demonstrative pronouns are:

esto	this	*eso*	that	*aquello*	that

The neuter form refers to an indeterminate idea and not necessarily to a specific object:

¿Por qué no te gusta eso?
Why don't you like that?

F Indefinite adjectives and pronouns (*Los adjetivos y pronombres indefinidos*)

Indefinites are words which refer to persons or things that are not specific. They can be adjectives or pronouns. Many indefinites, such as *otro* and *mucho* can act as either adjective or pronoun, depending on their function in the sentence.

F1 Indefinite adjectives (*Los adjetivos indefinidos*)

The following words are common indefinite adjectives:

alguno/a/os/as	some, any
bastante/s	enough
cada	each, every
cualquiera/cualesquiera	any
demasiado/a/os/as	too much, too many
mucho/a/os/as	much, many, a lot of
otro/a/os/as	(an)other
poco/a/os/as	few, little
todo/a/os/as	all, any, every
uno/a/unos/unas	one
varios/as	several

Algún día visitaré Argentina.
Some day I'll visit Argentina.

Me llamaba cada dos horas.
He used to ring me every two hours.

No hay otra posibilidad.
There isn't another possibility.

F2 Indefinite pronouns (*Los pronombres indefinidos*)

The following words are common indefinite pronouns:

algo	something, anything
alguien	someone, anyone
alguno/a/os/as	some, any
cada uno/a	each one
cualquiera	anyone
mucho/a/os/as	much, many, a lot
otro/a/os/as	(an)other (one)
todo/a/os/as	all, every, everything
uno/a, unos/unas	one, some
un poco	a little
varios/as	several

Alguien llamó a la puerta.
Somebody knocked at the door.

¿Has perdido algo?
Have you lost something?

Lo sabes todo.
You know everything.

G Possessive adjectives and pronouns (*Los adjetivos y pronombres posesivos*)

G1 Possessive adjectives (*Los adjetivos posesivos*)

Singular	Plural
mi (my)	*mis* (my)
tu (your)	*tus* (your)
su (his, her, its, your (formal))	*sus* (his, her, its, your (formal))
nuestro/a (our)	*nuestros/as* (our)
vuestro/a (your)	*vuestros/as* (your)
su (their, your (formal))	*sus* (their, your (formal))

The possessive adjective agrees in number and gender with the noun that follows it:

Raúl nunca va al colegio con su hermana.
Raúl never goes to school with his sister.

Has dejado tus zapatillas de deporte en mi casa.
You've left your trainers at my house.

The possessive adjective *su(s)* can mean 'his'/'her'/'its'/'their' or 'your' (formal):

Deme su pasaporte, señor.
Give me your passport, sir. (formal 'your')

Sabe que su pasaporte está caducado.
He/She knows that his/her passport is out of date.

Tu(s), vuestro/a/os/as or *su(s)* can all mean 'your', depending on whether the relationship with the person(s) addressed is familiar or formal:

Tus amigos han llegado, papá.
Your friends have arrived, dad.

Vuestro desayuno está listo, hijos.
Your breakfast is ready, children.

Por favor, abra su maleta, señora.
Open your suitcase, please, madam.

G2 Possessive pronouns
(*Los pronombres posesivos*)

Singular	Plural
(el/la) mío/a (mine)	*(los/las) míos/as* (mine)
(el/la) tuyo/a (yours)	*(los/las) tuyos/as* (yours)
(el/la) suyo/a (his, hers, yours (formal))	*(los/las) suyos/as* (his, hers, yours (formal))
(el/la) nuestro/a (ours)	*(los/las) nuestros/as* (ours)
(el/la) vuestro/a (yours)	*(los/las) vuestros/as* (yours)
(el/la) suyo/a (theirs, yours (formal))	*(los/las) suyos/as* (theirs, yours (formal))

Possessive pronouns are used to replace nouns in order to avoid repetition. They agree in number and gender with the object possessed:

Ese boli, ¿es tuyo o mío?
Is that biro yours or mine?

Su coche nuevo no va tan rápido como el nuestro.
Their/your new car doesn't go as fast as ours.

Note: the definite article is usually omitted after the verb *ser* (to be).

H Interrogative adjectives and pronouns (*Los adjetivos y pronombres interrogativos*)

H1 Interrogative adjectives
(*Los adjetivos interrogativos*)

The interrogative adjectives are:

● *¿qué?* what?

¿De qué parte de España eres?
What part of Spain are you from?

● *¿cuánto/a/os/as?* how much/many?

¿Cuántos kilos de patatas quieres?
How many kilos of potatoes do you want?

H2 Interrogative pronouns
(*Los pronombres interrogativos*)

The interrogative pronouns are:

● *¿qué?* what?

¿Qué te gustaría hacer esta noche?
What would you like to do tonight?

¿En qué trabajas?
What are you working on?

● *¿cuál? ¿cuáles?* which? what? (often for choosing between alternatives)

¿Cuál de los vestidos prefieres, el azul o el rojo?
Which dress do you prefer, the blue one or the red one?

● *¿quién/quiénes?* who?

¿Con quién sales esta noche?
Who are you going out with tonight?

● *¿(de) quién/quiénes?* whose?

¿De quién es esta bici?
Whose bike is this?

● *¿cómo?* how? what? why?

¿Cómo estás?
How are you?

● *¿(a)dónde?* where?

¿Adónde vamos este fin de semana?
Where shall we go this weekend?

● *¿por qué?* why?

¿Por qué no quieres salir con nosotros?
Why don't you want to come out with us?

● *¿cuándo?* when?

¿Cuándo nació tu hermano?
When was your brother born?

● *¿cuánto?* how much?

¿Cuánto vale?
How much is it/How much does it cost?

Notes:

● Interrogative adjectives and pronouns always have a written accent.

● Direct questions in Spanish are preceded by an inverted question mark.

I Exclamations

I1 Exclamatory adjectives and pronouns (*Los adjetivos y pronombres exclamativos*)

Some of the pronouns and adjectives used for questions are also used for exclamations:

- *¡cuánto(a/os/as)!* how (much, many)!

¡Cuánto calor hace!
How hot it is!

- *¡qué!* what a…! how…!

¡Qué lástima!   *¡Qué bonito!*
What a shame!   How nice!

- *¡cómo!* how! what!

¡Cómo me duele la cabeza!
How my head aches!

I2 Interjections (*Las interjecciones*)

Interjections are exclamatory words and phrases use to express strong feelings, e.g. approval, surprise, a wish.

Annoyance:	*¡Ay! ¡Caramba! ¡Caray!*	Good grief!
Approval:	*¡Qué bien!*	Great! Well done!
Surprise:	*¡Anda! ¡Caramba! ¡Vaya!*	Come on! Good heavens! Wow!
Enthusiasm:	*¡Estupendo!*	Great!
Warning:	*¡Cuidado!*	Look out!
Wish:	*¡Ojalá!*	If only (I could etc.)!

Note that an exclamation mark is placed *before* and *after* exclamatory words and phrases.

J Relative pronouns (*Los pronombres relativos*)

Relatives are words like *que* and *cuyo*, which link two parts, or 'clauses', of a sentence:

- *que* (who, which, that) can be used as subject or object pronoun.

El chico que está hablando con tu amigo es mi hermano.
The boy who is speaking to your friend is my brother.

La chica que ves en la plaza es mi hermana.
The girl (that) you can see in the square is my sister.

- *el/la/los/las que* (who, which, that) is used mostly after prepositions.

La casa en la que vivíamos está en las afueras de la ciudad.
The house that we used to live in is on the outskirts of the town.

- *el cual, la cual, los cuales, las cuales* are also used mostly after prepositions. They are more formal than *el que* etc.

El supermercado delante del cual hay una estatua…
The supermarket in front of which there is a statue…

- *lo que* (what) refers to an idea or an action rather than a specific noun.

Haz lo que quieras.
Do what you like.

- *quien(es)* (who, whom) is used only for people and is often used after a preposition. It is usually used in 'non-restrictive' clauses, preceded by a comma, where it may be replaced by *que*.

La chica con quien trabajo se marchó ayer.
The girl (that) I work with left yesterday.

Mi amigo Jorge, quien/que habla portugués, está en Lisboa.
My friend Jorge, who speaks Portuguese, is in Lisbon.

- *cuyo/a/os/as* (whose) is an adjective that agrees in number and gender with the noun it qualifies.

La chica cuya madre está en el hospital…
The girl whose mother is in hospital…

K Adverbs (*Los adverbios*)

Adverbs tell you *when* something is done (time), *how* it is done (manner) and *where* it is done (place).

K1 Formation with -*mente* (*La formación con* -mente)

Many adverbs are formed from the feminine of an adjective, by adding the suffix –*mente*:

Masculine adjective	Feminine adjective	Adverb
claro	clara	claramente
fácil	fácil	fácilmente
feliz	feliz	felizmente

Note: when two -*mente* adverbs come together and are joined by *y*, the first one loses the -*mente* ending:

Trabajamos rápida y eficazmente.
We worked quickly and effectively.

K2 Basic adverbs (*Adverbios básicos*)

Other common adverbs and adverbial phrases are:

● time

ahora	now
a menudo	frequently
antes	before
a veces	sometimes
después	later, afterwards
enseguida, en seguida	at once, immediately
entonces	then, at that time
luego	then, later, soon
pronto	soon
siempre	always
tarde	late
temprano	early
todavía	still
ya	already, now

● manner

así	like this, thus
bien	well
de la misma manera	in the same way
de repente	suddenly
despacio, lentamente, lento	slowly
mal	badly

● place

abajo	down, below
adelante	forward(s)
allí, allá	there
aquí, acá	here
arriba	above
atrás	back(wards)
cerca	near(by)
debajo	underneath
delante	in front
(a)dentro	inside
detrás	behind
encima	above, on top
en todas partes	everywhere
en algún lugar/sitio	somewhere
(a)fuera	outside
lejos	far

K3 Position of adverbs (*Posición de los adverbios*)

In general, adverbs are placed just after the verb that they modify:

Jorge está arriba, en su dormitorio.
Jorge is upstairs in his bedroom.

Salió mal.
It turned out badly.

Me acosté temprano.
I went to bed early.

Adverbs must not be placed between an auxiliary verb and a participle:

Siempre he trabajado bien con ella.
I've always worked well with her.

*No he tenido **nunca** motivo para quejarme.*
I've never had any reason to complain.

In certain common adverbial expressions the word order is the opposite of the English equivalent:

ahora mismo	right now
todavía no	not yet
ya no	no longer
aquí dentro	in here

L Quantifiers (*Los cuantificadores*)

A number of adverbs, known as quantifiers, refer to the degree or amount to which something is (done). The most common quantifiers are:

● *bastante*   enough, quite

El thriller fue bastante buena.
The thriller was quite good.

● *demasiado*   too

¡Eres demasiado bueno!
You are too good!

● *mucho*   (very) much

Va a hacer mucho más calor.
It's going to get much hotter.

● *muy*   very

El partido fue muy emocionante.
The match was very exciting.

● *(un) poco*   (a) little

Ese político es poco conocido.
That politician is little known.

M Personal pronouns (*Los pronombres personales*)

M1 Subject pronouns (*Los pronombres de sujeto*)

The subject pronouns are:

Singular	Plural
yo (I)	*nosotros/as* (we)
tú (you)	*vosotros/as* (you)
él (he, it)	*ellos* (they)
ella (she, it)	*ellas* (they)
usted (you (formal))	*ustedes* (you (formal))

Subject pronouns are used far less than in English. Usually the verb on its own is sufficient to express the meaning: *Habla español* means 'He/She speaks Spanish', without needing a subject pronoun to express 'he/she'.

You might include the subject pronoun, however, if you want to emphasise for some reason who it is who speaks Spanish:

Ella habla español, pero él no.
She speaks Spanish, but he doesn't.

Subject pronouns are also used standing on their own:

¿Hablas francés?　　*Yo no. ¿Y tú?*
Do you speak French?　No, I don't. Do you?

There are two forms of the subject pronoun for 'you':

- *tú* and *vosotros/as* for the familiar mode of address. This mode of address is for informal situations, for family, friends and pets, and when talking to children.

- *usted* and *ustedes* for the formal mode of address. This mode of address is used to address strangers, people in authority and those you want to show respect to.

Notes:

- The second-person plural *vosotros/as* is used only in Spain. In Spanish America *vosotros/as* is replaced by *ustedes*.

- *usted* and *ustedes* are always used with the third person form of the verb.

¿Conoce usted a mi profesor de español?
Do you know my Spanish teacher?

In the *tú* form this question would be:

¿Conoces a mi profesor de español?

M2 Direct object pronouns (Los *pronombres de objeto directo*)

The direct object pronouns are:

Singular	Plural
me (me)	*nos* (us)
te (you)	*os* (you)
lo/le (him, it, you (formal masc.))	*los/les* (them (masc.), you (formal masc.))
la (her, it, you (formal fem.)	*las* (them (fem.), you (formal fem.))

Notes:

- The familiar second–person plural pronoun *os* is used only in Spain.

- The third-person direct object pronouns *lo/le*, *la* ('him', 'her') and *los/les/las* ('them') are also used for 'you' (formal).

Lo/los and *le/les* are interchangeable:

Lo/le conozco bien.
I know him/it/you well.

La vi en Madrid.
I saw her/it/you in Madrid.

Los/les/las vi en Londres.
I saw them/you in London.

Direct object pronouns are usually placed before the verb:

Me vio ayer en la calle.
He saw me yesterday in the street.

They are always added to the end of the affirmative imperative:

¡Míralo!
Look at it!

They can be added to the end of an infinitive:

Quiero verlos enseguida.
I want to see them at once.

However, it is also possible to say:

Los quiero ver enseguida.

They are normally added to the end of a gerund:

Está escribiéndola.
He's writing it (e.g. a letter).

(Note that escribiendo has to have an accent to preserve the stress.)

However, it is also possible to say:

La está escribiendo.

M3 Indirect object pronouns
(*Los pronombres de objeto indirecto*)

Singular	Plural
me (to me)	*nos* (to us)
te (to you)	*os* (to you)
le (to him, her, it, you (formal))	*les* (to them, you (formal))

● **Note:** the familiar second-person plural pronoun *os* is used only in Spain.

The indirect object pronouns receive the action of the verb *indirectly* (whereas the direct object pronouns receive it *directly*). In the sentence, 'We gave the ball to him', 'the ball' is the direct object and 'to him' is the indirect object: *Le dimos el balón*.

Me vas a decir la verdad.
You are going to tell me the truth.

No te puedo recomendar aquel hotel.
I can't recommend that hotel to you.

Like direct object pronouns, indirect object pronouns are always added to the end of the affirmative imperative:

Tráigame la cuenta.
Bring me the bill / the bill to me.

They can be added to the end of an infinitive:

Voy a decirle lo que pienso.
I'm going to tell him what I think.

However, it is also possible to say:

Le voy a decir lo que pienso.

They are normally added to the end of a gerund:

Está escribiéndoles.

He's writing to them. (Note that escribiendo has to have an accent to preserve the stress.)

However, it is also possible to say:

Les está escribiendo.

M4 Order of object pronouns
(*El orden de los pronombres de objeto*)

In sentences that contain both a direct and an indirect object pronoun, the indirect one is always placed first:

Te lo daré mañana.
I'll give it to you tomorrow.

In the above sentence, *te* is the indirect object and *lo* the direct object pronoun.

The indirect object pronoun *le/les* changes to *se* before a third person direct object pronoun:

Se lo di.
I gave it to him/her/you/them.

A él, a ella, a usted, a ellos, a ellas, a ustedes may be added for clarity:

Se lo di a ella.
I gave it to her.

M5 Disjunctive pronouns
(*Los pronombres preposicionales*)

Disjunctive pronouns are pronouns that are used after prepositions:

Singular	Plural
mí (me)	*nosotros/as* (us)
ti (you)	*vosotros/as* (you)
él (him, it)	*ellos* (them)
ella (her, it)	*ellas* (them)
usted (you (formal))	*ustedes* (you (formal))
sí (himself, herself, yourself (formal))	*sí* (themselves, yourselves (formal))

Vamos a visitar el Prado con ellas.
We are going to visit the Prado with them.

Jorge no ha venido. ¿Salimos sin él?
Jorge hasn't come. Shall we go out without him?

A mí no me gusta nada el fútbol.
I don't like football at all.

Mí, ti and *sí* combine with the preposition *con* to make *conmigo* (with me), *contigo* (with you) and *consigo* (with him/her(self) etc.):

¿Por qué no le deja ir conmigo?
Why don't you let him go with me?

Saldré contigo si me dejas conducir.
I'll go out with you if you let me drive.

M6 Reflexive pronouns
(*Los pronombres reflexivos*)

Reflexive pronouns refer back to the subject of the sentence. They are the equivalent of 'myself' 'yourself' etc. in English.

Singular	Plural
me (myself)	nos (ourselves)
te (yourself)	os (yourselves)
se (himself, herself, yourself (formal))	*se* (themselves, yourselves (formal))

The reflexive pronoun normally precedes the verb but, like the object pronouns, it is added to the end of affirmative imperatives, gerunds and infinitives:

Se fue a Venezuela ayer.
He went to Venezuela yesterday.

¡Levántate!
Get up!

Está divirtiéndose.
She's enjoying herself.

Fueron a Las Vegas para casarse.
They went to Las Vegas to get married.

N Verbs (*Los verbos*)

N1 Present tense (*El presente*)

The present tense is formed by adding the highlighted endings to the stem of the infinitive:

	hablar	**comer**	**vivir**
	(to speak)	(to eat)	(to live)
yo	habl**o**	com**o**	viv**o**
tú	habl**as**	com**es**	viv**es**
él/ella/usted	habl**a**	com**e**	viv**e**
nosotros/as	habl**amos**	com**emos**	viv**imos**
vosotros/as	habl**áis**	com**éis**	viv**ís**
ellos/ellas/ustedes	habl**an**	com**en**	viv**en**

The present tense is used for:

● something that exists at the time of speaking

Hace frío en Soria.
It's cold in Soria.

● describing a habit

Nos reunimos en la discoteca todos los viernes.
We meet at the disco every Friday.

● general statements of fact

Los Pirineos están en el norte de España.
The Pyrenees are in the north of Spain.

● future intention

¿Vas a ver el partido?
Are you going to see the match?

Note: some irregular verbs have a special form in the first person singular:

conocer	to know	cono**zco**, conoces, conoce…
construir	to build	constru**yo**, construyes, construye…
dar	to give	d**oy**, das, da…
decir	to say	di**go**, dices, dice…
estar	to be	est**oy**, estás, está…
hacer	to do/make	ha**go**, haces, hace…
ir	to go	**voy**, vas, va…
oír	to hear	oi**go**, oyes, oye…
poner	to put	pon**go**, pones, pone…
salir	to leave	sal**go**, sales, sale…
ser	to be	s**oy**, eres, es…
tener	to have	ten**go**, tienes, tiene…
traer	to bring	trai**go**, traes, trae…
venir	to come	ven**go**, vienes, viene…

Note: some of these verbs have other irregularities.

Some verbs change the vowel of the stem in the first three persons of the singular and the third person plural (see also radical-changing verbs, N24):

pensar   to think
*p**ie**nso, p**ie**nsas, p**ie**nsa, pensamos, pensáis, p**ie**nsan*

encontrar   to find
*enc**ue**ntro, enc**ue**ntras, enc**ue**ntra, encontramos, encontráis, enc**ue**ntran*

pedir   to ask for
*p**i**do, p**i**des, p**i**de, pedimos, pedís, p**i**den*

N2 Present continuous tense (*El presente continuo*)

The present continuous tense is formed by the present tense of verb *estar* plus the gerund. The gerund is the form of the verb that ends in *-ando* (*-ar* verbs) or *-iendo* (*-er* and *-ir* verbs):

This form of the present tense describes actions that are happening *now*:

Está hablando con Alex en su móvil.
She's talking to Alex on her mobile.

Estamos comiendo nuestro desayuno.
We're eating our breakfast.

N3 Preterite tense (*El pretérito indefinido*)

The preterite tense is formed by adding the highlighted endings to the stem of the infinitive:

	-ar verbs	*-er* verbs	*-ir* verbs
yo	habl**é**	com**í**	viv**í**
tú	habl**aste**	com**iste**	viv**iste**
él/ella/usted	habl**ó**	com**ió**	viv**ió**
nosotros/as	habl**amos**	com**imos**	viv**imos**
vosotros/as	habl**asteis**	com**isteis**	viv**isteis**
ellos/ellas/ustedes	habl**aron**	com**ieron**	viv**ieron**

There are many irregular preterites, the most common being:

andar — anduve, anduviste, anduvo, anduvimos, anduvisteis, anduvieron

conducir — conduje, condujiste, condujo, condujimos, condujisteis, condujeron

dar — di, diste, dio, dimos, disteis, dieron

decir — dije, dijiste, dijo, dijimos, dijisteis, dijeron

estar — estuve, estuviste, estuvo, estuvimos, estuvisteis, estuvieron

hacer — hice, hiciste, hizo, hicimos, hicisteis, hicieron

ir — fui, fuiste, fue, fuimos, fuisteis, fueron

poder — pude, pudiste, pudo, pudimos, pudisteis, pudieron

poner — puse, pusiste, puso, pusimos, pusisteis, pusieron

querer — quise, quisiste, quiso, quisimos, quisisteis, quisieron

saber — supe, supiste, supo, supimos, supisteis, supieron

ser — fui, fuiste, fue, fuimos, fuisteis, fueron

tener — tuve, tuviste, tuvo, tuvimos, tuvisteis, tuvieron

traer — traje, trajiste, trajo, trajimos, trajisteis, trajeron

venir — vine, viniste, vino, vinimos, vinisteis, vinieron

ver — vi, viste, vio, vimos, visteis, vieron

Notes on the form of the preterite

- In *-ar* and *–ir* regular verbs, the first person plural has the same form in the preterite as in the present tense.

- The verbs *ir* and *ser* have exactly the same form in the preterite for all persons: *fui, fuiste, fue, fuimos, fuisteis, fueron.*

The irregular preterite forms should be learned (see also the verb tables on pp. 253–56).

The preterite tense is used to express a *completed* action in the past that happened at a specific time:

El Rey de España fue a Argentina en mayo.
The King of Spain went to Argentina in May.

These actions are often a series of events that took place within a specific period of time.

Ayer fui con Rosa al bar de Manolo. Ella tomó una coca-cola y yo una cerveza. Hablamos de las vacaciones. Ella dijo que odiaba Benidorm y que no quería ir allí otra vez. ¡No nos pusimos de acuerdo! Luego llegó Roberto. Le pregunté qué pensaba. Él respondió que no sabía. ¡Qué molesto!
Yesterday I went to Manolo's bar with Rosa. She had a coke and I had a beer. We spoke about the holidays. She said she hated Benidorm and didn't want to go there again. We didn't agree! Then Roberto arrived. I asked him what he thought. He said he didn't know. How annoying!

Note: students of Spanish who are also studying French often use the Spanish perfect tense (*he hablado*) when they should use the preterite (*hablé*). This is because they don't realise that the French perfect tense (*j'ai parlé* etc.) is similar in its use to the Spanish preterite tense (*hablé* etc.). Thus, 'I spoke to her' in Spanish would normally be '*Hablé con ella*', and not '*He hablado con ella*'.

N4 Imperfect tense (*El imperfecto*)

The imperfect tense is formed by adding the highlighted endings to the stem of the infinitive:

	-ar verbs	*-er* verbs	*-ir* verbs
yo	habl**aba**	com**ía**	viv**ía**
tú	habl**abas**	com**ías**	viv**ías**
él/ella/usted	habl**aba**	com**ía**	viv**ía**
nosotros/as	habl**ábamos**	com**íamos**	viv**íamos**
vosotros/as	habl**abais**	com**íais**	viv**íais**
ellos/ellas/ ustedes	habl**aban**	com**ían**	viv**ían**

Three verbs are irregular in the imperfect tense:

ir — iba, ibas, iba, íbamos, ibais, iban

ser — era, eras, era, éramos, eráis, eran

ver — veía, veías, veía, veíamos, veíais, veían

The imperfect tense is used for:

- actions/situations that happened regularly in the past, i.e. what we *used to* do

Mi abuela siempre estaba sentada al lado del fuego.
My grandma always sat by the fire.

Íbamos a la playa todos los días.
We went/used to go to the beach every day.

- descriptions in the past

José Carlos era un hombre alto.
José Carlos was a tall man.

Su amiga llevaba un vestido azul.
Her friend wore a blue dress.

N5 Imperfect continuous tense (*El pasado continuo*)

The imperfect continuous tense is formed by the imperfect tense of the verb *estar* plus the gerund. The gerund is the form of the verb that ends in *-ando* (*-ar* verbs) or *-iendo* (*-er* and *-ir* verbs).

This form of the imperfect tense describes actions that were happening at that time:

Estaba hablando con Alex en su móvil.
He was talking to Alex on his mobile.

Estábamos andando en la playa.
We were walking on the beach.

N6 Future tense (*El futuro*)

The future tense is formed by adding the highlighted endings to the infinitive of the verb:

	-ar verbs	*-er* verbs	*-ir* verbs
yo	hablar**é**	comer**é**	vivir**é**
tú	hablar**ás**	comer**ás**	vivir**ás**
él/ella/usted	hablar**á**	comer**á**	vivir**á**
nosotros/as	hablar**emos**	comer**emos**	vivir**emos**
vosotros/as	hablar**éis**	comer**éis**	vivir**éis**
ellos/ellas/ustedes	hablar**án**	comer**án**	vivir**án**

A number of common verbs have an irregular future stem. The most important of these are:

decir — diré, etc. hacer — haré, etc. poder — podré, etc. poner — pondré, etc. querer — querré, etc. saber — sabré, etc. salir — saldré, etc. tener — tendré, etc. venir — vendré, etc.

The future tense expresses future plans and intentions:

Volverán de Segovia a las dos.
They'll return from Segovia at 2 o'clock.

Hablaré con ella mañana.
I'll speak to her tomorrow.

N7 Immediate future (*El futuro próximo*)

The immediate future is formed using *ir a* plus the infinitive of the verb. It is often used to express future intention, especially in colloquial Spanish. This form is often interchangeable with the future (see the section above).

¿Vas a verla?
Are you going to see her?

Voy a buscar pan.
I'm going to get some bread.

N8 Conditional tense (*El condicional*)

The conditional tense is formed by adding the highlighted endings to the infinitive of the verb:

	-*ar* verbs	-*er* verbs	-*ir* verbs
yo	hablar**ía**	comer**ía**	vivir**ía**
tú	hablar**ías**	comer**ías**	vivir**ías**
él/ella/usted	hablar**ía**	comer**ía**	vivir**ía**
nosotros/as	hablar**íamos**	comer**íamos**	vivir**íamos**
vosotros/as	hablar**íais**	comer**íais**	vivir**íais**
ellos/ellas/ ustedes	hablar**ían**	comer**ían**	vivir**ían**

A number of common verbs have an irregular form in the conditional. These are the same verbs as those that have an irregular future, i.e. *decir* (*diría*, etc.), *hacer* (*haría*, etc.), *poder* (*podría*) etc. (See the section above on the future tense.)

The conditional tense expresses what would happen, and is often used in 'if' clauses:

¿Te gustaría pasar el día en el campo?
Would you like to spend the day in the country?

¿Qué preferirías hacer, ir al cine o a la discoteca?
What would you prefer to do, go to the cinema or the disco?

Si ganaras la lotería, ¿qué harías con el dinero?
If you won the lottery, what would you do with the money?

The conditional is also used to make polite requests:

Por favor, ¿podría darme un folleto?
Could you please give me a leaflet?

N9 Present perfect tense (*El pretérito perfecto*)

The present tense of the perfect tense is a compound tense, formed from the auxiliary verb *haber* plus the past participle of the verb (*hablado, comido, escrito* etc.).

	-*ar* verbs	-*er* verbs	-*ir* verbs
yo	he hablado	he comido	he vivido
tú	has hablado	has comido	has vivido
él/ella/usted	ha hablado	ha comido	ha vivido
nosotros/as	hemos hablado	hemos comido	hemos vivido
vosotros/as	habéis hablado	habéis comido	habéis vivido
ellos/ellas/ ustedes	han hablado	han comido	han vivido

The perfect tense is used to connect past time with present time. It describes actions that have begun in the past and are continuing and/or have an effect now:

He empezado a estudiar italiano.
I've started to study Italian (and I am continuing to study Italian now).

The perfect tense is also used to express the very recent past, especially events that happened today:

Esta mañana me he levantado a las 7.30.
I got up this morning at 7.30.

Note: there are a number of irregular past participles of common verbs, which should be learned. These are the most common:

abrir	to open	*poner*	to put
abierto	opened	*puesto*	put
decir	to say	*romper*	to break
dicho	said	*roto*	broken
escribir	to write	*ver*	to see
escrito	written	*visto*	seen
hacer	to do/make	*volver*	to return
hecho	done/made	*vuelto*	returned
morir	to die		
muerto	died		

When used as part of the perfect tense, the past participle **never** agrees in number or gender with the subject of the sentence:

Hemos tenido buena suerte.
We've been lucky. (i.e. We've had good luck.)

Tu hermana ha ganado el concurso, ¿no?
Your sister has won the competition, hasn't she?

N10 Future perfect tense (*El futuro perfecto*)

The future perfect tense is formed from the future tense of the auxiliary verb *haber* plus the past participle of the verb.

	-ar verbs	-er verbs	-ir verbs
yo	habré hablado	habré comido	habré vivido
tú	habrás hablado	habrás comido	habrás vivido
él/ella/usted	habrá hablado	habrá comido	habrá vivido
nosotros/as	habremos hablado	habremos comido	habremos vivido
vosotros/as	habréis hablado	habréis comido	habréis vivido
ellos/ellas/ ustedes	habrán hablado	habrán comido	habrán vivido

The future perfect indicates a future action which will have happened.

*Cuando llegues a la estación el tren ya **habrá salido**.*
When you get to the station the train will have already departed.

N11 Conditional perfect tense (*El condicional perfecto*)

The conditional perfect tense is formed from the conditional tense of the auxiliary verb *haber* plus the past participle of the verb.

	-ar verbs	-er verbs	-ir verbs
yo	habría hablado	habría comido	habría vivido
tú	habrías hablado	habrías comido	habrías vivido
él/ella/usted	habría hablado	habría comido	habría vivido
nosotros/as	habríamos hablado	habríamos comido	habríamos vivido
vosotros/as	habríais hablado	habríais comido	habríais vivido
ellos/ellas/ ustedes	habrían hablado	habrían comido	habrían vivido

The conditional perfect indicates a past action which would have happened.

*Si no me hubieras dado las entradas no **habría ido** al partido.*
If you hadn't given me the tickets I wouldn't have gone to the match.

N12 Pluperfect tense (*El pluscuamperfecto*)

The pluperfect tense is formed from the imperfect tense of *haber* and the past participle of the verb (*hablado, comido, escrito*).

	-ar verbs	-er verbs	-ir verbs
yo	había hablado	había comido	había vivido
tú	habías hablado	habías comido	habías vivido
él/ella/usted	había hablado	había comido	había vivido
nosotros/as	habíamos hablado	habíamos comido	habíamos vivido
vosotros/as	habíais hablado	habíais comido	habíais vivido
ellos/ellas/ ustedes	habían hablado	habían comido	habían vivido

This tense expresses what had happened before another action in the past:

*La fiesta ya **había comenzado** cuando llegó Jaime.*
The party had already started when Jaime arrived.

N13 Subjunctive (*El subjuntivo*)

The subjunctive is one of three moods of the verb (the others being the indicative and the imperative). The subjunctive is used in four tenses: the present, the imperfect, the perfect and the pluperfect. All four tenses of the subjunctive are widely used.

Present subjunctive
The present subjunctive is formed by adding the highlighted endings to the stem of the infinitive:

	-ar verbs	-er verbs	-ir verbs
yo	habl**e**	com**a**	viv**a**
tú	habl**es**	com**as**	viv**as**
él/ella/usted	habl**e**	com**a**	viv**a**
nosotros/as	habl**emos**	com**amos**	viv**amos**
vosotros/as	habl**éis**	com**áis**	viv**áis**
ellos/ellas/ ustedes	habl**en**	com**an**	viv**an**

The endings of -ar verbs are the same as the present indicative endings of -er verbs, and those of -er and -ir verbs are the same as the present indicative endings of -ar verbs, with the exception of the first person singular.

The present subjunctive of most irregular verbs is formed by removing the final -o from the end of the first person singular of the present indicative and adding the endings listed above. Most irregular verbs keep the final consonant of the first person singular for all persons. For example:

hacer (to do, make) — ha**ga**, ha**gas**, ha**ga**, ha**gamos**, ha**gáis**, ha**gan**.

See verb tables on pp. 253–56 for more irregular subjunctives.

Imperfect subjunctive
The imperfect subjunctive is formed by removing the ending of the third person plural of the preterite tense and adding the highlighted endings:

	-ar verbs	-er verbs	-ir verbs
yo	habl**ara/ase**	com**iera/ese**	viv**iera/ese**
tú	habl**aras/ses**	com**ieras/eses**	viv**ieras/eses**
él/ella/usted	habl**ara/ase**	com**iera/ese**	viv**iera/ese**
nosotros/as	habl**áramos/ ásemos**	com**iéramos/ ésemos**	viv**iéramos/ ésemos**
vosotros/as	habl**arais/ aseis**	com**ierais/ eseis**	viv**ierais/eseis**
ellos/ellas/ ustedes	habl**aran/asen**	com**ieran/ esen**	viv**ieran/esen**

The *–ara / -ase* and *–iera / -iese* endings are interchangeable.

Perfect subjunctive

The perfect subjunctive is formed from the present subjunctive of *haber* plus the past participle.

	-ar verbs	-er verbs	-ir verbs
yo	haya hablado	haya comido	haya vivido
tú	hayas hablado	hayas comido	hayas vivido
él/ella/usted	haya hablado	haya comido	haya vivido
nosotros/as	hayamos hablado	hayamos comido	hayamos vivido
vosotros/as	hayáis hablado	hayáis comido	hayáis vivido
ellos/ellas/ ustedes	hayan hablado	hayan comido	hayan vivido

Pluperfect subjunctive

The pluperfect subjunctive is formed from the imperfect subjunctive of *haber* plus the past participle.

	-ar verbs	-er verbs	-ir verbs
yo	hubiera hablado	hubiera comido	hubiera vivido
tú	hubieras hablado	hubieras comido	hubieras vivido
él/ella/usted	hubiera hablado	hubiera comido	hubiera vivido
nosotros/as	hubiéramos hablado	hubiéramos comido	hubiéramos vivido
vosotros/as	hubierais hablado	hubierais comido	hubierais vivido
ellos/ellas/ ustedes	hubieran hablado	hubieran comido	hubieran vivido

Uses of the subjunctive

The subjunctive is used in two main areas: subordinate clauses and main clauses.

In subordinate clauses, important uses of the subjunctive are:

- after conjunctions of time, such as *cuando, hasta que, antes de que, en cuanto* and *mientras*, when expressing the future

Cuando **tenga** *18 años voy a dar una fiesta enorme.*
When I'm 18 I'm going to have a huge party.

Hugo tendrá que buscar trabajo temporal mientras **viaje** *por Latinoamérica.*
Hugo will have to look for temporary work while he travels round Latin America.

- after verbs of wishing, command, request and emotion

Laura quiere que la **acompañes** *al cine.*
Laura wants you to go with her to the cinema.

Espero que me **escribas** *pronto.*
I hope you will write to me soon.

Te digo que no **salgas** *esta noche.*
I'm telling you not to go out tonight.

Pídele que me **compre** *las entradas.*
Ask him to buy me the tickets.

- to express purpose, after *para que, a fin de que*

Te daré la llave para que **puedas** *entrar en el piso.*
I'll give you the key so that you can get into the flat.

- to express possibility, probability and necessity

Es posible que la selección española **gane** *la copa.*
It's possible that the Spanish team will win the cup.

No es necesario que ellos **vayan** *a la estación con nosotros.*
It's not necessary for them to go to the station with us.

- to express permission and prohibition

¡Déjale que **venga**!
Let him come!

- after verbs of saying and thinking used in the negative

No creo que los estudiantes **encuentren** *fácil el trabajo.*
I don't think the students will find the work easy.

- to express the formal imperative and the negative form of the familiar imperative (for the imperative see N15)

The subjunctive is found in main clauses after words and expressions which denote uncertainty or strong wishes:

- Words meaning 'perhaps', e.g. *quizá(s)*

Quizás venga mañana.
Perhaps he'll come tomorrow.

- *Que...* used for a command or strong wish

¡Que tengas suerte!
Good luck!

- *Ojalá* (I hope, I wish) used to express a strong wish or hope

¡Ojalá vuelva ella pronto!
I do hope she comes back soon!

N14 Conditional sentences (*Las oraciones condicionales*)

There are three main types of conditional sentences:

- Open conditions, for statements which may or may not happen.

For this type, the *si* clause is in the present indicative. In the main clause either the present indicative, the future indicative or the imperative, is used.

Si **voy** *a Barcelona,* **me reuniré** *con mi primo.*
If I go to Barcelona, I'll meet my cousin.

Si no te **gusta** *el postre,* **déjalo**.
If you don't like the dessert, leave it.

- Unlikely or impossible conditions, which express a wish rather than a real possibility.

The imperfect subjunctive is used in the *si* clause and the conditional in the main clause.

*Si **tuviera** mil euros, los **daría** a una organización que ayude a migrantes.*
If I had a thousand euros, I'd give them to an organisation that helps migrants.

● Conditions which are contrary to fact, indicating an unfulfilled wish.

The pluperfect subjunctive is used in the *si* clause and the conditional perfect in the main clause.

*Si **hubiera conseguido** el empleo **habría viajado** a Estados Unidos con frecuencia.*
If I had got the job, I would have travelled frequently to the United States.

N15 Imperative (*El imperativo*)

The imperative mood is for instructions and commands.

Affirmative commands

For regular verbs, the informal *tú* imperative is formed by removing the last letter, *-s*, from the second person singular of the present indicative:

hablas — habla   comes — come   escribes — escribe

There are nine irregular forms, which have to be learned:

Verb	Tú imperative
decir (to say)	*di*
hacer (to do)	*haz*
ir (to go)	*ve*
oír (to hear)	*oye*
poner (to put)	*pon*
salir (to go out)	*sal*
ser (to be)	*sé*
tener (to have)	*ten*
venir (to come)	*ven*

Escríbeme pronto.
Write to me soon.

Pon el libro en la mesa.
Put the book on the table.

The *vosotros* imperative is formed by replacing the final *-r* of the infinitive with *-d*. Note that the final *-d* is omitted from reflexive forms:

Volved conmigo, amigos.
Come back with me, friends.

¡Levantaos!
Get up!

In the formal *usted/ustedes* form, both the singular and the plural are the same as the third person (*usted/ustedes*) of the present subjunctive.

Por favor, firme aquí.
Sign here please.

Dígame lo que ocurre.
Tell me what is happening.

Perdonen, señoras.
Excuse me, ladies.

Negative commands

Negative familiar commands use the second person (*tú/ vosotros*) of the present subjunctive:

¡No hables así!
Don't speak like that!

¡No salgas!
Don't go out!

No me lo digáis.
Don't tell me.

Negative *usted/ustedes* commands, like the affirmative ones, use the third person of the present subjunctive:

¡No me diga!
You don't say!

No se molesten.
Don't get upset / Don't worry about it.

Note: *que* + the subjunctive may be used for wishes and commands. *Que* is sometimes omitted:

Que vayan todos.
Let them all go.

¡(Que) viva el Rey!
Long live the King!

N16 The passive (*La voz pasiva*)

A passive sentence has the same meaning as an active one, but the parts of the sentence are in a different order. For example, 'My handbag was stolen by a thief' is a passive sentence, which can also be expressed actively as 'A thief stole my handbag'.

● In a passive sentence, there is normally an agent, usually preceded by the preposition *por*. However, the agent may be 'implied' and omitted from the sentence, as in:

La carta fue escrita ayer.
The letter was written yesterday (i.e. by someone).

The passive is formed from *ser* plus the past participle, which agrees in number and gender with the subject of the sentence:

El acuerdo fue firmado por el presidente.
The agreement was signed by the president.

La novela será publicada mañana.
The novel will be published tomorrow.

● *se* is used to express the passive without an agent. The verb will always be in the third person, either singular or plural.

Se destruyó el castillo en el siglo XV.
The castle was destroyed in the fifteenth century.

Se venden pisos aquí.
Flats (are) sold here.

Note that with modal verbs (*poder, saber, querer, tener que* etc.) in this construction, agreement with plural nouns is required.

Se pueden ver glaciares en las altas montañas.
Glaciers can be seen in the high mountains.

● the passive can also be expressed by using the third-person plural of an active verb.

Dicen que esta tradición empezó en el siglo XVIII.
It is said/They say that this tradition began in the eighteenth century.

N17 The gerund (*El gerundio*)

The gerund expresses the idea of the *duration* of the action of the verb. It is sometimes referred to as the present participle.

To form the gerund, add *-ando* to the stem of *-ar* verbs and *-iendo* to the stem of *-er* and *-ir* verbs. The gerund is invariable in form.

hablar — hablando   comer — comiendo   vivir — viviendo

The gerund is used for actions that take place at the same time as the main verb:

Van corriendo por la calle.
They go running along the street.

It is used for the continuous form of the verb:

Estaban mirando el cielo para ver si iba a llover.
They were looking at the sky to see if it was going to rain.

Continuar, seguir and *llevar* are followed by the gerund to emphasise the duration of the action of the of verb:

Por favor, sigue hablando.
Carry on talking, please.

Llevamos tres años viviendo en Barcelona.
We've been living in Barcelona for three years.

Note: The English *-ing* form after a preposition is translated by an infinitive:

Después de terminar mis deberes, me acosté.
After finishing my homework, I went to bed.

N18 *Ser* and *estar* (Ser y estar)

These two verbs both mean 'to be', but they are used in different circumstances.

Ser refers to characteristics that are 'inherent' to a person, thing or idea, such as identity, permanent features, occupation, time:

Soy gallego.
I'm Galician.

Madrid es la capital de España.
Madrid is the capital of Spain.

Es policía.
He's a policeman.

Son las nueve y media.
It's half past nine.

Estar refers to a temporary state or to *where* a person or thing is, whether temporarily or permanently:

Estamos contentos.
We're happy (but this is a momentary feeling).

Málaga está en el sur de España.
Malaga is in the south of Spain.

Ser and estar with adjectives
Some adjectives are always used with *ser*, others always with *estar*:

Ser		Estar	
(in)justo/a	(un)fair	*bien/mal/fatal*	good/bad/terrible
(in)necesario/a	(un)necessary	*de buen/mal humor*	in a good/mad mood
(in)conveniente	(in)appropriate	*enfadado/a*	angry
importante	important	*enfermo/a*	ill
inteligente	intelligent	*ocupado/a*	busy

Certain adjectives can be used with either *ser* or *estar*, but their meaning is different. *Ser* meanings always reflect permanent characteristics; *estar* meanings refer to temporary states. The most common of these adjectives are:

Adjective	Used with *ser*	Used with *estar*
aburrido/a	boring	bored
listo/a	clever	ready
malo/a	bad, evil	ill
nervioso/a	nervous (disposition)	nervous (temporarily)
triste	sad (disposition)	sad (temporarily)

N19 Expressions using *tener* (*Expresiones con* tener)

Tener is frequently followed by a noun in the sense of the English 'to be'. For example:

tener.... años	to be… years old
tener calor/frío	to be hot/cold
tener éxito	to be successful
tener fiebre	to have a temperature
tener ganas (de)	to be keen (to)
tener hambre/apetito	to be hungry
tener miedo a (algo)	to be afraid of (something)
tener prisa	to be in a hurry
tener razón	to be right

tener sed	to be thirsty
tener sueño	to be sleepy
tener suerte	to be lucky

El Universo tiene 14 millones de años.
The Universe is 14 million years old.

Vamos a acostarnos porque tenemos sueño.
We're going to bed because we're sleepy.

— *Tienes hambre? — No, pero tengo mucha sed.*
'Are you hungry?' 'No, but I'm very thirsty.'

N20 Verbs like *gustar* (*Verbos como gustar*)

Verbs such as *gustar, encantar, costar, doler, faltar, hacer falta, interesar* and *molestar* are used with a special construction that is the reverse of the English one.

The sentence:

Me gusta la dieta mediterránea.
I like the Mediterranean diet.

can be broken down literally in English as follows:

Indirect object	Third person verb	Subject
Me	*gusta*	*la dieta mediterránea*
To me	is pleasing	the Mediterranean diet

If the subject is plural, the verb must also be plural, as in:

Le gustan los tomates.
He likes tomatoes. (Literally 'To him are pleasing tomatoes.')

Frequently, the person concerned is emphasised by adding *a* plus a personal pronoun:

A mí me gustan los tomates.
I like tomatoes.

The same construction can be seen in the following examples:

¿Te duele la cabeza?
Have you got a headache?

Les encanta la playa.
They love the beach.

Me costó un dineral.
It cost me a fortune.

¿A ti te molesta que venga Julio?
Are you bothered that Julio's coming?

N21 Impersonal verbs (*Los verbos impersonales*)

Impersonal verbs are verbs whose subject has no identity (usually 'it' in English). There are three main types:

- verbs denoting the weather or the time of day

amanecer	to dawn
anochecer	to get dark
hacer buen/mal tiempo	to be good/bad weather
hacer sol	to be sunny
hacer calor/frío	to be hot/cold
llover	to rain
nevar	to snow

¿Llueve mucho en Galicia?
Does it rain a lot en Galicia?

Aquí nevó mucho en invierno.
It snowed a lot here in winter.

Hace calor. Me voy a nadar.
It's hot. I'm going for a swim.

Anochece.
It's getting dark.

- *hay* (there is, there are); *hay que* (it is necessary)

No hay nadie en casa.
There's no one at home.

Hay que abrir la tienda a las 8.30 en punto.
The shop must be opened at 8.30 sharp.

- *se* can be used impersonally with a number of common verbs, e.g. *decir, saber, poder.*

Se dice que el 20% de la población europea es pobre.
It is said that 20% of the population of Europe is poor.

N22 Reflexive verbs (*Los verbos reflexivos*)

In Spanish, reflexive verbs are always accompanied by a reflexive pronoun ('myself, 'yourself' etc. in English), which changes according to the subject of the verb. For example:

levantarse	**to get up**
me levanto	I get up
te levantas	you get up
se levanta	he/she/it/you (formal) gets up
nos levantamos	we get up
os levantáis	you get up
se levantan	they/you (formal) get up

Reflexive verbs often do not have a reflexive pronoun when translated into English, for example: *acostarse* to go to bed; *afeitarse* to shave; *casarse* to get married.

N23 The infinitive (*El infinitivo*)

Many common verbs are followed by a preposition, usually either *a, de, en, con, para* or *por*, before an infinitive. Some of the most common of these verbs are given overleaf.

Verb + *a* + infinitive

acercarse a	to get near to
aprender a	to learn to
aproximarse a	to approach
ayudar a	to help to
comenzar a	to begin to
decidirse a	to decide to
empezar a	to begin to
enseñar a	to teach to
invitar a	to invite to
ir a	to go to
volver a	to (do) again

Por favor, ayúdame a preparar la cena.
Help me to get dinner, please.

Comenzaron a entrar a las 9.00.
They started to go in at 9.00.

Verb + *de* + infinitive

acabar de	to finish (doing); to have just
acordarse de	to remember to
alegrarse de	to be pleased about
olvidarse de	to forget to
terminar de	to stop (doing)
tratar de	to try to

Me alegro de saber eso.
I'm pleased to know that.

¡Trata de hacerlo!
Try to do it!

Verb + *en* + infinitive

dudar en	to hesitate to
insistir en	to insist on (doing)
interesarse en	to be interested in (doing)
tardar en	to take time in (doing)

El tren tardaba mucho en salir.
The train was very late departing.

Verb + *con* + infinitive

amenazar con	to threaten to
contentarse con	to be happy to
soñar con	to dream of (doing)

Sueña con ser piloto.
He dreams of being a pilot.

Verb + *para* + infinitive

prepararse para	to prepare oneself to
faltar [tiempo / distancia] para	to have time/distance to go

Se está preparando para hacer el examen.
He's preparing to take the exam.

Falta poco para llegar a Zaragoza.
It's not far to Zaragoza.

Verb + *por* + infinitive

comenzar por	to begin by (doing)
empezar por	to begin by (doing)
luchar por	to fight/struggle to

Se debe luchar por terminar con la pobreza.
We must fight to put an end to poverty.

Three special constructions with the infinitive

- *Al* + the infinitive is used with the meaning 'when…', referring to an action that happens at the same time as that of the main verb:

Al llegar a la estación vio que el tren había salido.
When he got to the station he saw that the train had left.

- *Volver* followed by *a* + the infinitive means 'to do something again':

No he vuelto a verle.
I haven't seen him again.

- *Acabar* followed by *de* + the infinitive means 'to have just (done something)':

Acaban de volver.
They have just come back.

N24 Radical-changing verbs (*Los verbos que cambian la raíz*)

Radical-changing verbs are so called because they make changes to the 'root' or stem of the verb. Many Spanish verbs are of this type. For example, in the verb *pensar* (to think) the stem is *pens-* (i.e. the infinitive without the *-ar* ending). In this verb, the *-e* of the stem changes to *-ie*: 'I think' is *pienso*.

Radical changes affect *-ar*, *-er* and *-ir* verbs. It is not easy to predict whether a given verb will have a stem change or not, so the radical-changing verbs have to be learned.

Conjugation of radical-changing verbs

In the present indicative tense of *-ar* and *-er* verbs, the main vowel of the stem splits into two when it is stressed. The vowel changes from e to ie and o to ue in the first, second and third persons singular and the third person plural:

cerrar (to close)	**encontrar** (to find)	**perder** (to lose)	**volver** (to return)
cierro	encuentro	pierdo	vuelvo
cierras	encuentras	pierdes	vuelves
cierra	encuentra	pierde	vuelve
cerramos	encontramos	perdemos	volvemos
cerráis	encontráis	perdéis	volvéis
cierran	encuentran	pierden	vuelven

The stem also changes in the *tú* (familiar) form of the imperative:

cierra   *encuentra*   *pierde*   *vuelve*

Other common *-ar* and *-er* verbs that follow the same pattern are:

- *e → ie*

-ar verbs	-er verbs
(re)calentar (to (re)heat)	*defender* (to defend)
comenzar (to begin)	*encender* (to switch on, to light)
despertar (to wake)	*entender* (to understand)
empezar (to begin)	*querer* (to wish, to want)
*nevar** (to snow)	
pensar (to think)	
recomendar (to recommend)	
sentarse (to sit down)	

* *nevar* is used only in the third person singular

- *o → ue*

-ar verbs	-er verbs
acordarse de (to remember)	*doler* (to hurt)
acostarse (to go to bed)	*llover** (to rain)
contar (to count, to tell)	*morder* (to bite)
costar (to cost)	*mover* (to move)
probar (to prove, taste, try (on))	*poder* (to be able)
recordar (to remember)	*soler* (to do habitually)
soñar (to dream)	*torcer* (to turn, twist)
volar (to fly)	

* *llover* is used only in the third person singular

Note: *jugar* (to play), with stem vowel *u*, follows the same pattern as verbs with stem vowel *o*: *juego, juegas, juega, jugamos, jugáis, juegan.*

There are three types of radical-changing *-ir* verbs:

- those that change the stem vowel in the present tense from *e* to *i*, such as *pedir* (to ask for):

- those that change the stem vowel in the present tense from *e* to *ie*, such as *sentir* (to feel, to be sorry)

- those that change the stem vowel in the present tense from *o* to *ue*, such as *dormir* (to sleep)

In the present indicative, the changes take place in the first, second and third persons singular and the third person plural, when the stress falls on the stem:

e → i	*e → ie*	*o → ue*
pedir *(to ask for)*	**sentir** *(to feel)*	**dormir** *(to sleep)*
pido	*siento*	*duermo*
pides	*sientes*	*duermes*
pide	*siente*	*duerme*
pedimos	*sentimos*	*dormimos*
pedís	*sentís*	*dormís*
piden	*sienten*	*duermen*

In the stem of the preterite, in the third persons singular and plural, *e* changes to *i* and *o* changes to *u*:

pedí	*sentí*	*dormí*
pediste	*sentiste*	*dormiste*
pidió	*sintió*	*durmió*
pedimos	*sentimos*	*dormimos*
pedisteis	*sentisteis*	*dormisteis*
pidieron	*sintieron*	*durmieron*

The stem also changes in the *tú* (familiar) form of the imperative, following the pattern of the present indicative:

pide   *siente*   *duerme*

In the gerund, the stem changes from *e → i* or *o → u*:

pidiendo   *sintiendo*   *durmiendo*

Other common verbs which follow the *e → i* pattern are:

conseguir	to succeed
corregir	to correct
despedir	to dismiss, say goodbye to
elegir	to choose
impedir	to prevent
medir	to measure
reír	to laugh (*río, ríes, ríe…*)
reñir	to quarrel
repetir	to repeat
seguir	to follow
sonreír	to smile (*sonrío, sonríes, sonríe…*)
vestir	to dress

Other common verbs that follow the *e → ie* pattern are:

convertir	to convert
divertir	to entertain
herir	to wound
mentir	to lie
preferir	to prefer
referir	to refer

The only verbs to follow the *o → ue* pattern are:

dormir	to sleep
morir	to die

N25 Spelling changes in verbs (*Los verbos con cambios ortográficos*)

Some Spanish verbs make spelling changes in order to comply with the rules of Spanish pronunciation. These changes are of two types and affect:

- the consonant immediately before the verb ending, which changes in order to keep the correct sound
- the use of the accent, which is needed in order to keep the required stress on a vowel

Changes to the spelling of the final consonant
For -ar verbs, these changes occur before the vowel -e:

- c → qu   buscar   to look for

present subjunctive: *busque, busques, busque* etc.
preterite: *busqué, buscaste* etc.

- g → gu   llegar   to arrive

present subjunctive: *llegue, llegues, llegue* etc.
preterite: *llegué, llegaste* etc.

- z → c   empezar   to begin

present subjunctive: *empiece, empieces, empiece* etc.
preterite: *empecé, empezaste* etc.

For -er and -ir verbs, these changes occur before the vowel -o in the first person singular of the present indicative and before -a in the present subjunctive:

- c → z   vencer   to conquer

present indicative: *venzo, vences* etc.
present subjunctive: *venza, venzas, venza* etc.

- g → j   coger   to take, catch

present indicative: *cojo, coges* etc.
present subjunctive: *coja, cojas* etc.

- gu → g   seguir   to follow

present indicative: *sigo, sigues* etc.
present subjunctive: *siga, sigas, siga* etc.

Addition of an accent in order to keep the correct stress
Verbs ending in -uar and -iar do not have an accent in their infinitive form but they add an accent in the first, second and third persons singular and in the third person plural of the present indicative, the present subjunctive and in the *tú* form of the imperative:

continuar (to continue)		
Present indicative	Present subjunctive	Imperative
continúo	continúe	
continúas	continúes	continúa
continúa	continúe	
continuamos	continuemos	
continuáis	continuéis	
continúan	continúen	

enviar (to send)		
Present indicative	Present subjunctive	Imperative
envío	envíe	
envías	envíes	envía
envía	envíe	
enviamos	enviemos	
enviáis	enviéis	
envían	envíen	

O Negatives (*Los negativos*)

It is usual in Spanish for the negative to be expressed by two words, with the exception of *no* meaning 'not'. All the negatives below can, however, be expressed either:

- as two words, with *no* before the verb and the negative word after it, or
- as one word placed before the verb, eliminating the need for *no*

For example, 'They say that it never snows in Malaga' can be translated as:

Dicen que no nieva nunca en Málaga.

Dicen que nunca nieva en Málaga.

The most common negative words in Spanish are:

no	not, no
nunca	never, not ever
jamás	never, not ever [more emphatic than *nunca*]
nada	nothing, not anything
nadie	nobody, not anybody
ninguno/a	no, not any, none, no one
ni (siquiera)	nor, not even
ni...ni...	neither... nor...
tampoco	neither, nor, not either
apenas	scarcely

Negative	Example
no	*No viene.* (He isn't coming.)
nunca	*No llueve nunca.* (It never rains.)
jamás	*No voy a volver jamás.* (I'm never going to come back.)
tampoco	*Tampoco lo sabían ellos.* (They didn't know either.)
ni...ni...	*Ayer no vinieron ni Carlos ni Pepe.* (Neither Carlos nor Pepe came yesterday.)
nada	*No sabe nada.* (He doesn't know anything.)
nadie	*No hay nadie aquí.* (There is nobody here.)
ninguno/a	*No hay ninguna persona en la calle.* (There is no one in the street.)

P Prepositions (*Las preposiciones*)

Prepositions are words that link a noun, noun phrase or pronoun to the rest of the sentence.

P1 Prepositions followed by verbs (*Las preposiciones seguidas de verbos*)

When a preposition is followed by a verb in Spanish, the verb must be in the infinitive:

Antes de salir me voy a despedir de la abuela.
Before going out I'm going to say goodbye to grandma.

Aprobó el examen sin trabajar demasiado.
He passed the exam without working too hard.

P2 Specific prepositions (*Preposiciones específicas*)

a
a translates the English word 'at' when it refers to a precise time or rate:

a la una
at one o'clock

Están viajando a solo 20 kilómetros por hora.
They are only travelling at 20 kph.

Personal *a* precedes the direct object when the object is human or an animal referred to affectionately:

Conocí a tu hermana el año pasado en Buenos Aires.
I met your sister last year in Buenos Aires.

Queremos mucho a nuestro perro.
We love our dog.

Note: personal *a* is not normally used after *tener*:

Tengo tres hermanos.
I have three brothers.

de
de means 'of', indicating possession, and 'from', indicating origin. It can also mean 'by', 'about' and 'in':

Están hablando de ti.
They are talking about you.

Vienen de Almagro.
They are coming from Almagro.

en
en means 'in' and 'at' of location:

en casa
at home

Estaba esperando en la estación.
He was waiting at the station.

enfrente de and *frente a*
These two prepositional phrases mean 'opposite':

La oficina de turismo está enfrente de/frente a la catedral.
The tourist office is opposite the cathedral.

para
para means 'for' and '(in order) to' in the sense of destination or purpose:

Llevamos una botella de agua fría para el viaje.
We're taking a bottle of cold water for the journey.

Voy a utilizar mi tarjeta de crédito para pagar el hotel.
I'm going to use my credit card to pay for the hotel.

por
por is used for cause and origin. The English equivalents of *por* are 'by', 'through', 'on behalf of' and 'because of':

Lo compré por Internet.
I bought it on the internet.

Hablaremos por teléfono.
We'll speak by phone.

Salió por la puerta principal.
He went out by the main door.

Contesté por él.
I answered on his behalf.

por is also used to introduce the agent in passive sentences:

Ese poema fue escrito por García Lorca.
That poem was written by García Lorca.

sobre
sobre means 'on (top of)', 'above' or 'over':

El avión voló sobre mi casa.
The plane flew over my house.

Tus tarjetas postales están sobre la mesa.
Your postcards are on the table.

sobre is also used to indicate an approximate time or number:

Llegarán sobre las nueve.
They'll arrive around 9 o'clock.

Q Conjunctions (*Las conjunciones*)

Conjunctions are words that link words, phrases and sentences. Examples of conjunctions are:

y	*o*
and	or
pero	*cuando*
but	when
porque	
because	

Quiero ir al cine pero mi madre no me deja salir.
I want to go to the cinema but my mother won't let me go out.

Ha venido porque quiere hablar con el profesor.
He's come because he wants to speak to the teacher.

Note: *y* becomes *e* before 'i' and 'hi':

Pedro es serio e inteligente.
Pedro is serious and intelligent.

o becomes *u* before 'o' and 'ho':

siete u ocho
seven or eight

R Diminutives and augmentatives (*Los diminutivos y aumentativos*)

Diminutives suffixes, alluding to small size, and augmentative suffixes, alluding to large size, are used widely in Spanish. As well as indicating size, they may be used with emotional associations: for example, the use of a diminutive might indicate the warmth that is felt towards a person. Sometimes a spelling change to the word is necessary when the suffix is added.

R1 Diminutives (*Los diminutivos*)

The most common diminutive suffixes are *-(c)ito/a* and *-(c)illo/a*.

la abuela	grandmother
la abuelita	grandma
la chica	girl
la chiquita	little girl [c changes to *qu* in the diminutive]

el pan	bread
el panecillo	roll [-ec- is inserted before *-illo*]

R2 Augmentatives (*Los aumentativos*)

The most common augmentative suffixes are *-ón/ona* and *-azo/a*.

el golpe	blow
el golpetazo	hard blow [-t- is inserted before *-azo*]
mujer	woman
mujerona	big woman
la silla	chair
el sillón	armchair (note change of gender)

S Numbers (*Los números*)

S1 Cardinal numbers (*Los números cardinales*)

The numbers that are used for counting are called cardinal numbers:

1	*uno/una*	11	*once*
2	*dos*	12	*doce*
3	*tres*	13	*trece*
4	*cuatro*	14	*catorce*
5	*cinco*	15	*quince*
6	*seis*	16	*dieciséis*
7	*siete*	17	*diecisiete*
8	*ocho*	18	*dieciocho*
9	*nueve*	19	*diecinueve*
10	*diez*	20	*veinte*

21	*veintiuno/una*	60	*sesenta*
22	*veintidós*	70	*setenta*
23	*veintitrés*	80	*ochenta*
24	*veinticuatro*	90	*noventa*
25	*veinticinco*	100	*cien(to)*
26	*veintiséis*	101	*ciento uno/una*
27	*veintisiete*	102	*ciento dos*
28	*veintiocho*	153	*ciento cincuenta y tres*
29	*veintinueve*	200	*doscientos/as*
30	*treinta*	300	*trescientos/as*
31	*treinta y uno*	400	*cuatrocientos/as*
32	*treinta y dos*	500	*quinientos/as*
40	*cuarenta*	600	*seiscientos/as*
50	*cincuenta*		

700	setecientos/as
800	ochocientos/as
900	novecientos/as
1000	mil
1001	mil uno/una

4.005	cuatro mil cinco
7.238	siete mil doscientos treinta y ocho
1.000.000	un millón
9.000.000	nueve millones

Notes:

- Numbers up to 30 are written as one word.

- *uno* becomes *un* before a masculine singular noun:

| *un billete* | one ticket |
| *cuarenta y un años* | forty-one years |

- Cardinal numbers containing *un(o)* and multiples of *ciento* have a masculine and a feminine form; other numbers do not:

| *trescientas libras* | three hundred pounds |

- *Ciento* is shortened to *cien* before a noun or an adjective but not before another number, except *mil*:

cien kilómetros	a hundred kilometres
ciento veinte litros	a hundred and twenty litres
cien mil habitantes	a hundred thousand inhabitants

- There is no indefinite article before *cien* and *mil*, unlike the English 'a hundred' and 'a thousand':

| *mil euros* | a thousand euros |

- *Un millón* (a million) is preceded by the indefinite article, as in English, and is followed by *de*:

| *un millón de habitantes* | a million inhabitants |

- Numbers over a thousand are frequently written with a dot after the figure for a thousand:

| *20.301* | 20,301 |

S2 Ordinal numbers (*Los números ordinales*)

Ordinal numbers indicate the order or sequence of things (1st, 2nd, 3rd, 4th etc.):

1st	*1º/1ª primero/a*
2nd	*2º/2ª segundo/a*
3rd	*3º/3ª tercero/a*
4th	*4º/4ª cuarto/a*
5th	*5º/5ª quinto/a*
6th	*6º/6ª sexto/a*
7th	*7º/7ª séptimo/a*
8th	*8º/8ª octavo/a*
9th	*9º/9ª noveno/a*
10th	*10º/10ª décimo/a*

Ordinal numbers agree with the noun in number and gender:

las primeras horas de la mañana
the first hours of the morning

Primero and *tercero* drop the final -o before a masculine singular noun:

el primer día de la primavera
the first day of spring

el tercer piso
the third floor

Ordinal numbers are normally used up to 10, after which cardinal numbers are used:

Carlos V (read 'quinto')
Charles V (the fifth)

but

el siglo XXI (read 'veintiuno')
the twenty-first century

S3 Approximate numbers (*Los números aproximados*)

unos/as (pocos/as), algunos/as	a few
una docena (de)	a dozen
una veintena	about 20, a score

Unos pocos amigos llegaron para celebrar su cumpleaños.
A few friends arrived to celebrate his birthday.

| *una docena de huevos* | a dozen eggs |

S4 Mathematical expressions (*Las expresiones matemáticas*)

tres y cuatro son siete	three and four make seven
dos por cuatro son ocho	two times four equals eight
doce dividido por dos son seis	twelve divided by two is six
diez menos cinco son cinco	ten minus five equals five

S5 Fractions (*Las fracciones*)

It is common for the ordinal number + *parte* to be used to express fractions.

la tercera parte de la población a third of the population

There are specific words for the following:

*la mitad**	half
un tercio	a third
un cuarto	a quarter
tres cuartos	three quarters

Haremos la mitad del trabajo hoy.
We'll do half the work today.

un cuarto de hora
a quarter of an hour

*medio also means 'half', but it is used only as an adjective or adverb in this meaning. *Mitad* is a noun.

S6 Percentages (*Los porcentajes*)

Por ciento is preceded by either *el* or *un* and followed by a verb in the singular:

El 65% (sesenta y cinco por ciento) de la población participó en el referéndum.
65% of the population took part in the referendum.

Las ventas online han crecido en un diez por ciento este año.
Online sales have increased ten per cent this year.

Note: in Spanish a comma is used for the decimal point:

35,5 por ciento   35.5 percent

S7 Measurements and distances (*Las medidas y las distancias*)

For measurements, the construction *tener...de largo/ancho/alto* is used:

Este armario tiene dos metros de alto y un metro de ancho.
This cupboard is two metres high and one metre wide.

For asking about distances, *¿Cómo de lejos?* or *¿Qué tan lejos...?* are used:

¿Cómo de lejos está tu casa?
How far is it to your house?

In reply, the construction is *estar + a +* distance is used:

Está a un kilómetro y medio.
It's a kilometre and a half (away).

T Time, dates and years (*El tiempo, las fechas y los años*)

T1 Clock time (*La hora*)

Cardinal numbers are used to tell the time. With *la una*, the singular of *ser* is used; the plural is used with all other times:

¿Qué hora es?
What time is it?

Es la una y media.
It's half past one.

Son las ocho y media.
It's half-past eight.

Note that the 24-hour clock is used for timetables:

El tren salió a las 20.45.
The train left at 8.45 p.m.

The phrases '*de la mañana*' (a.m.) and '*de la tarde/noche*' (p.m.) are often placed after the number:

las seis de la mañana
6 a.m.

las diez y cuarto de la noche
10.15 p.m.

T2 Dates (*Las fechas*)

For dates, cardinal numbers are used except for the first of the month, where sometimes the ordinal number is used:

el 4 de julio
4th July

el uno/primero de enero
1st January

Note that when writing the date it is usual to insert *de* before the month and year:

el 3 de marzo de 2015
3rd March 2015

T3 Years (*Los años*)

Years are expressed by listing thousands, hundreds, tens and units.

mil novecientos cincuenta y nueve
nineteen hundred and fifty-nine

dos mil dieciocho
two thousand and eighteen

T4 Time expressions (*Las expresiones temporales*)

The idea of 'for' with a period of time can be expressed by using *desde hace* plus the time expression:

Vivimos en México desde hace tres años.
We've lived in Mexico for three years.

or *llevar* followed by the gerund:

Llevamos tres años viviendo en México.

Note that this construction involves a change of tense from the English perfect to the Spanish present. Similarly, the pluperfect tense in English is translated by the imperfect tense in Spanish:

Vivíamos en México desde hacía tres años   or

Llevábamos tres años viviendo en México.
We had lived in Mexico for three years.

T5 Cardinal points of the compass (*Los puntos cardinales*)

norte north   *sur* south   *este* east   *oeste* west

For points in between, note that *norte* shortens to *nor-*:

noreste	northeast
noroeste	northwest
sureste (or *sudeste*)	southeast
suroeste (or *sudoeste*)	southwest

Modelos de conjugación verbal

Verbos regulares

hablar
Gerundio: hablando — Participio pasado: hablado

Imperativo familiar	Presente indicativo	Pretérito imperfecto	Pretérito indefinido	Futuro simple	Condicional	Presente de subjuntivo	Imperfecto de subjuntivo
habla	hablo	hablaba	hablé	hablaré	hablaría	hable	hablara/ase
hablad	hablas	hablabas	hablaste	hablarás	hablarías	hables	hablaras/ases
	habla	hablaba	habló	hablará	hablaría	hable	hablara/ase
	hablamos	hablábamos	hablamos	hablaremos	hablaríamos	hablemos	habláramos/ásemos
	habláis	hablabais	hablasteis	hablaréis	hablaríais	habléis	hablarais/aseis
	hablan	hablaban	hablaron	hablarán	hablarían	hablen	hablaran/asen

comer
Gerundio: comiendo — Participio pasado: comido

Imperativo familiar	Presente indicativo	Pretérito imperfecto	Pretérito indefinido	Futuro simple	Condicional	Presente de subjuntivo	Imperfecto de subjuntivo
come	como	comía	comí	comeré	comería	coma	comiera/ese
comed	comes	comías	comiste	comerás	comerías	comas	comieras/eses
	come	comía	comió	comerá	comería	coma	comiera/ese
	comemos	comíamos	comimos	comeremos	comeríamos	comamos	comiéramos/ésemos
	coméis	comíais	comisteis	comeréis	comeríais	comáis	comierais/eseis
	comen	comían	comieron	comerán	comerían	coman	comieran/esen

escribir
Gerundio: escribiendo — Participio pasado: escrito

Imperativo familiar	Presente indicativo	Pretérito imperfecto	Pretérito indefinido	Futuro simple	Condicional	Presente de subjuntivo	Imperfecto de subjuntivo
escribe	escribo	escribía	escribí	escribiré	escribiría	escriba	escribiera/ese
escribid	escribes	escribías	escribiste	escribirás	escribirías	escribas	escribieras/eses
	escribe	escribía	escribió	escribirá	escribiría	escriba	escribiera/ese
	escribimos	escribíamos	escribimos	escribiremos	escribiríamos	escribamos	escribiéramos/ésemos
	escribís	escribíais	escribisteis	escribiréis	escribiríais	escribáis	escribierais/eseis
	escriben	escribían	escribieron	escribirán	escribirían	escriban	escribieran/esen

Verbos irregulares frecuentes

conocer
Gerundio: conociendo — Participio pasado: conocido

Imperativo familiar	Presente indicativo	Pretérito imperfecto	Pretérito indefinido	Futuro simple	Condicional	Presente de subjuntivo	Imperfecto de subjuntivo
conoce	conozco	conocía	conocí	conoceré	conocería	conozca	conociera/ese
conoced	conoces	conocías	conociste	conocerás	conocerías	conozcas	conocieras/eses
	conoce	conocía	conoció	conocerá	conocería	conozca	conociera/ese
	conocemos	conocíamos	conocimos	conoceremos	conoceríamos	conozcamos	conociéramos/ésemos
	conocéis	conocíais	conocisteis	conoceréis	conoceríais	conozcáis	conocierais/eseis
	conocen	conocían	conocieron	conocerán	conocerían	conozcan	conocieran/esen

dar
Gerundio: dando — Participio pasado: dado

Imperativo familiar	Presente indicativo	Pretérito imperfecto	Pretérito indefinido	Futuro simple	Condicional	Presente de subjuntivo	Imperfecto de subjuntivo
da	doy	daba	di	daré	daría	dé	diera/ese
dad	das	dabas	diste	darás	darías	des	dieras/eses
	da	daba	dio	dará	daría	dé	diera/ese
	damos	dábamos	dimos	daremos	daríamos	demos	diéramos/ésemos
	dais	dabais	disteis	daréis	daríais	deis	dierais/eseis
	dan	daban	dieron	darán	darían	den	dieran/esen

decir
Gerundio: diciendo — Participio pasado: dicho

Imperativo familiar	Presente indicativo	Pretérito imperfecto	Pretérito indefinido	Futuro simple	Condicional	Presente de subjuntivo	Imperfecto de subjuntivo
di	digo	decía	dije	diré	diría	diga	dijera/ese
decid	dices	decías	dijiste	dirás	dirías	digas	dijeras/eses
	dice	decía	dijo	dirá	diría	diga	dijera/ese
	decimos	decíamos	dijimos	diremos	diríamos	digamos	dijéramos/ésemos
	decís	decíais	dijisteis	diréis	diríais	digáis	dijerais/eseis
	dicen	decían	dijeron	dirán	dirían	digan	dijeran/esen

estar

Imperativo familiar: está, estad

Presente de indicativo	Pretérito imperfecto	Pretérito indefinido	Futuro simple	Condicional	Presente de subjuntivo	Imperfecto de subjuntivo
estoy	estaba	estuve	estaré	estaría	esté	estuviera/ese
estás	estabas	estuviste	estarás	estarías	estés	estuvieras/eses
está	estaba	estuvo	estará	estaría	esté	estuviera/ese
estamos	estábamos	estuvimos	estaremos	estaríamos	estemos	estuviéramos/ésemos
estáis	estabais	estuvisteis	estaréis	estaríais	estéis	estuvierais/eseis
están	estaban	estuvieron	estarán	estarían	estén	estuvieran/esen

Gerundio: *estando* — Participio pasado: *estado*

haber (*verbo auxiliar*)

Imperativo familiar: —

Presente de indicativo	Pretérito imperfecto	Pretérito indefinido	Futuro simple	Condicional	Presente de subjuntivo	Imperfecto de subjuntivo
he	había	hube	habré	habría	haya	hubiera/ese
has	habías	hubiste	habrás	habrías	hayas	hubieras/eses
ha	había	hubo	habrá	habría	haya	hubiera/ese
hemos	habíamos	hubimos	habremos	habríamos	hayamos	hubiéramos/ésemos
habéis	habíais	hubisteis	habréis	habríais	hayáis	hubierais/eseis
han	habían	hubieron	habrán	habrían	hayan	hubieran/esen

Gerundio: *habiendo* — Participio pasado: *habido*

hacer

Imperativo familiar: haz, haced

Presente de indicativo	Pretérito imperfecto	Pretérito indefinido	Futuro simple	Condicional	Presente de subjuntivo	Imperfecto de subjuntivo
hago	hacía	hice	haré	haría	haga	hiciera/ese
haces	hacías	hiciste	harás	harías	hagas	hicieras/eses
hace	hacía	hizo	hará	haría	haga	hiciera/ese
hacemos	hacíamos	hicimos	haremos	haríamos	hagamos	hiciéramos/ésemos
hacéis	hacíais	hicisteis	haréis	haríais	hagáis	hicierais/eseis
hacen	hacían	hicieron	harán	harían	hagan	hicieran/esen

Gerundio: *haciendo* — Participio pasado: *hecho*

ir

Imperativo familiar: ve, id

Presente de indicativo	Pretérito imperfecto	Pretérito indefinido	Futuro simple	Condicional	Presente de subjuntivo	Imperfecto de subjuntivo
voy	iba	fui	iré	iría	vaya	fuera/ese
vas	ibas	fuiste	irás	irías	vayas	fueras/eses
va	iba	fue	irá	iría	vaya	fuera/ese
vamos	íbamos	fuimos	iremos	iríamos	vayamos	fuéramos/ésemos
vais	ibais	fuisteis	iréis	iríais	vayáis	fuerais/eseis
van	iban	fueron	irán	irían	vayan	fueran/esen

Gerundio: *yendo* — Participio pasado: *ido*

leer

Imperativo familiar: lee, leed

Presente de indicativo	Pretérito imperfecto	Pretérito indefinido	Futuro simple	Condicional	Presente de subjuntivo	Imperfecto de subjuntivo
leo	leía	leí	leeré	leería	lea	leyera/ese
lees	leías	leíste	leerás	leerías	leas	leyeras/eses
lee	leía	leyó	leerá	leería	lea	leyera/ese
leemos	leíamos	leímos	leeremos	leeríamos	leamos	leyéramos/ésemos
leéis	leíais	leísteis	leeréis	leeríais	leáis	leyerais/eseis
leen	leían	leyeron	leerán	leerían	lean	leyeran/esen

Gerundio: *leyendo* — Participio pasado: *leído*

oír

Imperativo familiar: oye, oíd

Presente de indicativo	Pretérito imperfecto	Pretérito indefinido	Futuro simple	Condicional	Presente de subjuntivo	Imperfecto de subjuntivo
oigo	oía	oí	oiré	oiría	oiga	oyera/ese
oyes	oías	oíste	oirás	oirías	oigas	oyeras/eses
oye	oía	oyó	oirá	oiría	oiga	oyera/ese
oímos	oíamos	oímos	oiremos	oiríamos	oigamos	oyéramos/ésemos
oís	oíais	oísteis	oiréis	oiríais	oigáis	oyerais/eseis
oyen	oían	oyeron	oirán	oirían	oigan	oyeran/esen

Gerundio: *oyendo* — Participio pasado: *oído*

pedir — Participio pasado: pedido — Gerundio: pidiendo

Imperativo familiar	Presente de indicativo	Pretérito imperfecto	Pretérito indefinido	Futuro simple	Condicional	Presente de subjuntivo	Imperfecto de subjuntivo
pide	pido	pedía	pedí	pediré	pediría	pida	pidiera/ese
pedid	pides	pedías	pediste	pedirás	pedirías	pidas	pidieras/eses
	pide	pedía	pidió	pedirá	pediría	pida	pidiera/ese
	pedimos	pedíamos	pedimos	pediremos	pediríamos	pidamos	pidiéramos/ésemos
	pedís	pedíais	pedisteis	pediréis	pediríais	pidáis	pidierais/eseis
	piden	pedían	pidieron	pedirán	pedirían	pidan	pidieran/esen

poder — Participio pasado: podido — Gerundio: pudiendo

Imperativo familiar	Presente de indicativo	Pretérito imperfecto	Pretérito indefinido	Futuro simple	Condicional	Presente de subjuntivo	Imperfecto de subjuntivo
—	puedo	podía	pude	podré	podría	pueda	pudiera/ese
	puedes	podías	pudiste	podrás	podrías	puedas	pudieras/eses
	puede	podía	pudo	podrá	podría	pueda	pudiera/ese
	podemos	podíamos	pudimos	podremos	podríamos	podamos	pudiéramos/ésemos
	podéis	podíais	pudisteis	podréis	podríais	podáis	pudierais/eseis
	pueden	podían	pudieron	podrán	podrían	puedan	pudieran/esen

poner — Participio pasado: puesto — Gerundio: poniendo

Imperativo familiar	Presente de indicativo	Pretérito imperfecto	Pretérito indefinido	Futuro simple	Condicional	Presente de subjuntivo	Imperfecto de subjuntivo
pon	pongo	ponía	puse	pondré	pondría	ponga	pusiera/ese
poned	pones	ponías	pusiste	pondrás	pondrías	pongas	pusieras/eses
	pone	ponía	puso	pondrá	pondría	ponga	pusiera/ese
	ponemos	poníamos	pusimos	pondremos	pondríamos	pongamos	pusiéramos/ésemos
	ponéis	poníais	pusisteis	pondréis	pondríais	pongáis	pusierais/eseis
	ponen	ponían	pusieron	pondrán	pondrían	pongan	pusieran/esen

querer — Participio pasado: querido — Gerundio: queriendo

Imperativo familiar	Presente de indicativo	Pretérito imperfecto	Pretérito indefinido	Futuro simple	Condicional	Presente de subjuntivo	Imperfecto de subjuntivo
quiere	quiero	quería	quise	querré	querría	quiera	quisiera/ese
quered	quieres	querías	quisiste	querrás	querrías	quieras	quisieras/eses
	quiere	quería	quiso	querrá	querría	quiera	quisiera/ese
	queremos	queríamos	quisimos	querremos	querríamos	queramos	quisiéramos/ésemos
	queréis	queríais	quisisteis	querréis	querríais	queráis	quisierais/eseis
	quieren	querían	quisieron	querrán	querrían	quieran	quisieran/esen

saber — Participio pasado: sabido — Gerundio: sabiendo

Imperativo familiar	Presente de indicativo	Pretérito imperfecto	Pretérito indefinido	Futuro simple	Condicional	Presente de subjuntivo	Imperfecto de subjuntivo
sabe	sé	sabía	supe	sabré	sabría	sepa	supiera/ese
sabed	sabes	sabías	supiste	sabrás	sabrías	sepas	supieras/eses
	sabe	sabía	supo	sabrá	sabría	sepa	supiera/ese
	sabemos	sabíamos	supimos	sabremos	sabríamos	sepamos	supiéramos/ésemos
	sabéis	sabíais	supisteis	sabréis	sabríais	sepáis	supierais/eseis
	saben	sabían	supieron	sabrán	sabrían	sepan	supieran/esen

salir — Participio pasado: salido — Gerundio: saliendo

Imperativo familiar	Presente de indicativo	Pretérito imperfecto	Pretérito indefinido	Futuro simple	Condicional	Presente de subjuntivo	Imperfecto de subjuntivo
sal	salgo	salía	salí	saldré	saldría	salga	saliera/ese
salid	sales	salías	saliste	saldrás	saldrías	salgas	salieras/eses
	sale	salía	salió	saldrá	saldría	salga	saliera/ese
	salimos	salíamos	salimos	saldremos	saldríamos	salgamos	saliéramos/ésemos
	salís	salíais	salisteis	saldréis	saldríais	salgáis	salierais/eseis
	salen	salían	salieron	saldrán	saldrían	salgan	salieran/esen

seguir — Participio pasado: seguido — Gerundio: siguiendo

Imperativo familiar	Presente de indicativo	Pretérito imperfecto	Pretérito indefinido	Futuro simple	Condicional	Presente de subjuntivo	Imperfecto de subjuntivo
sigue	sigo	seguía	seguí	seguiré	seguiría	siga	siguiera/ese
seguid	sigues	seguías	seguiste	seguirás	seguirías	sigas	siguieras/eses
	sigue	seguía	siguió	seguirá	seguiría	siga	siguiera/ese
	seguimos	seguíamos	seguimos	seguiremos	seguiríamos	sigamos	siguiéramos/ésemos
	seguís	seguíais	seguisteis	seguiréis	seguiríais	sigáis	siguierais/eseis
	siguen	seguían	siguieron	seguirán	seguirían	sigan	siguieran/esen

sentir

Gerundio: sintiendo · Participio pasado: sentido

Imperativo familiar: siente, sentid

Presente de indicativo	Pretérito imperfecto	Pretérito indefinido	Futuro simple	Condicional	Presente de subjuntivo	Imperfecto de subjuntivo
siento	sentía	sentí	sentiré	sentiría	sienta	sintiera/ese
sientes	sentías	sentiste	sentirás	sentirías	sientas	sintieras/eses
siente	sentía	sintió	sentirá	sentiría	sienta	sintiera/ese
sentimos	sentíamos	sentimos	sentiremos	sentiríamos	sintamos	sintiéramos/ésemos
sentís	sentíais	sentisteis	sentiréis	sentiríais	sintáis	sintierais/eseis
sienten	sentían	sintieron	sentirán	sentirían	sientan	sintieran/esen

ser

Gerundio: siendo · Participio pasado: sido

Imperativo familiar: sé, sed

Presente de indicativo	Pretérito imperfecto	Pretérito indefinido	Futuro simple	Condicional	Presente de subjuntivo	Imperfecto de subjuntivo
soy	era	fui	seré	sería	sea	fuera/ese
eres	eras	fuiste	serás	serías	seas	fueras/eses
es	era	fue	será	sería	sea	fuera/ese
somos	éramos	fuimos	seremos	seríamos	seamos	fuéramos/ésemos
sois	erais	fuisteis	seréis	seríais	seáis	fuerais/eseis
son	eran	fueron	serán	serían	sean	fueran/esen

tener

Gerundio: teniendo · Participio pasado: tenido

Imperativo familiar: ten, tened

Presente de indicativo	Pretérito imperfecto	Pretérito indefinido	Futuro simple	Condicional	Presente de subjuntivo	Imperfecto de subjuntivo
tengo	tenía	tuve	tendré	tendría	tenga	tuviera/ese
tienes	tenías	tuviste	tendrás	tendrías	tengas	tuvieras/eses
tiene	tenía	tuvo	tendrá	tendría	tenga	tuviera/ese
tenemos	teníamos	tuvimos	tendremos	tendríamos	tengamos	tuviéramos/ésemos
tenéis	teníais	tuvisteis	tendréis	tendríais	tengáis	tuvierais/eseis
tienen	tenían	tuvieron	tendrán	tendrían	tengan	tuvieran/esen

traer

Gerundio: trayendo · Participio pasado: traído

Imperativo familiar: trae, traed

Presente de indicativo	Pretérito imperfecto	Pretérito indefinido	Futuro simple	Condicional	Presente de subjuntivo	Imperfecto de subjuntivo
traigo	traía	traje	traeré	traería	traiga	trajera/ese
traes	traías	trajiste	traerás	traerías	traigas	trajeras/eses
trae	traía	trajo	traerá	traería	traiga	trajera/ese
traemos	traíamos	trajimos	traeremos	traeríamos	traigamos	trajéramos/ésemos
traéis	traíais	trajisteis	traeréis	traeríais	traigáis	trajerais/eseis
traen	traían	trajeron	traerán	traerían	traigan	trajeran/esen

venir

Gerundio: viniendo · Participio pasado: venido

Imperativo familiar: ven, venid

Presente de indicativo	Pretérito imperfecto	Pretérito indefinido	Futuro simple	Condicional	Presente de subjuntivo	Imperfecto de subjuntivo
vengo	venía	vine	vendré	vendría	venga	viniera/ese
vienes	venías	viniste	vendrás	vendrías	vengas	vinieras/eses
viene	venía	vino	vendrá	vendría	venga	viniera/ese
venimos	veníamos	vinimos	vendremos	vendríamos	vengamos	viniéramos/ésemos
venís	veníais	vinisteis	vendréis	vendríais	vengáis	vinierais/eseis
vienen	venían	vinieron	vendrán	vendrían	vengan	vinieran/esen

ver

Gerundio: viendo · Participio pasado: visto

Imperativo familiar: ve, ved

Presente de indicativo	Pretérito imperfecto	Pretérito indefinido	Futuro simple	Condicional	Presente de subjuntivo	Imperfecto de subjuntivo
veo	veía	vi	veré	vería	vea	viera/ese
ves	veías	viste	verás	verías	veas	vieras/eses
ve	veía	vio	verá	vería	vea	viera/ese
vemos	veíamos	vimos	veremos	veríamos	veamos	viéramos/ésemos
veis	veíais	visteis	veréis	veríais	veáis	vierais/eseis
ven	veían	vieron	verán	verían	vean	vieran/esen

volver

Gerundio: volviendo · Participio pasado: vuelto

Imperativo familiar: vuelve, volved

Presente de indicativo	Pretérito imperfecto	Pretérito indefinido	Futuro simple	Condicional	Presente de subjuntivo	Imperfecto de subjuntivo
vuelvo	volvía	volví	volveré	volvería	vuelva	volviera/ese
vuelves	volvías	volviste	volverás	volverías	vuelvas	volvieras/eses
vuelve	volvía	volvió	volverá	volvería	vuelva	volviera/ese
volvemos	volvíamos	volvimos	volveremos	volveríamos	volvamos	volviéramos/ésemos
volvéis	volvíais	volvisteis	volveréis	volveríais	volváis	volvierais/eseis
vuelven	volvían	volvieron	volverán	volverían	vuelvan	volvieran/esen